Pourquoi tardons-nous tant
à devenir écologistes ?

Sociologies et environnement
Collection dirigée par Salvador JUAN

Le « progrès » est aussi progrès d'une menace de plus en plus exportée vers les pays les plus dépendants. Trop peu de travaux sociologiques émergent pour rendre intelligibles les tendances profondes d'une société à la fois plus inhumaine, plus dangereuse pour les équilibres du milieu et plus riche. La collection *Sociologies et environnement* est née de ce constat. Certes, selon le mot du poète Hölderlin, *avec la menace croît ce qui sauve*, mais seule une conscience informée des risques et de ce qui provoque la dégradation tant de la qualité que des conditions de vie est susceptible de se concrétiser en réformes humainement supportables et socialement admissibles...

Dans une perspective socio-anthropologique et critique tant des questions d'environnement global que d'écologie urbaine, en articulant les interprétations théoriques et les résultats empiriques, la collection *Sociologies et environnement* entend participer à l'émergence de cette conscience sociale. Elle présente aussi les alternatives portées par les mouvements sociaux et les pratiques de résistance contestant le produc-tivisme ou la domination des appareils technocratiques.

Ouvrages parus

Salvador JUAN, *Critique de la déraison évolutionniste*, 2006
Céline VIVENT, *Chasse Pêche Nature Traditions, entre écologisme et poujadisme ? Socio-anthropologie d'un mouvement des campagnes*, 2005.
Gérard BOUDESSEUL, *Ecologisme et travail*, 2005.
Stéphane CORBIN, *La vie associative à Saint-Lô*, 2003.
Frédérick LEMARCHAND, *La vie contaminée*, 2002.
Michèle DOBRE, *L'écologie au quotidien*, 2002.
S. JUAN et D. LE GALL (dir.),*Conditions et genres de vie*, 2002.
Salvador JUAN, *La société inhumaine*, 2001.

Sous la direction de
Denis Duclos

Pourquoi tardons-nous tant à devenir écologistes ?

Limites de la postmodernité et société écologique

L'Harmattan
5-7, rue de l'École-Polytechnique ; 75005 Paris
FRANCE

L'Harmattan Hongrie	**Espace L'Harmattan Kinshasa**	**L'Harmattan Italia**	**L'Harmattan Burkina Faso**
Könyvesbolt	Fac. Sciences. Soc, Pol. et Adm.	Via Degli Artisti, 15	1200 logements villa 96
Kossuth L. u. 14-16	BP243, KIN XI	10124 Torino	12B2260 Ouagadougou 12
1053 Budapest	Université de Kinshasa – RDC	ITALIE	BURKINA FASO

Du même auteur

La santé et le travail, La Découverte, Paris, 1986.
Les industriels et les risques pour l'environnement, L'Harmattan, Paris, 1991.
L'Homme face au risque technique, L'Harmattan, Paris, 1991.
De la Civilité : ou comment les sociétés apprivoisent la puissance, L'Harmattan, Paris, 1993.
Le complexe du loup-garou : la fascination de la violence dans la culture américaine, L'Harmattan, Paris, 1994.
Nature et démocratie des passions, PUF, Paris, 1996.
Société-Monde : le temps des ruptures, La Découverte, Paris, 2002.
Entre esprit et corps, la culture contre le suicide collectif, Anthropos, Paris, 2002.

www.librairieharmattan.com
diffusion.harmattan@wanadoo.fr
harmattan1@wanadoo.fr

© L'Harmattan, 2006
ISBN : 2-296-01960-9
EAN : 9782296019607

I

Introduction :

Le mouvement de la question écologique entre 1993 et 2006

Par DENIS DUCLOS[*]

En reprenant les minutes du séminaire qui eut lieu voici treize ans à Malaucène[**], dans une maison perdue dans le maquis sauvage, je pensai que la plupart des propos tenus auraient vieilli, que les préoccupations auraient changé, que les décisions attendues se seraient multipliées et accélérées ; que d'autres problèmes, nouveaux, peut-être plus ardus, seraient apparus.

Quelle ne fut pas ma surprise de constater que, pris dans la glace du temps presque rien de la discussion alors suspendue au fil du magnétophone n'avait été dépassé par l'actualité.

Comme si la société entière s'était bloquée autour de la question déjà cruciale des périls massifs que la présence humaine fait courir à la Terre, et donc à soi-même. Comme si, également, presque tous les problèmes déjà largement pointés, exprimés, travaillés,

---

[*] Denis Duclos est sociologue, directeur de recherche au CNRS.
[**] Tous nos remerciements vont à Jean-François Fillion, alors brillant étudiant en sociologie à l'Université Laval, qui effectua le dur labeur d'enregistrer et de transcrire des discussions vives et compliquées.

voire théoriquement solutionnés dans tous les secteurs au cours des années soixante-dix et quatre-vingts n'avaient été dépassés par aucune urgence jusque-là indécelée, par aucune tâche majeure demeurée dans les limbes ou dans l'ignorance. De la déforestation au progrès du désert, de la crise de l'eau à la perspective de montée des mers, du ralentissement du Gulf Stream à la fonte des glaces, des ouragans multipliés à l'air chargé de carbone, d'oxydes et d'ozone, de l'empoisonnement par les métaux lourds et les nitrates aux grands accidents chimiques ou nucléaires, ou à la pénurie certainement prochaine de combustibles fossiles, etc. Sur tous ces thèmes et d'autres, l'actualité du début du XXIe siècle ressemble comme deux gouttes d'eau (polluée) à celle de la fin du siècle dernier. Même les grandes crises phobiques récentes (vache folle, S.R.A.S, grippe aviaire, etc.) n'ont fait que répéter le modèle du sida et de la transfusion sanguine. L'amiante français répète les rituels de purification des bâtiments américains des années soixante-dix.

Bien sûr, depuis dix ans se sont succédé les forums mondiaux, les manifestations altermondialistes, les accords multinationaux sur la pollution, sur l'effet de serre, le trou d'ozone, ou les économies d'énergie. En même temps, le "développement" de grands pays du Sud (Chine, Inde, Brésil) a amplifié considérablement les échelles des questions et des solutions à leur apporter. Bien sûr.

Et pourtant, sans même parler d'échecs ou de piétinements, de passivité ou de mauvaise volonté, voire d'affirmation butée d'un droit à saccager (auquel semble tenir notamment le gouvernement de la plus grande puissance mondiale), il semble bien que *quelque chose se soit arrêté* depuis nombre d'années dans l'histoire même du monde, telle que nous nous la racontons en permanence.

Qu'est-ce qui s'est ainsi bloqué sur soi, tels une horloge cassée, un disque rayé ou encore une idée torturante, obsessionnelle, sidérante, ou peut-être enfin tel un "arrêt du destin" ?

Une hypothèse doit être soulevée, bien qu'elle soit peu rassurante : il est plausible que, bien que nous sachions depuis longtemps *où* va la société humaine chevauchant l'industrie et la technologie (en fait : droit dans le mur), il nous soit *tout-à-fait impossible* d'empêcher quoi que ce soit ! Pour une raison simple, mais parfaitement inadmissible : la société humaine planétaire, en tant que gigantesque masse vivante imprégnée de puissance technique, n'aurait plus rien à voir avec une entité politique ou politisable. Ce serait seulement un *phénomène géologique, ou géobiologique, voire géotechnologique*. Nous aurions donc beau penser, analyser, compter, étudier, établir, trancher, décider, ordonner... Tout cela serait en pure perte, parce que l'humanité comme masse vivante planétisée n'aurait déjà plus rien d'un groupe de personnes qui se parlent, que l'on peut convaincre ou influencer, mais serait plutôt un faisceau "multitudinaire" incroyablement complexe, dense et immense de façons de vivre ensemble ; ce faisceau serait désormais devenu autonome et, nous ne pourrions pas plus agir sur lui qu'empêcher le mouvement des marées.
Cette hypothèse tragique se laisse résumer d'une phrase : nous ne pourrions rien parce que l'humanité serait déjà devenue, comme telle, inhumaine.

Inutile de dire que cette idée n'a pas été retenue par les auteurs de ce livre, qui n'y font, d'ailleurs, pas la plus petite allusion. Toutefois, le lecteur verra aussi que sans elle, il est difficile d'expliquer la manière dont les préoccupations "tournent" d'un auteur à l'autre, quel que soit son penchant – pessimiste ou optimiste – ou sa volonté de neutralité et de distance critique par rapport au catastrophisme. La question principale présente en filigrane de chaque page de cet ouvrage semble être : à quoi bon pensé à ce qui nous arrive collectivement, puisque, de toute manière, *cela nous arrive* ?

En tout cas, si cela arrive (et n'est-ce pas précisément *en train* d'arriver ?), cela ne sera pas sans y avoir pensé longuement, profondément, et intelligemment. Ainsi, comme le montre Olivier Clain, sociologue-philosophe, de la pensée d'Hans Jonas, qui a tout fait pour nous inciter à prévoir l'avenir en citoyens du monde responsables. Ou de Mary Douglas, grande anthropologue britannique, qui nous rappelle *a contrario* que la préoccupation écologique se présente comme le discours de certaines parties seulement de la culture humaine : soit celle qui oppose à un système inévitable et surpuissant "la protestation des faibles" (tel l'appel à la frugalité), soit celle qui se sépare de la société globale dans des groupements sectaires, souvent éphémères. Il se peut que l'élite cultivée qui est le support social de ce dernier type de sentiment soit tentée par un repli effectivement sectaire "au-dessus de la masse". Mais peut-elle aller bien loin dans cette direction sans renoncer à sa place sociale, ou à sa légitimité politique ?

Assez proche d'un pluralisme "autorégulateur" des cultures locales qu'évoque en contrepoint Mary Douglas, Alain Caillé pointe la difficulté quintessentielle de l'écologisme : il est au fond une critique de la démocratie au nom d'une "métademocratie" capable d'imposer des limitations aux vœux individuels et collectifs du plus grand nombre. Les écologistes semblent d'ailleurs l'avoir entendu, puisque, depuis quatorze ans, ils paraissent un peu partout être rentrés dans le rang des partis traditionnels en renonçant en gros à leurs exigences radicales. Ils ont choisi la démocratie... contre l'écologisme, laissant du même coup les problèmes irrésolus et leur expression suspendue. Mais Alain Caillé ne s'en tient pas là : une démocratie encore plus profonde, reconnaissant la conflictualité irréductible comme inhérente à toute société, pourrait parvenir à des arbitrages internes, qui, du même coup, auraient aussi une portée globalement protectrice : en respectant mieux la pluralité politique, ne respecte-t-on pas aussi "l'autre" qu'est la nature ?

Tout à fait à l'opposé, Gilles Gagné et Michel Freitag (non loin d'Olivier Clain) représentent dans cette discussion un pôle canadien d'appel à la synthèse politique *a priori*, comme condition pour réfréner les effets catastrophiques des proliférations opérationnelles acéphales de la post-modernité. Toutefois l'optimisme n'est pas au rendez-vous puisque la libération post-moderne des puissances sans contrôle provient elle-même du projet universaliste abstrait de la modernité : l'avenir serait donc derrière nous ! Non, nous dit Gilles Gagné : car à l'échelle historique, tout est encore en jeu. Nous pouvons ne pas renoncer à l'idéal des lumières, en hiérarchisant les problèmes par niveau d'importance et d'urgence.

Comble de malheur, nous constatons avec André Micoud et Florence Rudolf (s'appuyant sur le prodigieux sociologue allemand Niklas Luhmann), que la nature n'est rien d'autre qu'un discours métaphorique sur la nature, parfaitement pris dans les enjeux sociétaux et les limites de la communication ! Bref, ce qui, dans la considération de la nature, ne se ramène pas à des jeux d'intérêts et des rapports de force communicables, ne peut tout simplement se dire, ni même se concevoir. Enfermés dans notre "sphère" de mots sloterdijkienne, nous ne sommes pas capables de nous emparer collectivement du problème d'une réaction naturelle à nos efforts industriels-populationnels…

Alors que faire ? Attendre la catastrophe ? La précipiter à titre "pédagogique" ? Ou simplement vivre, en réglant les problèmes empiriques, même massifs, qui se présentent au jour le jour ?

Nos intellectuels (et je m'inclus dans cette charrette) ne répondent pas à ces interrogations. Ils nous dissuadent seulement de chercher un enthousiasme fédérateur ou une mobilisation salvatrice. Je crois qu'ils ont raison. Mais je crois aussi qu'ils posent une pierre d'attente importante, remarquée par le philosophe américain Kerry Whiteside étudiant l'intelligentsia française, et qui conclut cet ouvrage collectif : s'il existe une solution, nous dit-il, elle réside certainement moins dans la peur eschatologique que dans la recherche d'une nouvelle vie politique, laquelle ferait une place encore inédite à la radicale différence de l'autre : l'autre culture, l'autre nature, l'autre passion. Le principe de précaution est, dans cette optique, davantage un principe de "politesse", de "prévenance" entre diverses composantes, qu'une décision de prévoir et d'empêcher au nom du "Tous".

Comme vie politique, cependant, cette façon d'être – non pas ensemble – mais en coexistence de souverainetés ou d'irréductibilités, serait aussi nécessairement un plan de synthèse universelle "au dessus" des servomécanismes d'une technosociété. Une présence des sujets à leur condition.

Le rapport avec l'écologie ? Il est simple : *la limitation de l'énergie dilapidée n'est au fond qu'une limitation des passions humaines.* Or cette limitation ne viendra jamais de chaque passion en elle-même, mais de la rencontre avec les autres qui, désirant des objets contradictoires, s'attacheront aussi du même coup à des usages contraires de la nature et de l'énergie. Cette rencontre impliquera certes conflit, "agonicité" réglée : une façon plus large de reprendre le thème de la concurrence comme régulation. Mais cette fois il s'agira d'une concurrence non plus seulement entre les intérêts économiques, trop facilement absorbables dans la logique des entreprises multinationales et du capital financier ; non plus seulement d'une concurrence des intérêts tout court, mais d'une mise en équilibre dynamique des façons de vivre radicalement différentes.

Quand l'Etat brésilien programme de défricher un quart de l'Amazonie, il ne menace pas directement mes intérêts. Il ne menace pas seulement la diversité "biologique" mais encore la diversité politique du monde humain. Quand un ensemble d'Etats s'entendent pour favoriser une "solution" unique ou prédominante à la question de l'énergie (l'irréaliste et ruineuse fusion nucléaire, par exemple), ils menacent ensemble la possibilité de choix variés.

Le pluralisme est donc bien un critère fondamental pour signaler une volonté d'autolimitation par la limitation réciproque, alors que la tendance unicitaire se signale au contraire par d'énormes dépenses, des projets fastueux, des engagements agressifs d'amplitude mondiale, des "macro-systèmes" – pour reprendre l'expression d'Alain Gras – englobants, contraignants et oppressifs.

Ce n'est donc pas tant *small* qui est *beautiful*, que la fragmentation de la puissance, ou plutôt celle de *l'image idéale de la puissance*, qui fascine tant les êtres humains. Or la séparation des pouvoirs a été conçue – depuis Montesquieu – comme une opération de physique sociale, de mécanique humaine transposée de la mécanique newtonienne. Et non pas comme une métamorphose de la souveraineté – impossible à scinder en son principe, ainsi que l'avait déjà observé Rousseau en se gaussant des montesquierades. C'est pourtant l'enjeu exact de notre époque : comment dépasser une division mécanique des pouvoirs, pour passer à une séparation des passions souveraines ?

Comment faire de la pluralité un *principe politique fondamental*, interdisant l'inceste suprême des pouvoirs entre eux, et par voie de conséquence, arrêtant l'irrésistible mouvement à la dévoration de la vie par l'Imago ? Une société pluraliste (au-delà de la domination "démocratique" d'une population supposée homogène) aurait en effet beaucoup plus de chance d'être une société écologique, qu'un autre régime. Or il est étrange de constater qu'à l'heure où le pic de production des réserves fossiles d'énergie est en cours de dépassement, peu de responsables ou de "meneurs d'opinion" ont repris la réflexion sur le pluralisme à inventer pour promouvoir à la fois l'autolimitation et le respect d'autrui et du bien commun naturel.

Denis Duclos,

Septembre 2006

II

Éthique de la responsabilité et culture de la limite : réflexion critique sur la pensée de Hans Jonas

Par OLIVIER CLAIN[*]

Je commenterai l'argument développé par Hans Jonas dans *Le principe de responsabilité. Une éthique pour la civilisation technologique,* paru en 1979[1]. Je crois qu'il s'agit là d'un des ouvrages philosophiques marquants de la fin du XXe siècle, de l'un de ceux qui méritent leur succès auprès du grand public et dont la richesse provient de l'heureuse et originale synthèse de traditions diverses qui s'y accomplit. Que ce succès touche un ouvrage de philosophie morale consacrée à l'écologie est plus surprenant, mais témoigne précisément de l'originalité et de la force de la démarche de l'auteur.

La thèse liminaire de Jonas fonde historiquement la préoccupation écologique. Elle soutient que l'on assiste à une fantastique transformation de l'agir humain, de sa puissance, de ses outils, de son intensité, aussi bien que des échelles de temps et d'espace qu'il mobilise dans la

---

[*] Olivier Clain est professeur titulaire de sociologie à l'Université Laval de Québec.
[1] J e me réfèrerai à l'édition française, Le Cerf, Paris, 1991.

mise en œuvre entière de ses conséquences. Ainsi, la technique a-t-elle cessé de s'associer aux promesses émancipatrices de la modernité pour devenir une menace pour l'homme et la vie terrestre en général. Désormais, notre puissance d'agir – la puissance collective de l'agir – pèse sur nous depuis l'avenir pour fonder nos obligations collectives nouvelles. La thèse est avancée ici pour fonder *philosophiquement* l'obligation morale de se laisser saisir par la perspective du danger. La situation appelle selon Hans Jonas une morale où les conséquences *à long terme* des *actes collectifs* dessinent l'horizon de l'obligation nouvelle. Pour lui, en effet, l'obligation morale constitue l'ultime ressort de la préoccupation écologique, ou du moins l'ultime garantie qu'on se laisse interpeller par elle.

Toutefois, deux présupposés fondamentaux vont venir dessiner la limite de sa perspective. Tout d'abord, il tend à croire que seule l'obligation morale est susceptible de pousser et de déterminer effectivement l'agir collectif. Cette croyance selon laquelle c'est le point de vue moral qui commande le monde et son destin, est bien un *moralisme*. Jonas tend à ne pas distinguer ni situer respectivement les places de la morale et du politique, et pose implicitement que le rapport politique est simplement une morale appliquée. Il ne voit pas que rapport moral et rapport politique sont contemporains dans le rapport à l'autre concret, et qu'ils ne se distinguent que par la manière dont à chaque fois l'autre y est traité, comme altérité identique à moi dans le premier cas, et comme altérité réelle dans le second.

Dans le cas qui nous occupe, on se trouve de surcroît devant un problème puisque le sujet auquel s'adresse le discours moral est *collectif*. Il est remarquable en effet que ce soit une morale pour le collectif qui soit cherchée. Toute doctrine morale du passé se présentait d'abord comme une interpellation de la conscience singulière, de son expérience éthique, et se présentait comme une rationalisation de cette expérience reconnue comme individuelle. Ici la morale cherchée a la particularité inédite de devoir encadrer *la pratique collective* rendue consistante par le système technique et du coup elle interpelle de façon privilégiée ceux qui sont dans la position de guider, limiter, représenter, orienter enfin cette pratique elle-même. La *morale* désigne ici l'ensemble des normes régulatrices de l'agir et de la décision qui se veulent rationnellement justifiées dans une communauté ou une société. Dans la mesure où ici elle s'adresse néanmoins en priorité aux responsables politiques et aux technocrates, aux appareils des organisations technocratiques elles-mêmes, elle est inséparable, comme le souligne lui-même Jonas, d'une *politique de la responsabilité*. C'est bien en fait à la fondation morale d'une politique de la responsabilité que tend la réflexion philosophique sur l'éthique qui nous est proposée.

La technologie contemporaine bénéficie d'un dynamisme inédit du fait qu'elle se supporte du savoir scientifique, d'un côté, et de la poussée de l'économie marchande de l'autre. Jonas maintient tout au long de l'ouvrage le fil d'une distinction classique entre les finalités du projet scientifique et celles du projet technique même pour décrire la période contemporaine.. Comme Habermas, il décrit le projet scientifique comme étant de nature théorique et va admettre que dès son origine moderne la science porte avec elle la virtualité de l'opérativité technique. Pour eux le nouveau de la situation contemporaine est que dorénavant la science fournit directement les moyens de l'entreprise technique innovatrice. Tout en restant théorique, elle entretient par conséquent un lien privilégié avec l'application technique et entre nécessairement dans le champ des préoccupations de la nouvelle morale. Cependant elle est convoquée à un autre titre encore, cette fois pour mesurer les effets de nos interventions sur le monde. *La science de l'environnement* et *la futurologie comparative* des effets des systèmes techniques sur la vie sociale sont appelées dans l'esprit de Jonas à se mettre au service du jugement et de l'évaluation éthiques.

La technologie contemporaine ne se constitue plus comme un savoir des moyens pour la réalisation d'une fin qui serait par ailleurs déjà donnée, culturellement, légalement ou institutionnellement. Jonas insiste sur le fait que la technologie, comme disait Roger Ferreri, apporte des solutions à des questions *qui n'existent pas encore.* Autrement dit, la croissance technologique a ainsi été *naturalisée* sur une grande partie de la planète, et hormis justement les limites que celle-ci lui imposera tôt ou tard il n'existe désormais plus de frein à cette croissance. On pourrait ajouter, même si Jonas ne le fait pas, qu'en conséquence tous les membres de la collectivité sont assujettis à la reproduction élargie du système technique. Cela agit dans le même sens que l'auto-élargissement du capital, mais au lieu que ce soit l'accroissement autonome de la sphère du marché qui soit central dans la dynamique de l'ensemble, ce serait désormais l'auto-élargissement de la sphère technologique. Il y a là une différence significative qui crée pour Jonas un premier espace de dialogue avec le Marxisme.

Jonas discute les possibilités d'une limitation de la croissance technologiques dans les économies socialistes. Il cherche dans l'autoritarisme des systèmes communistes – nous sommes en 1979 – un moyen de contrer l'autonomisation d'un système technologique qui connaît une expansion illimitée. La discussion conclut cependant à l'alliance objective du Marxisme avec la naturalisation de la croissance technologique. La stratégie de Jonas à l'époque consiste à rejeter comme utopique *le concept* de socialisme, qui suppose que le système de production connaisse un tel développement technique que la production des richesses cesse pour l'essentiel de coïncider avec l'exploitation de la force humaine de travail, pour ensuite évaluer moralement, en supposant maintenant sa réalisation possible, la *société des loisirs* de Bloch[2]. La critique de Jonas vise l'utopie libérale de la croissance technologique illimitée aussi bien que la visée Marxiste de la satisfaction illimitée des besoins croissants des masses. La force de l'analyse est de conjoindre critique du capitalisme et critique du socialisme dans un même rejet de la croissance du système technologique. Le risque qu'elle prend néanmoins, en dépit de sa richesse, est d'éloigner le lecteur du propos central. Elle l'enferme dans une perspective qui ne laisse aucune autre issue que le point de vue moral sur le monde. Celui-ci, dans cette tâche qu'il se donne, ne parvient pas à demeurer centré sur l'idée de responsabilité pour la survie future de l'humanité. Il glisse alors progressivement vers l'expression moralisante du conservatisme social sur tous les points discutés successivement : la dignité de la contrainte dans le travail, le caractère dirimant du loisir ou du passe-temps, le caractère moral ou immoral de l'oisiveté, la valeur spirituelle des thérapies de groupe ou de la psychanalyse obligatoire pour tous, etc.

La stratégie choisie par Jonas dans son dialogue avec le marxisme lui fait rejeter toute utopie, y compris donc une certaine utopie écologique. La croyance en un Bien en soi, quel qu'il soit, tend à se boucler sur elle-même. Cependant nous sommes ici devant une forme particulière de bouclage qui fait de l'objet ultime de la responsabilité la responsabilité elle-même. Nous sommes responsables de ce que dans le futur il y ait d'autres êtres responsables, finit par soutenir Jonas dans le chapitre consacré à la

---

[2] Qui apparaît finalement comme l'adversaire privilégié dans le champ de la théorie éthique et dont *Le Principe Espérance* a donné l'idée de son titre à Hans Jonas. Sur cette rivalité et son rapport à l'interprétation de la Gnose, voir les remarques de Jean Greish dans la *Présentation* de l'ouvrage. op.cit., p.9 -12.

fondation ontologique de la responsabilité. On pourrait parler d'un hypermoralisme dans la mesure où l'obligation morale n'est pas là seulement pour indiquer des lignes et des limites à l'action lorsqu'on s'interroge sur celle-ci mais se veut elle-même, pour l'éternité, comme jouissance de sa dignité dans la soumission à la règle. La responsabilité ultime n'est pas de faire en sorte que des hommes puissent avoir dans un futur indéterminé la possibilité de jouir dignement d'une vie sur terre, mais l'obligation de faire qu'eux-mêmes, hommes du futur, puissent à leur tour être obligés et responsables. Il s'agit de remarquer que cet hypermoralisme tend en outre à poser que c'est finalement l'attitude morale qui en elle-même et à elle-seule détermine l'action collective ou individuelle. Entendons-nous bien : il ne s'agit pas de contester qu'on veuille établir par la raison des normes morales qui servent de balises à l'action collective qui met en danger l'humanité. On peut suivre Jonas dans un aspect de son argumentation, en particulier, comme on va le voir, dans le champ de la philosophie de la nature, sans l'accompagner dans ce qui paraît bien être un forçage dans la conception du rapport de l'action à la règle morale.

Toute une partie de l'ouvrage est consacrée à l'examen des différentes morales du passé, afin de démontrer leur caducité devant cette situation entièrement nouvelle. En premier lieu on ne peut plus s'instruire d'une morale qui ignorerait les problèmes que posent le savoir. Le développement technologique impose à toute nouvelle morale de tenir compte de l'ignorance. Il existe en certains domaines une exigence morale de savoir et l'ignorance a elle-même une signification morale. Jonas introduit ici un argument crucial. Toute la pensée philosophique moderne de Descartes à Kant avait séparé la sphère de l'expérience théorique et celle de l'expérience éthique. Le développement technologique nous impose d'avoir des *connaissances* sur les conséquences de nos actes. C'est là une des fonctions centrales que Jonas voudrait voir jouer à la science théorique contemporaine. La connaissance scientifique, même partielle et faillible, des conséquences de nos actes sur le réel devient dans cette perspective une exigence morale de la société technologique. Mieux : le savoir de notre non-savoir, le savoir des limites de la prédictibilité, devient lui-même une exigence éthique.

La deuxième caractéristique de cette nouvelle morale a rapport avec la place de l'idée de responsabilité. Jonas fait remarquer que l'idée de responsabilité est déjà présente dans les morales du passé, mais que le concept de responsabilité n'y est jamais central. La morale kantienne, par exemple, est d'abord une morale où le seul principe actif est celui du *vouloir* de la liberté. Mais le passage d'une morale de la liberté à une morale de la responsabilité en regard des conséquences connues ou ignorées de nos actions se fait ici sur le fond d'un certain nombre de présupposés. C'est ainsi que très vite la description phénoménologique de la responsabilité prend d'abord pour modèle la responsabilité parentale, voire la responsabilité envers le nourrisson, exemple de fragilité du devenir de ce qui n'est pas encore achevé en soi. Le concept de responsabilité proposé par Jonas renvoie à une situation d'asymétrie et de non-réciprocité. Il ne s'agit pas de responsabilité contractuelle entre égaux, il ne s'agit même pas de responsabilité à l'endroit d'individus déterminés, mais d'une responsabilité pour l'*Idée* d'homme, c'est-à-dire pour sa possibilité réelle. Il est à noter que les idées religieuses de Jonas, bien qu'en principe tenues à l'écart du raisonnement, l'encouragent à se donner de la notion de responsabilité une description essentiellement paternaliste. On pourra se demander si, une fois admise la nécessité d'une *morale collective de la responsabilité*, d'autres représentations de la responsabilité ne sont pas possibles dans une culture de la limite.

La troisième caractéristique soulignée par Jonas concerne le fait que cette morale doit inclure la prise en compte des conséquences du développement technologique sur la nature et sur l'organisation sociale. Ces conséquences sont lointaines et irréversibles. De ce seul fait, la nouvelle morale devra être une morale pour l'avenir. Il n'a aucune peine à montrer que toutes les morales du passé sont construites comme ensemble de prescriptions devant guider l'interaction immédiate entre les individus, ou dans un avenir immédiat. Elles n'ont pas cette propriété d'avoir été spécifiquement réfléchies pour traiter l'avenir lointain ni pour étendre à ceux qui ne sont pas encore nés les principes de l'obligation de responsabilité. La formation de normes objectives requiert une *"futurologie comparative"* qui aurait comme objet d'évaluer les conséquences de nos actions techniques sur la société et la nature. Enfin, nous devons développer un savoir politique quant aux chances que nous avons d'imposer de nouveaux impératifs dans un contexte culturel, national ou politique particulier. C'est le *sentiment de peur* créé par l'anticipation des dangers qui menacent l'humanité dans les prochains siècles qui doit servir de lien et de moteur à la synthèse de ces trois savoirs. Le pressentiment du danger a une valeur heuristique selon Jonas et, malgré sa potentielle irrationalité, n'est pas à négliger, car il contient le savoir positif de ce qu'on ne veut pas. Jonas exploite l'asymétrie entre le savoir du mal, de ce qu'on ne veut pas, et le savoir toujours problématique de ce qui est bien. Au bout du compte son argument central est du même ordre que celui de Karl Popper concernant la singularité de l'énoncé falsificateur et l'universalité de la proposition affirmative. Le savoir de ce qu'on rejette permet de circonscrire ce qu'on permet.

Enfin, la quatrième caractéristique de la morale qu'il appelle de ses vœux, porte sur la nécessité que les impératifs normatifs touchent non seulement l'interaction humaine, mais également l'interaction de l'homme avec la nature terrestre, prise comme totalité. Encore une fois, il n'a aucune peine à montrer que la tradition philosophique en Occident avait conçu l'éthique dans sa dimension purement humaine, contrairement à la morale orientale qui pense à l'intérieur de la sphère éthique, non seulement les normes du rapport à l'autre conscience de soi, mais aussi les normes du rapport à la nature. On trouve cela aussi bien dans l'hindouisme que dans le bouddhisme.

L' impératif éthique que Jonas va énoncer traite des actes collectifs et de leurs conséquences. Il s'adresse aux responsables de l'action, aux technocrates, aux hommes politiques. Dans leurs décisions, il faut qu'ils agissent de telle sorte qu'une vie humaine digne d'être vécue, puisse se perpétuer sur Terre. Ils se doivent de faire que l'humanité puisse continuer à exister, telle qu'elle est, donnée d'abord dans l'être comme produit naturel d'une évolution naturelle. On remarquera que la formulation de la règle, qui vaut ici à titre d'impératif catégorique, se rapproche de celle de Kant. En réalité, Jonas ne fait pas appel au sujet transcendantal à la manière dont Kant le faisait, c'est-à-dire en éliminant le sentiment dans le chemin vers la règle ; et surtout il ne fonde pas l'Impératif sur une règle éternelle de la raison, comme l'universalité de la maxime. Il apporte en outre une nouvelle dimension substantielle et concrète à la maxime morale : "la dignité de la vie". Il se place ainsi au-delà de la philosophie moderne et ne peut être accusé d'être resté prisonnier du formalisme kantien. La fondation proprement philosophique que Jonas tente dans son ouvrage possède paradoxalement une visée pragmatique. Il faut que cette nouvelle éthique persuade et, parce qu'elle doit légitimer ultérieurement un mode d'organisation politique du contrôle de la technique, il faut qu'elle soit fondée de manière sûre sur le plan philosophique. L'absence de définition *a priori* de finalités de la technique rencontre le vide éthique ou encore l'utopie messianique, portée par le Marxisme du XXe siècle, de la satisfaction *illimitée* des besoins croissants de tous. L'auteur ajoute que les risques pris avec la technologie contemporaine – par exemple les centrales nucléaires – sont d'autant moins acceptables qu'ils le sont seulement pour assurer la réduction des coûts et l'augmentation de la consommation, bref en vue du progrès et non "dans le but de sauver ce qui existe ou d'abolir ce qui est intolérable "[3]. À partir de là, Jonas établit trois maximes. Premièrement, *il faut* former en soi une idée des effets lointains de l'action technologique. Deuxièmement, *il faut* mobiliser le sentiment du danger. Troisièmement, *il faut* que les dirigeants politiques et les éthiciens privilégient une crainte des effets négatifs possibles plutôt qu'ils n'entretiennent l'optimisme béat. Cette troisième maxime est la plus importante. À chaque fois qu'on disposera d'anticipations sur les effets d'une innovation technologique, il faudra toujours retenir le pronostic le plus défavorable. Cette priorité du diagnostic négatif sur le positif est justifiée par l'ampleur, la cumulativité et la vitesse du développement technologique. Par exemple, la construction de nouvelles centrales nucléaires, qui impliquent une surveillance millénaire de la gestion des déchets radioactifs, a toujours été permise jusqu'à maintenant par l'option d'un diagnostic optimiste quant à la question des catastrophes nucléaires et de la gestion des déchets.

Cette nouvelle morale ne peut se fonder que sur une responsabilité collective à l'endroit du *devoir être* de l'homme dans le futur. L'humanité, donnée dans son *être-tel*, que nous héritons d'un travail incessant de la nature qui a duré des milliards d'années doit pouvoir se

---

[3] Op.cit. p.61

perpétuer[4]. Le devoir-être, comme fondement de l'obligation collective, s'appuie sur la mise en évidence d'une tendance immanente de la nature à produire l'homme. Dans la nature il existe des finalités objectives, présentes subjectivement, comme fins que se donne tel ou tel organisme mais il existe aussi des tendances objectives. Elles peuvent être tenues pour nulles en physique, secondaires en biologie, mais jamais inexistantes en philosophie[5]. Dans la mesure où l'*Idée*, la logique de la processualité finalisée, est présente objectivement dans la nature comme finalité immanente au vivant et même comme système auto-conservatif dans la nature inanimée, on doit reconnaître que la nature elle-même produit une hiérarchie de valeurs qui soumettent localement au primat ontologique du devoir-être un champ ontique particulier. Et le primat du devoir-être n'est rien d'autre que l'établissement d'une hiérarchie de valeurs dans l'être lui-même.

La démonstration de l'existence de finalités objectives dans la nature et donc d'une hiérarchie de fait de valeurs objectives ne suffit pas à Jonas parce qu'il faut encore montrer qu'une volonté réalisant les virtualités dans le monde *doit vouloir les réaliser*. Jonas veut maintenant fonder ontologiquement la morale de la responsabilité. L'entreprise de fondation ontologique se fait évidemment

---

[4] Il donne à l'obligation la forme d'un impératif indéterminé dans le temps, quasi – éternel, ce qui non seulement contra-factuel mais inutile du point de vue de sa portée. Il faut souligner que Jonas outrepasse à plusieurs endroits dans son texte les limites de ce dont il a strictement besoin pour démontrer ce qu'il veut démontrer. Par exemple, il commence son analyse des problèmes de la médecine contemporaine en discutant le fait de savoir s'il est souhaitable, ou non, du point de vue éthique, d'abolir la mort. En l'occurrence ici la proposition qui constitue l'impératif se prolonge naturellement par "aussi longuement que l'environnement cosmique le permettra".
[5] Jonas, qui a écrit une philosophie de la nature (cf. *The Phenomenon of Life,* 1964), la reprend dans *Le Principe de responsabilité.*

selon une certaine conception de l'ontologie et de son rapport à l'axiologie. Le caractère platonicien de la fondation ultime de l'Éthique qui nous est proposée ici se manifeste par l'usage d'un certain nombre de concepts mais surtout par la volonté de détacher finalement l'obligation de toute racine subjective en montrant qu'il y a un Bien en soi, que celui-ci se confond avec la conservation de l'être, et dans la civilisation technologique avec la conservation de l'humanité. La *supériorité* de l'être sur le non-être, c'est-à-dire dans l'être la décision pour l'être, présuppose alors une opposition entre le Bien et le Mal. Il s'agit là d'une difficulté classique du Platonisme que Jonas reproduit en traitant abstraitement des catégories ultimes d'être et de néant dans toute une partie de son exposé ontologique. Ceci dit, c'est quand il aborde la question dans le champ de l'*Idée réelle,* de la vie, que le propos retrouve la texture concrète qui le caractérise.

Le mérite philosophique de Jonas est de toujours procéder de façon purement immanente. Le refus affirmé de se fonder sur une argumentation religieuse se traduit par le recours à un argument purement immanent. On va voir maintenant les prolongements concrets de cette manière de faire. Le vivant est philosophiquement saisi comme un *être de souci.* Il est ce qui a le souci de maintenir son existence. Ce qui chez Heidegger qualifiait le *Dasein* seulement, devient ce qui qualifie le vivant en général. Avec la vie, on assiste à l'émergence d'une finalité d'auto-conservation qui institue, en soi, une hiérarchie entre le vivant et le non-vivant. Ce qui a le plus de valeur objective, même dans la nature, c'est ce qui est capable de se donner une finalité. La sauvegarde du vivant, en tant que porteur de finalités, apparaît ainsi comme une exigence rationnelle. L'être humain est l'étant capable de se donner le plus de finalités. La sauvegarde de l'humanité apparaît ainsi comme l'exigence première de la raison. La vie est une lutte perpétuelle du vivant pour se maintenir en existence face à la menace, au risque de mort. Cette fragilité ontologique de la vie augmente avec la fragilité propre à l'existence symbolique de l'homme. L'être humain, et l'humanité telle qu'elle existe aujourd'hui, ont donc une valeur absolue du point de vue même de la raison du fait qu'ils sont les plus capables de se donner des finalités et du fait qu'ils sont les plus fragiles.

Le fait que l'humanité doive continuer à exister, ce que le philosophe estime avoir démontré, est mis en cause par *le développement réel* de l'humanité, par son trop rapide développement démographique et les conséquences qu'il a à long terme. Il existe une contradiction dialectique entre l'exigence ontologique et le développement réel de la population dans la mesure où dans une civilisation technologique il existe une contradiction réelle entre le développement démographique des sociétés et l'amélioration de leurs rapports à l'environnement. C'est ici que se concentre en vérité la portée dramatique de l'argument de Jonas. La croissance démographique incite à une maximisation de la rentabilité agricole, de l'utilisation des matières premières, de la dépense énergétique, ce qui a des effets désastreux sur l'environnement, et diminue les chances de survie ultérieures de l'humanité. Jonas découvre ici quelque chose de fondamental, en regard duquel les autres déterminations du devenir de la civilisation technologique sont redevables, en regard duquel elles sont *surdéterminées*.

Les réserves minérales accessibles ne sont pas inépuisables, et s'il faut creuser toujours plus profond, même si la chose est plus coûteuse, alors les dépenses d'énergie grandissent. Déjà voit-on approcher le pic de maximum d'extraction, à partir duquel les ressources iront en diminuant. La terre contient des réserves finies, mais l'humanité agit *comme si* elles étaient illimitées. Un autre problème, lié aux précédents, concerne les incidences polluantes de l'intensité de consommation de l'énergie, alors que d'autres ressources, pas ou peu polluantes, seront toujours d'un accès limité. D'une part l'énergie solaire ne sera pas suffisante, et d'autre part la fission nucléaire comporte trop de dangers. Cependant, Jonas manifeste de l'espoir dans la mise au point technologique de la fusion nucléaire comme source d'énergie tout en reconnaissant le caractère limité de cette solution. Car en fait, dit-il, toute utilisation d'énergie entraîne des coups thermiques incompressibles. Quelles que soient les solutions de rechange dans la production énergétique, le problème du réchauffement de la planète va devenir plus aigu avec la croissance de la consommation globale d'énergie et donc avec la croissance démographique. Celle-ci apparaît ainsi comme *La* question majeure qu'on ne peut résoudre ni par des solutions techniques ni par des mesures gestionnaires. Elle implique en effet une dimension politique et éthique inédite et à la manière dont Jonas y revient à deux ou trois endroits à propos de la politique démographique chinoise on sent qu'il ne veut pas développer la discussion du problème mais qu'il en perçoit tout le poids.

Le grand mérite de Jonas est de tenter une discussion strictement philosophique de la fondation de normes morales pour la société technologique et d'ouvrir en même temps un dialogue avec les sciences contemporaines. Hans Jonas explique que la fondation des normes pouvait jusqu'ici être réalisée par la foi et la religion ; mais au XXe siècle, la foi et la religion ne peuvent plus servir de fondement à l'éthique collective, à la morale de la responsabilité donc. Pour fonder ces normes, on ne peut pas non plus s'appuyer sur la science puisque la science moderne est née de la séparation de ce qui est et ce qui devrait être, du fait et de la valeur. Par conséquent, pour Jonas, c'est à la discussion philosophique sur l'homme et sa situation dans la nature qu'on doit s'en remettre pour fonder les normes en question. Là où la solution politique de Jonas fait par exemple problème, c'est lorsqu'elle consiste à dire aux élites qu'ils disposent de la responsabilité collective des problèmes que pose le développement technologique. Or, c'est provisoirement juste, mais nettement insuffisant. Car, si l'on ne crée pas dans les différentes sociétés humaines une nouvelle *culture de la limite*, si l'on oublie la fondation culturelle de nouvelles normes collectives dans le rapport à l'innovation et au système technologiques, alors on aide à se former une technocratie mondiale, toute une bureaucratie de comités d'éthique et d'experts qui dicteront des impératifs. Ils seront obligés de multiplier les normes restrictives à l'endroit des différents systèmes techniques, lesquelles nous apparaîtront de plus en plus écrasantes. Plus il y aura d'anomie culturelle et moins de prises en charge par les groupes sociaux eux-même de la limitation de leurs attentes à l'endroit de la technique et de la satisfaction de leurs besoins, plus le système de la gestion technocratique sera insuffisant. Bien sûr, une culture de la limite ne peut être parachutée, mais elle existe déjà dans les pratiques sociales. Elle peut être l'objet de réflexion de la part d'intellectuels, la visée d'une démarche esthétique de la part d'artistes. Elle peut aussi devenir l'objet d'étude du sociologue qui décèle des comportements allant dans le sens d'une auto-limitation de la consommation, ou d'attentes nouvelles à l'endroit du système. Ce ne doivent pas être des limites technocratiquement imposées, mais des limites qui soient susceptibles d'être intériorisées par la subjectivité.

Finalement l'abord de la préoccupation écologique du seul point de vue moral est légitime mais insuffisant. Dès le départ de son raisonnement Jonas sait bien qu'il doit compter avec la dimension nouvelle du caractère collectif de la morale cherchée. Or une morale collective pour une pratique collective nous rapproche définitivement du politique. On peut bien raisonner comme si le sujet collectif auquel on s'adresse avait une conscience morale, mais le collectif est sur ce point contraint de s'en remettre à celle de chacun. Pour autant alors que chacun ne peut investir l'obligation collective que de son point de vue tout en s'ouvrant à celui des autres, nécessairement différent, il le fait politiquement. La politique écologique doit bien sans doute reconnaître une obligation morale, celle énoncée par Jonas en l'occurrence, mais elle se nourrit de bien d'autres choses encore que de l'obligation et de l'obligation envers l'obligation. Elle se lève à partir des cultures existantes en favorisant en elles l'émergence d'une culture de la limite. Elle se lève à partir du constat que dans l'histoire nous sommes effectivement parvenus à un tournant dans la mesure où le système technologique qui est le nôtre devient une menace pour la survie de l'humanité et que l'absence de limites qui caractérisait la cosmologie et la culture occidentale moderne est périmée.

Vingt-cinq ans après la parution du Principe de Responsabilité *et dix ans après la présentation qu'on vient d'en lire, il me paraît manifeste que toute la partie de l'analyse de Jonas consacrée aux problèmes écologiques de fond dans une civilisation technologique s'applique remarquablement bien à ce qui est advenu depuis avec les technologies génétiques, les industries agroalimentaires, les ressources énergétiques, les ressources naturelles en général, comme l'eau par exemple, la pollution industrielle et atomique, les catastrophes maritimes, le réchauffement de la planète, le problème posé par le développement démographique, etc. Nous sommes effectivement entrés dans un cycle continu d'accélération et d'internalisation des problèmes écologiques qui affecte d'ailleurs désormais la dynamique d'évolution des systèmes sociaux. Les sociétés internalisent comme des contraintes de fonctionnement l'anticipation des catastrophes écologiques, ce qui n'empêche pas que celles-ci se multiplient. Ceci dit, cette internalisation obéit au principe de responsabilité mais en transforme progressivement le sens. Et peut-être que le risque ultime, entrevu par Jonas, consiste en ce que la prise en charge technocratique de la protection se transforme en production et gestion de la nature elle-même, éloignant définitivement la responsabilité du modèle du respect.*

Le problème d'actualité n'est plus de fonder la morale de la responsabilité. La question est devenue politique. La moralité objective, pour parler avec Hegel, a intégré l'obligation morale de Jonas. Pour que celle-ci se traduise politiquement dans les faits il faudra d'énormes pressions culturelles et politiques. Jonas n'envisageait pas la fin du communisme, ni les transformations géopolitiques majeures qu'elle a entraînées. Néanmoins parmi les scénarios imaginés Jonas envisageait une situation dans laquelle les États-Unis domineraient tellement le système économique qu'ils s'accapareraient le monopole de la dépense énergétique et mériteraient qu'une lutte de classes à l'échelle internationale s'institue contre eux. Nous sommes entrés dans une ère de domination mondiale qui donne en même temps à ce pressentiment tout son poids. La morale de la responsabilité collective s'est imposée avec le protocole de Kyoto mais la politique mondiale de l'environnement sans laquelle elle est impuissante est absente au rendez-vous. Les politiques futures des Etats-Unis sur l'environnement, voilà ce qui sera déterminant dans un avenir immédiat, et donc aussi la capacité politique des pays signataires à peser sur leurs décisions.

D'un côté, je pense que le développement de la discussion publique de ces problèmes, la diffusion des résultats des études scientifiques, l'accroissement de la capacité de comprendre l'échelle des conséquences de l'action collective constituent des facteurs importants de transformation des politiques publiques en matière de croissance technologique. Ensuite les mouvements écologiques peuvent s'appuyer ce qui existe déjà au cœur des sociétés contemporaines comme résistances à la survalorisation de la technique. C'est le concept de culture de la limite qui me semble le mieux désigner cette approche. Et c'est Denis Duclos qui a donné à ce concept sa place effective dans l'analyse sociologique de la régulation immanente de la puissance dans la civilité.

Il est possible, soutient-il, que nous partagions les mêmes représentations de ce qui vaut la peine d'être expérimenté. La civilité correspond à la capacité de "réagir" à l'anomie, cette dernière désignant précisément l'absence de limite dans l'attente de satisfaction de la part de la subjectivité à l'endroit de l'existence, de la société et finalement de la technique. Nous devons, dans la situation contemporaine, inventer une nouvelle esthétique de l'existence, du rapport à la nature, du rapport social. On ne peut pas entrer dans le futur avec seulement la peur dans une main et l'obligation morale de l'autre. Avec Duclos je pense que les éléments nécessaires à la constitution de cette culture sont d'ores et déjà présents. Il existe déjà tout un ensemble de phénomènes d'autolimitation à l'intérieur de la sphère générale de la consommation. On assiste, par exemple, à l'émergence d'une consommation consciente, qui se produit comme un ensemble de choix, comme par exemple celui de fuir tel ou tel marché. D'autre part, la recherche d'autorégulation de la puissance, de l'identité, etc. existe d'ores et déjà. On pourrait ajouter à cela qu'il existe une tendance chez certains scientifiques à critiquer le développement anarchique du développement technoscientifique contemporain. Même au cœur de la science, des scientifiques se détournent des modèles développés par la technoscience. Par exemple, dans la physique contemporaine, le courant qui se dessine autour de la théorie du chaos est en train de modifier la compréhension que nous avions du rapport de la détermination à la prévisibilité et fait prendre conscience des limites objectives de celle-ci. Il existe également un fort mouvement écologique et une nouvelle sensibilité environnementale fondés sur l'idée de civilité, d'invention et d'auto-organisation liés à l'émergence d'une nouvelle culture. Je crois que c'est aussi bien dans les inventions et manifestations de la culture vivante que dans les forums internationaux ou les interventions des organisations mondiales que se déroule un débat politique.

(Janvier 2005)

DISCUSSION

B. Kalaora : J'ai l'impression que la "nouvelle morale" de Jonas est une religion de la nature. On sait le rôle qu'a joué l'idéal naturaliste dans la construction du nazisme. Un trait anecdotique mais significatif : dans les années trente en Allemagne, les associations de protection des animaux condamnaient les techniques kasher, jugées cruelles. Les rapports à la nature étaient un point de départ d'une mise en cause de "l'autre".
Je suis donc toujours inquiet de cette mise en avant de la nature dans la construction d'une morale. L'idée d'une intrication permanente entre le politique et la science est une chose contre laquelle je réagis vigoureusement. Selon moi, l'intrication de plusieurs registres a des implications dangereuses, voire totalitaires. Je ne dis pas que c'est le cas de Hans Jonas, mais sa morale s'adresse à l'évidence à des "hommes supérieurs", des experts par exemple, qui réfléchiraient en eux-mêmes l'arbitraire de

la décision morale. Je préfère demeurer wéberien, et je trouve plus sage une séparation du politique et du savoir. Il vaudrait mieux aller plus à fond dans l'exploration critique des valeurs, un peu selon l'idée d'une politique de la pitié, selon Luc Boltanski.

M. Dobré : Dans ton interprétation de Jonas, tu as cette originalité, qui n'est pas présente dans tous les débats sur l'écologisme, d'avoir fait référence à la société civile. Beaucoup ont eu certaines craintes face au livre de Jonas. Les philosophes qui débattent à ce sujet ont très peu discuté les fondements ontologiques pour le diagnostic sur une prise de conscience critique, du fondement l'éthique. Ils ne se sont attaqués qu'au niveau du passage à la politique, selon les trois modalités avec lesquelles en France, on critique l'écologisme. C'est-à-dire de le croire brun, de le croire rouge ou de le dénoncer comme irrationnelle et non scientifique.

On a critiqué Jonas en le rapportant à son mentor, Martin Heidegger, suite à un débat en France faisant apparaître celui-ci en nazi. Il s'agit d'une guerre idéologique où l'on ne s'arrête pas sur la profondeur de la pensée de Jonas qui est d'ailleurs loin du naturalisme ayant influencé le nazisme. Le problème de la limitation reste posé, qu'on le veuille ou non : les trois types de critiques de l'écologisme butent systématiquement sur lui, parce qu'elles sont toutes les trois du côté de la confiance optimiste dans les capacités auto-régulatrices du marché, amendées d'un peu d'État pour réparer les ratés de l'auto-régulation. C'est la position de Luc Ferry et de tous ceux qui ont critiqué l'écologisme dont Jonas serait considéré comme le fondateur.

L'attention portée aux générations futures n'est plus une fausse question. Mais je m'intéresse aux formes qu'elle peut prendre. Faut-il que la survie s'exerce en démocratie ou en despotisme éclairé pour qu'on puisse vivre une vie humaine "digne de ce nom" ? Il y a beaucoup de choses à débattre là-dessus. Les critiques des Jonas devraient peut-être se pencher sur des interrogations philosophiques aussi profondes qui les siennes au lieu de répéter des assauts massifs sur des questions secondaires.

M. Saintupéry : On trouve effectivement des tabous au XXe siècle autour de la philosophie de la nature. En France surtout, à part peut-être Deleuze et Guattari, qui demeurent toutefois très spinozistes. L'écologie ne se fonde pas seulement "à droite" ou dans la pensée éthique autoritaire. Le livre de Lukàcs *L'ontologie de l'être social* qui est une philosophie de la nature proche de celle de Jonas est très peu connu en France.

L'écologie politique est souvent considérée par les philosophes comme un mouvement naïf. Or, il suffit de prendre le corpus de propositions parlementaires des Écologistes au niveau européen, pour voir qu'ils développent une problématique élaborée en profondeur, aussi complexe et articulée que celle de Hans Jonas.

Si, selon Jonas, l'avenir dépend d'une prise de conscience de la technocratie, alors cette orientation me dérange, car la culture de la limite existe bel et bien dans des communautés locales et des groupements sociaux. C'est au contraire par la pression exercée d'en bas que la technocratie – très attachée aux méga-projets techniques -opérera sa prise de conscience ; il ne faut pas rêver à ce que la grâce tombe sur la tête des technocrates après la lecture de Jonas.

À propos de la technologie qui s'auto-élargit, vous avez parlé d'une prolifération irrationnelle divergente de celle de la valeur en société d'argent ; or, nous vivons toujours dans une société capitaliste. Comme le disait Jean-François Lyotard : le capitalisme, c'est la volonté de puissance indexée sur l'infini.

De plus, est-il vrai que la technologie s'auto-élargit sans limites ? on peut en douter. Par exemple, si la démographie induit des problèmes alimentaires (comme on le dit depuis Malthus), c'est justement parce que les techniques à haut rendement qui augmentent la productivité des sols s'épuisent. Elles ne peuvent pas suivre. De même, le fordisme et le taylorisme sont-ils en processus d'auto-épuisement, en tarissant leurs "ressources humaines". Il y a certes une fatalité technologique dans les effets irréversibles causés par la radioactivité par exemple. Et, pour ce genre de problèmes, une réflexion plus profonde doit avoir lieu.

M. Douglas : La peur, la pitié et la colère : comment peut-on savoir que les gens ont vraiment peur ? Selon nombre de scientifiques, il est douteux qu'il y ait un réchauffement de la planète. Il y a désaccord sur ce fait, ou sur son amplitude, même si ce désaccord semble diminuer avec les années. Alors comment pourrions-nous, *a fortiori,* nous mettre d'accord lorsqu'il s'agit d'interpréter des émotions, telle la peur d'autrui ? En anthropologie, nous avons découvert que les émotions sont surtout des outils contre autrui. Je crois qu'il est très naïf de parler, comme Jonas le fait, de la peur. Comment Jonas sait-il que les gens ont peur, à moins de parler à leur place ? Il s'agit d'une question très précise sur la façon dont le politique interfère avec les conflits culturels.

J. Douglas : J'ai beaucoup aimé cet exposé qui m'a initié à la pensée de Jonas, et m'a permis de constater qu'il avait essayé de faire du Kant *up-to-date* ! Dans *La critique de la raison pratique,* Kant disait que ce qui est moral peut être appliqué universellement sans contradiction logique, et que cela répondait à la raison, Maintenant, Jonas substituerait l'idée de Responsabilité à celle de Liberté. Mais à quoi ou à qui répond cette idée ? Et comment juger les questions morales de la technologie ?

O. Clain : Je crois qu'il est important de bien saisir que le cheminement de Jonas ne rencontre le discours écologique *que* dans la tentative de le fonder moralement. Et il y a effectivement bien d'autres dimensions contenues dans la culture écologique, bien d'autres sensibilités politiques dans le mouvement écologique. D'autre part la peur a d'abord une fonction heuristique et n'apparaît centrale à Jonas que parce qu'il se déprend du formalisme kantien. Mais il est vrai qu'elle est postulée comme une donnée existante avec la préoccupation écologique. Kant exige certes que la maxime universelle de l'agir ne soit pas contradictoire, mais la non-contradiction logique n'est que le critère formel. Le cœur de l'argument kantien est que l'application positive de la maxime puisse s'universaliser autour de l'idée de liberté. La protection de la liberté individuelle se fait négativement en vérifiant que le sentiment de ma liberté ne s'oppose pas à celle de l'autre. Avec l'idée de responsabilité, Jonas part de Heidegger qui dit dans *Etre et temps,* que l'essence de l'homme est qu'il est l'être-du-souci. Jonas reprend cette idée en disant que l'homme est l'étant qui a le *souci* de soi, de l'autre et de l'Etre. La "responsabilité" est le souci pour la fragilité ontologique de celui qui possède un pouvoir d'agir qui la menace. Elle *s'oppose* formellement à la "liberté" de Kant et effectivement l'intention de Jonas est de lui donner une force et un pouvoir de contrainte aussi grands que ceux que Kant attribuait à la liberté. Ceci dit, je crois qu'il est capital de noter que l'une et l'autre ne se placent pas sur le même plan. La morale de Jonas ne peut pas être une morale du rapport interpersonnel. Elle est d'emblée d'un autre type parce qu'elle encadre un autre objet et oblige un autre sujet. Lorsque Jonas veut fonder le concept de responsabilité, il prend comme prototype la responsabilité à l'endroit du nouveau-né. Il dit que nous savons tous ce qu'est la responsabilité, dès lors que nous avons des descendants, et que nous avons du souci *à leur place* ; leur fragilité provenant du fait qu'ils ne peuvent pas avoir le souci d'eux-mêmes. La responsabilité pour le futur de l'homme est de ce type selon Jonas, marqué par l'asymétrie et la non-réciprocité.

G. Gagné : Contrairement aux critiques qui ont été émises en France à l'égard de Jonas, je suis d'accord avec sa politique. Jonas ne donne pas le pouvoir aux technocrates, car ils l'ont déjà ! Il alerte les gens sur l'importance à mettre les technocrates face à leurs responsabilités. En n'ayant aucun compte à rendre, les technocrates font ce qu'ils veulent, et ce n'est généralement pas pour le bien de l'environnement.

M. Saintupéry : la Banque Mondiale fait depuis quelque temps une auto-critique qui va dans le même sens que les critiques que les O.N.G lui adressaient il y a dix ans. Reste à savoir si c'est sincère et efficace.

III

Théorie culturelle et société écologique

Par MARY DOUGLAS[*]

Avec la postmodernité, certains disent que nous sommes maintenant parvenus à un point où le genre humain ne s'est jamais encore rendu. C'est sûrement vrai, car le présent est toujours là où personne n'a jamais été auparavant ! Il est tout aussi certain que la globalisation économique comporte des aspects nouveaux, mais il est moins sûr que l'idéologie postmoderne soit, quant à elle, une nouveauté.

La postmodernité se définit *en opposition à* la modernité. La liste des contrastes constatés avec elle est donnée sur un ton accusateur. Mais en l'écoutant, on a l'impression que c'est du déjà-vu. L'accusation du passé est sûrement aussi ancienne que le bouddhisme, l'hindouisme ou le christianisme, qui ont tous commencé par des mouvements de protestation similaires. On peut se demander si la contestation postmoderne aura autant de succès et de

---

[*] Mary Douglas est anthropologue, professeur émérite des Universités de Princeton (USA), de la London University, de l'University College London, et de la Northwestern University (Grande Bretagne).

durée... Selon la critique postmoderne, la modernité est le culte de la raison et de l'instrumentalité, par le projet de dominer.

Sa religion du pouvoir est marquée par le manque de justice, par des effets d'aliénation, par un système hiérarchique, par l'institutionnalisation des conflits et des inégalités.

C'est un monde géré, une vision matérialiste, la synthèse par le marché et les solutions techniques.

À ses propres yeux, la postmodernité serait en revanche le culte de la sensibilité et de l'expressivité, le projet de vivre ensemble pacifiquement et naturellement, une promesse de justice et d'intégration égalitaire associée à une mise en garde apocalyptique, une culte de l'autonomie, une vision dématérialisée, une synthèse organique s'accordant à un modèle biologique, une solution naturelle.

Mais deux mystères subsistent dans l'idée de société écologique. D'abord, qui en sont les membres ? Quels âges ont-ils ? Où sont-ils ? À quels sexe et classe sociale appartiennent-ils ? Combien sont-ils ?

Et ensuite, s'ils ont tant d'influence, pourquoi les membres de cette société écologique ne sont-ils pas des consommateurs écologiques ?

Malgré leur enthousiasme pour la cause environnementale, ne continuent-ils pas à circuler tous les jours en voiture, à avoir deux maisons, à participer à un tourisme destructeur, à voyager en avion, etc. ?

Nous constatons que les nouveaux consommateurs

écologiques ne sont pas encore arrivés. S'ils étaient très nombreux, nous verrions apparaître une différence, mais peut-être ne le sont-ils pas. Comment peut-on les identifier ? Ce mouvement est-il aussi important que le proclament ses adeptes? Doit-on accepter leurs diagnostics pour l'avenir ? Je me méfie des systèmes dualistes, surtout quand un côté est considéré entièrement mauvais et l'autre, entièrement bon.

J'ai été invitée à ce séminaire afin d'essayer d'envisager la postmodernité comme culture, dans le cadre théorique que j'emploie pour les autres cultures. Ce que je fais est une sorte d'anthropologie de la responsabilité et de la culpabilité. Le champ de mes recherches est leur évaluation quotidienne, et mon objet concerne l'effort déployé par les gens pour revendiquer et punir. Ce sont les petits faits de la vie quotidienne qui donnent naissance aux idées de la justice et des normes. C'est en eux que se forment les liens entre la société et sa connaissance. On n'a guère besoin de s'informer outre mesure sur les attitudes et les croyances. On n'a qu'à observer ce que font les gens *quand ils s'accusent*. Ce qu'ils font pour établir leur vérité et renforcer leurs normes.

Quant à la nature, elle est entraînée comme arbitre indépendant dans des discours d'imputation et de blâme. Elle est preuve dans une dispute sur la responsabilité ; elle est invoquée pour établir ce qui est possible ou non pour les humains et les animaux. La nature est présente dans la construction de la communauté.

On m'accuse d'être réductionniste quand je dis que la grande utilité de la nature pour l'humanité, c'est qu'elle peut servir à la construction de la communauté. Je m'intéresse surtout à la politisation de la nature, dans un projet peut-être parallèle à celui de Michel Foucault pour les disciplines du corps. Dans son analyse, le "naturel" était moins preuve d'un conflit interculturel que partie prenante dans les techniques de contrôle et de normativité.

Voici les grandes lignes de ma méthode (schématisée ci-dessous).

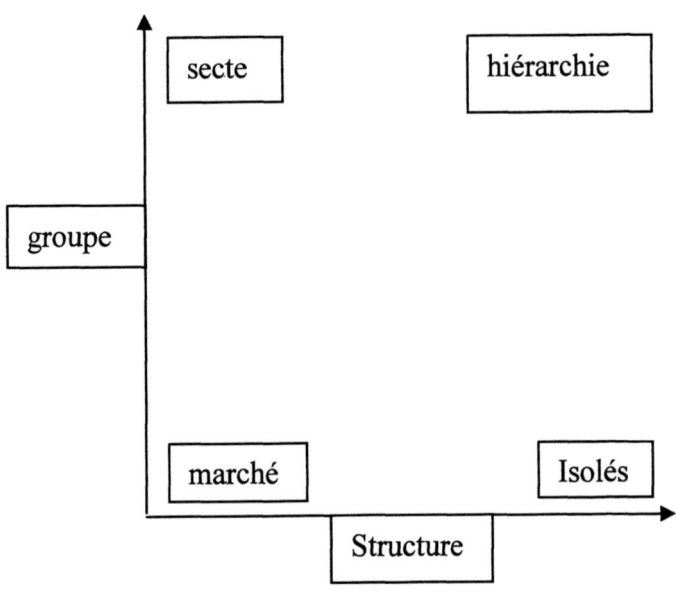

Pour admettre celle-ci, il faut assumer que la culture consiste en ce que les valeurs, les principes et les idées dépendent de formes déterminées et stables d'organisation qui sont peut-être en nombre infini, mais qu'on peut regrouper à des fins heuristiques. Les personnes sont alors considérées intégrées dans la société selon trois grandes possibilités ou tendances :

1) *Hiérarchie* : elle résulte d'une forte organisation dans un groupe consistant.

2) *Marché* : il ne connaît ni forte structure ni forte solidarité.

3) *Secte* : il y existe une forte solidarité, mais peu de hiérarchie.

Mais 4), il existe enfin des personnes mal intégrées, isolées, qui se situent au quatrième pôle, là où l'on se trouve enclavé sous une hiérarchie, avec peu de solidarité avec ses semblables.

Pourquoi les gens peuvent-ils ne pas être intégrés dans leur communauté ? Pour bien des raisons : à cause d'une faible densité de la population. Ou pour d'autres causes : marginalisation, désir de solitude, etc.

Ces quatre catégories existent dans nos sociétés démocratiques industrielles, mais pour l'anthropologue, il s'agit d'obtenir de la distance et un champ de comparaison. Ces termes lui permettent termes d'inclure d'autres sociétés, car, pour éviter l'ethnocentrisme, ils déplacent l'analyse à un niveau plus abstrait. Dans cette optique, on peut considérer que s'opposent dans la plupart des cultures humaines une plus ou moins grande intégration au groupe (l'axe vertical du schéma) et un découpage interne plus ou moins marqué (axe horizontal).

J'ai construit cette schématisation pour permettre de comparer les exemples "ethnographiques" et ceux de la société occidentale. L'idée en a pu être formulée après des années d'étude de la société occidentale, mais aussi des années de recherches en tant qu'anthropologue africaniste. Sur le continent africain, j'ai été frappée de la présence de quatre idéologies qui opposent des régions entières à d'autres, mais qui sont aussi présentes à l'intérieur de chacune. Dans ces idéologies, la nature occupe des positions différentes

Par exemple, en Afrique occidentale, le culte des ancêtres est fort et la nature est punitive, morale, et ne pardonne pas. L'Afrique orientale est au contraire davantage caractérisée par la magie conflictuelle qui domine chaque grand héros et ses rivaux. On vante ouvertement la magie et ses pouvoirs : c'est une magie de succès qui confond les ennemis, et la vie y est concurrentielle. Enfin, dans d'autres régions, on observe des formes intermédiaires : en Afrique centrale, le culte des ancêtres est moins souligné, mais ce sont surtout les preuves des sorciers qui comptent. La nature est dualiste ; les gens vivent dans un monde entouré de dangers cachés et de complots ennemis subtils.

Bien sûr, tous ces assemblages de surnaturel et de nature sont présents sont accessibles partout. Dans chaque société africaine, on retrouve les quatre, mais une forme prédomine selon l'organisation sociale. C'est cela qui m'a suggéré une problématique générale pour aborder les rapports entre la société et son idéologie.

La nature entre comme élément de preuve "judiciaire" dans les conflits culturels de chaque société. Par exemple, la nature corporelle appelle la question : qui a causé la maladie ? Ou la nature pour l'agriculteur soulève la question : qui a causé la sécheresse ? La nature offre des occasions nombreuses pour s'attaquer et s'accuser. Dans cette perspective, la moralité est soutenue par la nature. Elle est totalement politisée au sein de la société.

On dira que cela vaut surtout pour les sociétés que Michel Freitag appellerait "archaïques", dans lesquelles le rapport entre le conflit moral, les preuves et les témoignages de la nature se trouvent inclus dans les représentations du surnaturel : la sorcellerie, les ancêtres, les revenants, les esprits, Dieu. Mais on s'aperçoit que la même analyse s'applique à nous directement, sans médiation surnaturelle. Le mouvement écologique en fournit la démonstration. À lire les accusations qu'il porte contre les modernes, on voit qu'il se situe surtout dans le quadrant culturel où la nature sert de victime.

Cette typologie fonctionne pour toutes les comparaisons culturelles qu'on veut faire, à propos de n'importe quelle question sociale. Prenons, par exemple, la question des limites.

Dans le quadrant "Hiérarchie", des limites complexes sont imposées aux désirs par les structures communautaires. Le luxe tend à être réservé au public, tandis que la parcimonie est privée. On peut ainsi illustrer l'idée de Durkheim selon laquelle les sociétés traditionnelles coordonnent les désirs de ses membres.

Le quadrant "Secte" est caractérisé par la difficulté d'organisation stable, car si l'on choisit une secte, on peut aussi s'en retirer : les sectes ne sont jamais de longue durée. Elles sont souvent en proie à des désintégrations rapides.

Dans la mesure où ce sont des groupes qui se choisissent, les sectes imposent des limites sévères aux désirs, privilégient la parcimonie et ne favorisent aucun luxe. Elles commercent avec le reste de la société, mais par contrainte, et en hostilité avec elle.

Au quadrant "Marché", correspond effectivement une vision d'expansion économique sans limite de la société. Le luxe privé est admis, voire préconisé.

Dans le quadrant "Isolé", enfin, personne ne dicte les choix d'une personne dont on pense qu'elle n'appartient pas à la société. Il n'y a que des choix idiosyncrasiques.

La postmodernité possède sa propre mythologie. Par exemple, on a évoqué le mythe de la sensibilité. Mais, dans notre perspective anthropologique, les quatre cases du diagramme s'identifient par des mythes en opposition les-uns aux autres. Il faut donc se demander à chaque fois qu'on aborde un mythe, quels sont ceux auxquels il s'oppose. Ainsi, dans le mythe postmoderne, les animaux représentent des victimes. Or le culte de la sensibilité animale nécessite une ligne de partage claire entre les postmodernes qui s'en font les adeptes, et les ennemis brutaux qui doivent avoir un mythe de la rationalité cynique. Ils doivent aussi se démarquer des tenants d'un mythe de l'ordre moral qui unit une société dans laquelle les personnes sont vengées.

Il faut ainsi entrevoir les mythes comme en perpétuel dialogue politique.

Prenons l'exemple biblique du Dieu d'Israël qui était sensible à la souffrance des bêtes. Le livre des Nombres contient la jolie histoire d'une ânesse qui reconnaît le Seigneur alors que son maître ne le reconnaît pas. Il ne faut pas oublier que ces mythes sur la tendresse envers les animaux correspondent à une époque où Israël était colonisé, et s'envisageait soi-même dans un rôle de victime.

Les soi-disant "mythes européens" collectés par les frères Grimm n'ont guère de sens sans la clef qui dévoile l'opposition culturelle au sein de la communauté. Par exemple, l'analyse du Petit Chaperon rouge faite par l'anthropologue française Yvonne Verdier, montre qu'elle recouvre un conflit inter-générationnel des vieilles femmes envers la génération de leurs petites-filles.

Si l'on applique le diagramme culturel à la société contemporaine, le rapport au temps change fortement selon les pôles : pour le "Postmoderne", l'éternité tient lieu d'horizon. Pour le "Hiérarque", c'est la stabilité permanente. Pour l'"Entrepreneur", c'est l'expansion du changement. Quant à l'"Isolé", il se replie toujours dans le présent à cause de son "enclavement" dans des temps qui ne sont pas les siens, qui ne lui appartiennent pas.

Pourquoi ce diagramme est-il si important à mes yeux ? N'est-il pas trop plastique pour fonder des interprétations fiables ?

Ma réponse se construit autour des cinq maximes pour un emploi discipliné de cette méthode, qui seul permet de la valider.

1) Il s'agit de trouver une population définie ; un monde suffisamment distinct pour éviter les envols fiévreux de l'imagination.

2) Il faut demeurer strictement dans le monde choisi parce qu'il ne faut pas comparer des choses trop différentes comme le font les postmodernes en se comparant aux modernes. Pour cela, on spécifiera bien les indices retenus pour "structure" et "groupe"

3) On notera sur une carte la dispersion des éléments, afin de décider si l'organisation sociale est plus ou moins polarisée.

4) On collectera avec beaucoup de précision les mythes et les attitudes envers les objets qu'on veut étudier, la provenance et l'identité des informateurs.

5) On tentera enfin de caractériser la population à

l'intérieur du diagramme.

Trois sondages ont été réalisés sur ces bases. Ainsi des chercheurs californiens ont-ils établi une corrélation entre les attitudes politiques et celles envers la technologie. Au Nouveau-Mexique, on a réalisé une enquête similaire. À Vienne, l'*Institute für Motivforschung*, réalise des sondages sur l'organisation domestique à propos des idées qu'ont les parents sur l'éducation, et les mettent en rapport avec leurs attitudes sur l'organisation en général. Jusqu'à maintenant, on a l'impression que ces recherches trouvent une forte corrélation entre écologisme et haut niveau d'études, cette "intelligentsia" écologiste étant peu nombreuse.

Est-ce que la postmodernité va augmenter sa clientèle et nous pousser vers une nouvelle époque de frugalité ? On pourrait utiliser notre méthode pour effectuer des comparaisons avec des mouvements d'austérité des temps passés. Il est possible que l'écologisme sauve la biosphère, mais est-ce probable ? Selon moi, c'est improbable pour plusieurs raisons. D'abord, parce que les mouvements de cette orientation culturelle ne durent pas longtemps. Ensuite, parce que leur base n'est pas populaire. Finalement, parce qu'il faut un ennemi défini, et que cela manque aux Écologistes (à part les "Nucléocrates ").

L'ennemi – c'est-à-dire la société moderne d'abondance – est trop nécessaire, pour qu'on veuille vraiment le détruire. C'est donc seulement par le refus de le rejoindre dans ses célébrations qu'on signale son opposition. Les parents se demandent pourquoi leurs enfants sont tellement difficiles à satisfaire à table, pourquoi ils refusent certains mets, et paraissent prôner une certaine austérité. C'est que l'austérité est la protestation des faibles ! Aussi, la frugalité, l'austérité sont-elles choisies comme signal culturel, quand l'ennemi est trop puissant.

On ne peut pas le détruire.

Au cours de ce séminaire, on a parlé à plusieurs reprises du problème méthodologique de l'*ancrage de la théorie dans des principes.* Je viens d'un pays qui développe une tradition empiriste depuis le XVIIIe siècle. C'est la mise en question des grands systèmes explicatifs ambitieux, le dégoût de l'abstraction excessive et la méfiance envers la métaphysique, qui ont motivé le refus de la construction théorique. C'est aussi le cas des sociologues américains guidés par R. Merton qui a proposé d'y substituer des *middle range theories*. Mais à l'encontre de mes collègues anthropologues, je demeure attachée au projet théorique, et je ne souhaite pas qu'on l'abandonne. Je déplore que les anthropologues postmodernes se refusent à la théorisation parce qu'ils la considèrent comme une forme de domination.

L'ancrage d'une théorie est un problème que nous a légué le modernisme. Le chemin a bien été préparé par les Modernes pour les Postmodernistes qui n'acceptent plus l'autorité. Si on examine l'idée d'ancrage, on est conduit à un démembrement des phénomènes postmodernes et peut-être pourrait-on trouver une rencontre de plusieurs mouvements contre l'autorité centralisée.

Comment ancrer une thèse quelconque ? Comment convaincre les autres ? Le modernisme a tant remis en question ! Nous sommes libérés pour toujours du contrôle *a priori*. Les fondations épistémiques n'ont plus d'autorité. L'*a priori* religieux a été démoli par Descartes. Puis l'*a priori* de la loi naturelle a été démoli par Locke et Hume. L'*a priori* mathématique, par Russel et Gerder. L'*a priori* de l'inférence statistique, par Savage. L'*a priori* de la logique par Bacon, Stein et Kramer. Quant à l'interprétation, c'est la fin de la démonstrativité des métaphores. La similarité ne compte plus pour justifier un argument. Les analogies sont mises en question. L'indétermination règne dans la théorie.

Selon moi, c'est là que se situe la grande rupture entre modernité et postmodernité : dans l'impossibilité de trouver un ancrage. Comment rendre possible une conversation sérieuse dans ces conditions postmodernes – préparées par les Modernes – ? Je ne vois qu'une seule voie pour sortir de l'impasse : il s'agit d'une solution collectiviste. Il faut remplacer l'individualisme des sciences cognitives par une théorie communautarienne. Il faut reconnaître l'œuvre collective qui est langage. C'est la communauté qui établit ce qu'est un fait et ce qu'est un objet d'art.

La question brûlante se déplace sur le rapport entre une communauté et sa connaissance. Que pense-t-elle de la nature ? Est-ce qu'il faut organiser des sondages sur le postmodernisme ? Est-ce un mouvement important ? Toutes ces questions sont possibles comme questions du rapport de la communauté à sa connaissance.

Je propose qu'on ne pose pas la question de la connaissance comme une question de correspondance avec la vérité. Le désir de l'objectivité comme désir d'approcher la vérité est établi dans une communauté avec les faits nécessaires pour celle-ci, et les techniques pour établir les faits sont présents pour les mêmes raisons.

Mais pour étudier la relation entre la communauté et sa connaissance, on doit trouver un endroit hors de la communauté pour examiner le processus de ce qu'elle admet comme fait. Parler de la communauté et de sa connaissance de la nature exige une autre façon de poser la question. Communauté et connaissance ne sont pas deux choses qui réagissent directement l'une sur l'autre. À l'intérieur de la communauté, on interroge les savoirs et la vérité. Le modèle linguistique peut servir à cela *via* les concepts de "signe" et de "signifié". La recherche de la vérité peut se fixer sur la correspondance entre le mot, le sens du mot et l'existence de quelque chose qui y correspond.

Dans une communauté, on peut poser les questions dans les formes suivantes : Dieu existe-t-il vraiment ? La Terre est-elle ronde ? La science est-elle vraie ? Mais les réponses sont fondées sur la possibilité de l'action ; on construit des preuves. Les gens de science ont raison de se méfier des spéculations de la sociologie de la science qui les accusent de tromperie, de cupidité et de faire glisser la politique dans leurs calculs. Ce n'est pas le mode propre de la sociologie de la science que d'affirmer cela : son ancrage doit être différent ; son objectivité a un autre sens.

Une vraie sociologie de la science doit plutôt constituer son objet comme un tout : *la société et sa connaissance.* Sa demande d'objectivité, sa préférence pour les définitions strictes ou floues. Il faut reprendre le projet de Durkheim et Mauss sur la construction de la communauté et la construction de ses catégories de connaissance, *comme un seul objet.*

DISCUSSION

R. Ferreri : Dans votre schéma, pourquoi l'"Isolé" est-il du côté du "+" en-bas et non du "-" ?

M. Douglas : Parce que ce champ consiste en un rapport dans une communauté ; on lutte pour le pouvoir et l'influence. La structuration existe, mais elle les isole.

L'"isolé" n'est pas nécessairement une victime.

G. Gagné : Karl Schmitt disait que la pensée centrale du politique vise des relations entre les communautés, laissant un peu dans un trou noir les rapports internes à celles-ci. Peut-on dire que vous faites une théorie des communautés qui localise le rapport fondamental dans l'antagonisme "amis/ennemis" ?

M. Douglas : Non, je n'aime pas les dichotomies. C'est une théorie sur les antagonismes à quatre pôles, puisqu'on peut être "amis" et très différents, ou au contraire "ennemis" ou "compétiteurs" et très semblables....

G. Gagné : Pour vous, l'essence de la communauté humaine est l'antagonisme.

M. Douglas : En partie. Cela fonctionne bien pour expliquer les faits relatifs à la consommation : pourquoi les consommateurs achètent-ils autant ? On le comprend si l'on considère que leurs achats sont une forme de protestation. Ils achètent par défi. Pour comprendre ce qu'ils font au supermarché, mieux vaut savoir ce qu'ils *refusent* d'acheter. On achète une marque par loyauté contre d'autres cultures. La voie négative est plus évocatrice pour l'interprétation.

G. Gagné : C'est une théorie qui pourrait révolutionner les pratiques du marketing !

A. Caillé : On pourrait dire, comme Bourdieu, que les goûts sont avant tout des dégoûts. Mais la différence est que Bourdieu essaie de naturaliser sa grille en voulant déduire une hiérarchie des goûts naturels trans-historiques, parce que dans toutes les sociétés, la hiérarchie dominés/dominants s'établirait par rapport aux besoins matériels. Tandis que vous pensez un principe d'antagonisme général entre quatre valeurs ultimes, purement internes à la culture.

B. Kalaora : Dans votre schéma, la société écologique telle que vous la définissez est plutôt une société de protestation qui s'est construit un ennemi extérieur. Comment analyseriez-vous une société écologique qui serait basée sur le consensus, c'est-à-dire l'institutionnalisation de la protestation ? Comme le constate en Allemagne, Klaus Eder, l'écologie s'institutionnalise. Dans les industries, certains entrepreneurs se considèrent en avance sur l'opinion publique quant à l'ouverture à l'écologisme.

M. Douglas : Je ne crois guère dans l'analyse de K. Eder parce qu'il a surtout pris les médias comme objet, et c'est une erreur méthodologique. Je ne pense pas qu'il existe une seconde écologie, car changer de quadrant culturel implique de se transformer complètement, ce qui est très difficile. On peut penser à ce propos au suicide de l'écologiste allemande Kelly qui a refusé d'entrevoir ce bouleversement.

O. Clain : Je n'ai pas compris si votre modèle en est une analyse des sociétés ou une analyse des communautés infra-sociétales ou encore une analyse des attitudes individuelles. Est-ce que vous pensez qu'il est juste de proposer un modèle d'analyse théorique où les différentes cases sont relativement arbitraires ? Sinon, proviennent-elles d'une efficacité analytique ou d'une déduction théorique ?

Je ferai également quelques remarques. D'abord, lorsque vous parlez de postmodernité, vous semblez parler des individus postmodernes, comme s'ils existaient empiriquement dans la société contemporaine. Or, cette manière de poser le problème m'apparaît problématique parce que lorsque nous utilisons en sociologie le concept de "postmodernité", nous ne référons pas à un groupe concret d'individus, mais à une logique de reproduction de la structure de la société.

Deuxièmement, si vous utilisez votre schéma à la fois pour les sociétés africaines, pour les sociétés modernes ou pour les sociétés postmodernes, alors j'ai l'impression que vous développez un modèle statique. Contrairement aux modèles de Parsons et Weber, il ne semble pas y avoir de place pour une dimension historique à caractère cumulatif. Il me semble que ça peut mener à considérer l'histoire comme un éternel recommencement.

Troisièmement, vous avez abordé des problèmes cruciaux pour l'épistémologie. Je ne comprends pas vous considériez le domaine de la connaissance d'une communauté comme un phénomène collectif alors que toute l'histoire de l'Occident nous montre que le développement de la connaissance est lié à celui de l'individuation. La rupture d'avec les croyances mythiques dans la période archaïque de la Grèce a été fondée sur la conquête de l'autonomie individuelle, et je ne crois pas qu'on puisse renouer aujourd'hui avec une vision pré-rationnelle du savoir. Finalement, quand vous dites que ce qui compte d'un point de vue communautarien de la connaissance, c'est que le savoir doit servir à l'action, vous êtes en train de défendre le point de vue postmoderne sur la connaissance. Je sais que dans la tradition anglo-saxonne, la connaissance a toujours été conçue dans un rapport à l'action, mais dans la tradition française, il était inconcevable de réduire l'activité de connaissance à son utilité.

M. Douglas : Mon modèle concerne le point de vue collectif ; c'est un champ de forces où les individus différents se trouvent dispersés pour les différentes périodes de la vie. Je ne crois pas dans une attitude strictement individuelle, car toutes les attitudes – de chacun – sont discutées et partagées.

En ce qui a trait à l'arbitraire potentiel des axes et des cases, je peux répondre à cette question simultanément à votre remarque sur l'utilité du savoir : cela revient à la question de *l'ancrage*. Il faut trouver une solution communautaire sur les choses sur lesquelles on est d'accord. C'est pour cela que je me base sur Weber. Par exemple, dans notre conversation actuelle, nous sommes d'accord pour dire que nous sommes des personnes vivant dans une société industrielle démocratique, sur la différence entre hiérarchie et marché, et nous avons indiqué la possibilité d'organiser des sectes. C'est la base communautaire de notre conversation.

Pour la question de l'action et de l'utilité, ce n'est pas que je réduise tout sens à l'utilité, bien au contraire. Mais il y a une question formelle préalable sur la place de l'analyse et le choix des unités de l'analyse. Si on les choisit comme K. Eder dans les médias, qui sont séparés de la vie sociale, alors on peut faire dire n'importe quoi, et c'est à cela qu'il faut échapper. Il faut une discipline, et j'essaie de me soumettre à la discipline de savoir comment les gens s'organisent et ce que l'on peut inférer sur les principes que les gens doivent accepter s'ils veulent soutenir cette forme d'organisation. C'est cela la question de la culture pour moi. Ce n'est pas une question d'utilité, mais l'action n'est qu'une petite garantie pour la sélection des faits. Au contraire, si les gens paient beaucoup, on pense que quelque chose a de la valeur sociale. En tant qu'anthropologues nous pouvons tenter de savoir quels sont les niveaux d'amendes exigées pour les délits afin de connaître l'échelle des valeurs, et son changement. Ces catégories ne sont pas arbitraires pour notre civilisation : c'est là où nous sommes.

Lorsque je parlais de postmodernité, je ne désignais pas des individus, mais un mouvement. Quant au côté statique de mon modèle, c'est un reproche qu'on me fait souvent, et j'en suis consciente. On ne peut pas refuser un schéma simplement parce qu'il est limité, car c'est le cas de tous les schémas. Mais il est vrai que l'accent mis sur la polarisation dévoile un côté cyclique qui existe dans l'histoire, notamment quant aux problèmes de l'individualité. Vous connaissez les travaux de Pierre Vernant sur la psyché des Grecs. Selon ce schéma, on ressent d'autant plus de problèmes d'identité personnelle que l'on sort de la hiérarchie. Tant que le système spécialise chaque individu dans ses rôles, et le met en face des autres d'une façon très définie, il n'y a pas de problèmes d personnalité. Ces problèmes surgissent lors de la dissolution de la hiérarchie, lorsque commence le développement d'une culture d'entrepreneur plus individuelle. C'est pourquoi les Grecs spéculaient d'autant plus sur la psyché que revenait une dissolution de leur cadre hiérarchique.

F. Rudolf : Quand vous avez parlé de la postmodernité comme d'un mouvement, je n'ai pas saisi la différence entre un groupe écologiste et un mouvement "postmoderne". Sont-ils dans le même rapport ou en opposition ? Je n'ai pas l'impression que les écologistes seraient en accord avec un mouvement postmoderne ; ils luttent plutôt contre l'ancrage immatériel postmoderne.

M. Douglas : Il est possible qu'ils soient isolés contre le reste de la société, puis qu'ils se soient alliés avec un mouvement sectaire.

G. Gagné : Où mettez-vous la modernité dans votre schéma ?

M. Douglas : Dans la diagonale positive, c'est-à-dire

entre "hiérarchie" et "marché", entre "bureaucrate" et "entrepreneur".

C. Vlassopoulos : Dans le livre de Thompson et Schwarz sur la théorie culturelle, les auteurs font jouer la notion de multirationalité en indiquant qu'en même temps dans chaque partie du social, on peut trouver une subculture. Est-ce que cette conception ressemble à la vôtre ?

M. Douglas : C'est la même chose. La rationalité plurale est une idée de la culture où chaque subculture est une rationalité différente.

A. Caillé : Dans votre schéma, je trouve une certaine ambiguïté. Est-il question d'une typologie des valeurs ou de la structuration collective ? Il est possible que les valeurs portées par une secte deviennent des valeurs universelles. Et s'il s'agit d'une typologie des valeurs ultimes, qu'est-ce qui vous permet d'affirmer que les valeurs portées par le mouvement écologiste, pour l'instant sectaire, ne pourraient pas devenir des valeurs universelles ?

M. Douglas : Si on s'appuyait sur des valeurs ultimes pour les analyses, on pourrait dire ce que l'on veut sans contrainte dans la conversation. Or je préfère la présence de règles, et c'est pourquoi l'on doit essayer de localiser les valeurs dans des secteurs de la population, et les expliquer.

M. Saintupéry : Dans votre réponse à Olivier Clain, vous évoquez l'individuation. Mais celle-ci n'est-elle pas un phénomène irréversible lié là l'universalisation des valeurs des sectes ? Ainsi, de l'individuation qui, du stoïcisme au christianisme paraît produire une forme sans retour ?

M. Douglas : les postmodernes croient qu'on peut être

réflexif avec soi-même, mais je ne pense pas cela possible si l'on ne dispose pas d'autres exemples. Si l'histoire évolue toujours plus loin, sans recommencement de certaines situations structurelles dans la culture, comment peut-on être réflexif ? Si l'on ne mettait pas devant soi l'exemple des Grecs et des autres Anciens qui ont eu des possibilités de réflexivité dans leur identité personnelle grâce à des relâchements récurrents des liens de leurs sociétés ?

R. Ferreri : Le schéma est intéressant parce qu'il montre qu'il n'y a pas de schéma explicatif définitif ; le schéma renvoie au point de vue. Maintenant, je suis sûr de ne pas être un sociologue-thérapeute, car votre approche me permet de dire que les schémas lacaniens ne sont en aucun cas des schémas explicatifs de la société. Ce sont des schémas qui ne s'appuient que sur le petit quai des rencontres humaines que sont les discours. Il me semble que dans votre diagramme, il y a quelque chose de présent que vous n'avez pas énoncé comme tel : vous avez donné la définition de l'anorexie mentale ! Parmi les luttes contre le pouvoir, il y a notamment des jeunes filles qui finissent par dire – pour expliquer leur refus de manger – que c'est une protestation envers leurs parents. C'est généralement la dernière façon de parler à leur mère.

Une chose qui peut peut-être nous éclairer dans le débat sur la modernité et la postmodernité, c'est de dire qu'il y a des objets nouveaux qui ont été introduits dans la parole, dans l'histoire, dans les récits. De ce point de vue, la science, c'est simplement de laisser croire, de mettre en place une fiction où le salut pourrait être proposé comme parcours individuel. Ce salut, on l'a appelé le progrès. Pour moi c'est un objet nouveau dans son énoncé.

Dans votre schéma, ce ne sont pas les carrés qui m'intéressent le plus, mais les passages, les diagonales. De mon point vue, les sociétés offrent toujours des symptômes pour soulager la souffrance personnelle en la transformant.

Par exemple, un pan de notre souffrance peut trouver un exutoire par le passage à l'écologie politique. Celle-ci est, bien sûr, un symptôme. La société est la résultante de l'ensemble des symptômes qui s'échangent entre eux.

Ne pensez-vous pas aussi que les mythes (celui de l'écologie, celui du progrès, ou d'autres), comme les contes, *c'est d'offrir de ne pas pouvoir y croire* ? Pourquoi ne pas pouvoir y croire ? Justement, parce que si l'on suppose que le Petit Chaperon rouge était un loup ; si l'on suppose que cette histoire est proposée comme un petit bout explicatif du monde, – ce que dit madame Verdier : un problème de générations entre vieilles femmes et jeunes filles – *alors* l'intérêt de ce mythe est de permettre à celui qui l'entend de le travailler, parce que nécessairement, il ne peut pas y croire.

Quand on écoute les enfants qui écoutent ce mythe, on s'aperçoit qu'ils travaillent ce qui *représente* ce qui est impossible. Par exemple, il y a une petite fille pour qui ce mythe l'avait aidée à comprendre comment elle était sortie du coma à la suite d'un accident de voiture dans lequel son père était mort. En sortant du coma, elle avait entendu des mots, et ne les comprenait pas, parce ce que ces mots étaient ceux qui lui disaient que son père était mort. Elle s'est servie du fait que dans le Petit Chaperon rouge, on ouvre le ventre du loup à la fin, pour laisser sortir les autres vivants. Pour elle, c'était sûrement un conflit de générations, puisqu'il s'agissait de son père ! Si je dis que le mythe est une histoire faite pour qu'on n'y croie pas, c'est parce que le mythe représente l'impossibilité de partager un acte collectif. Il n'y a pas d'actes collectifs ; on ne peut pas dire que l'on a fait tous ensemble cela. Les mythes sont des fictions qui nous permettent d'approcher le réel.

IV

Limites, certes. Mais quels critères de limitation ?

Par ALAIN CAILLÉ*

D'abord, je dois avouer que l'état de ma réflexion sur l'écologie n'est pas très élaboré. J'ai toutefois accepté de participer à ce séminaire parce que je considère les problèmes écologiques et ceux émanant du génie génétique parmi les plus importants du temps.

Lorsqu'on se préoccupe d'écologie, l'on tend à partager deux certitudes. La première consiste à admettre que l'humanité encourt des risques considérables dont on ignore encore la portée. La seconde, c'est que pour les réduire, il faudra s'en prendre à la structure même de nos régimes sociaux et politiques, pour autant que ce ne sont pas les conséquences de choix seulement techniques.

---

* Alain Caillé est économiste, sociologue et anthropologue. Fondateur de la revue *Recherches-MAUSS*. Il est professeur à l'Université de Paris X.

Même si des écologistes alarmistes discréditent leur cause en nous annonçant avec certitude la fin du monde tous les trois mois, il est évident que des risques demeurent. Nous n'avons qu'à penser à Tchernobyl. Dans le domaine du génie génétique, on prend indirectement conscience d'un risque moral, lorsque certains (jusqu'à Alain Touraine) légitiment le choix de la couleur des yeux des enfants à naître en tant qu'approfondissement des libertés démocratiques.

Mais, les dangers réels nous apparaissent souvent embarrassés de critères normatifs. Nous ne savons guère comment déterminer les risques qui sont acceptables et ceux qui sont intolérables. Nous ne savons pas comment juger du monde technologique qui se déploie. Cela pour une raison assez simple : nombre de risques découlent directement de la logique démocratique moderne. Ainsi, les risques liés à la croissance économique découlent-ils de la liberté individuelle d'augmenter son niveau de vie. Les risques encourus par le génie génétique proviennent du désir légitime d'éviter d'avoir, par exemple, des enfants trisomiques.

Lorsque nous sommes tentés de nous opposer au développement économique ou technologique, nous pressentons ainsi qu'il s'agit d'une opposition à la démocratie elle-même, au moins aussi longtemps que nous n'aurons pas trouvé *démocratiquement* la manière de circonscrire les risques inhérents à la démocratie. C'est-à-dire qu'il faut sans doute penser une "métadémocratie" capable d'imposer des limites à l'accumulation de la puissance. Faute de s'être attelés aux contradictions de la démocratie, les mouvements écologistes, qui ne sont pas à la hauteur des problèmes, ont échoué massivement, parce qu'ils ne produisent pas un discours politique consistant par rapport aux problèmes actuels. Ils tendent à se réfugier soit dans un scientisme technocratique, soit dans un moralisme abstrait.

Comment formuler les problèmes normatifs et trouver des critères permettant de discerner ce qui est souhaitable ou au contraire intolérable ? Dans un premier temps, j'aimerais mentionner les solutions normatives qui nous sont proposées et qui ne sont guère satisfaisantes. Et, dans un deuxième temps, je tenterai d'argumenter sur la nécessité de trouver de nouveaux critères en référence à un projet de *démocratie radicale*.

Quels sont les types de discours normatifs dont nous disposons pour faire le tri entre ce qui est intolérable et ce qui est souhaitable en matière écologique ou bioéthique ? J'ai remarqué qu'il y a deux grands types de discours. D'abord, certains disent que les remèdes contre les maux modernes doivent se situer à l'intérieur de la modernité elle-même. Et puis, il y a les discours qui veulent prendre leurs distances face à la modernité.

La première catégorie de discours peut être résumée par une citation du philosophe Marcel Gauchet :

"De même que les solutions aux problèmes du capitalisme industriel étaient à chercher du côté du capitalisme et non de son abolition, de même les remèdes aux grands défis de l'environnement sont dans un surcroît de sciences, de techniques et d'industries." (Le *Débat*, 1er trimestre 1991)

Dans cette catégorie de discours, des économistes nous affirment aussi que la plupart des problèmes environnementaux peuvent être réglés par un accroissement de la logique marchande elle-même (internalisation des coûts, principe pollueur-payeur, etc.). Par exemple, on peut imaginer une augmentation du PIB en multipliant les industries écologiques qui serviraient à réparer les dégâts produits par les autres industries. Si certaines matières premières manquaient, les prix augmenteraient et le marché serait un bon régulateur des rareté *objectives*. Or, nous savons tous que les prix sont des indicateurs... de rareté *subjective*.

D'autres auteurs placent leurs espoirs dans l'intensification de l'intervention de l'État gestionnaire qui pourrait limiter les dégâts créés par le marché. C'est la tentation que je dénote surtout chez ceux qui se réclament de l'écologie politique. Leurs propositions ressemblent à un retour aux soviets avec un peu de démocratie locale, et un État fort central qui viendrait limiter le tout par une planification rationnelle.

Cette première catégorie de discours comporte une dernière inflexion : on peut voir dans la science la solution aux problèmes de l'économie, de l'État et bien sûr à ceux de l'environnement. Par exemple, pour cesser de marchander l'achat de reins chez les paysans d'Amérique, on va trouver comment en fabriquer artificiellement. La recherche scientifique doit être coûte que coûte encouragée pour résoudre les problèmes inhérents aux possibilités créées par la science elle-même.

Ces trois variantes du discours moderniste sont incluses, en diverses proportions, dans le discours écologique. Pensons à l'idée de "développement durable" qui est un mixte extraordinaire de différentes visions technocratiques où le marché est certifié par l'intervention d'un État tutélaire rationnel et d'une science éclairée incarnée par les écologistes !

Voici la citation d'une anthropologue, Marie-Dominique

Perrault, qui résume très bien ce discours en faveur duquel plaidait le rapport Bruntland : *"Le rapport dans son ensemble montre que l'objectif poursuivi ne vise pas tant à limiter l'opulence économique et le gaspillage des puissants, qu'à proposer une sorte de saut périlleux fantasmatique, qui permet de garantir le beurre (la croissance), l'argent du beurre (l'environnement) ainsi que le surplus du beurre (la satisfaction des besoins fondamentaux) et même l'argent du surplus (les aspirations de tous pour aujourd'hui et pour demain)."*

La formule magique du développement durable permet de sauver l'idéal du développement en le rationalisant et en le rendant moralement présentable.

En arrière-plan de ces propositions pragmatiques, certains se piquent de développer une éthique rationnelle. Cela renvoie au débat américain impliquant d'une part les Libéraux avec des auteurs comme John Rawls, et d'autre part ceux qu'on appelle les *Communautariens*. Malgré l'intérêt de ces théories, elles me semblent peu pertinentes face aux problèmes soulevés par l'écologie. Les discours communautariens, par exemple, sont contestés pour un défaut majeur : ils présupposent que pour résoudre les questions éthiques, il faudrait construire une communauté unifiée à partir d'une vision substantielle et partagée du Bien. À défaut d'une telle vision, une communauté morale serait politiquement impossible. D'une manière ou d'une autre, ces théories communautariennes se placent en réalité *en-deçà* de la démocratie moderne. Elles font appel à l'imaginaire de la démocratie antique, mais elle ne parviennent pas à assumer le fait majeur des démocraties modernes : à savoir le fait que ces démocraties sont divisées en segments antagoniques internes, et que rien ne pourra unifier les hommes autour d'une conception *commune* du Bien.

Dans le camp opposé des Libéraux, on espère définir d'une manière dite "procédurale" une conception de la justice qui permettrait de faire l'économie des grands débats métaphysiques habituels. Ainsi, selon Rawls, on pourrait découvrir les conditions d'un consensus sur les institutions libérales modernes qui permettent à chacun de croire ce qu'il veut de son côté sans que ces croyances particulières ne s'affrontent publiquement. La doctrine de Rawls se développe dans l'espoir de surmonter l'utilitarisme qui que ce qui est juste est ce qui maximise le bonheur du plus grand nombre. Rawls considère par exemple que l'utilitarisme demeure *sacrificiel. Si* pour maximiser le bonheur des Romains, il faut jeter quelques Chrétiens aux lions, cela est moralement désagréable ! Il vaut mieux préférer au bonheur de tous un consensus sur la place à faire au bonheur de chacun.

À mon sens, ces doctrines sont méritoires, mais elles échouent à penser la justice en mettant de côté l'antagonisme entre les hommes, comme si on pouvait laisser les antagonismes à la maison, dans la sphère privée, et les contraindre à ne pas s'affronter dans la sphère publique soit par une doctrine commune, soit par des procédures acceptées pour maintenir le pluralisme. Or, je crois qu'elles relèvent d'un idéal impossible. Toutes ces doctrines se développent pour aseptiser les enjeux normatifs, mais elles échouent en raison de leur incapacité à dépasser l'utilitarisme qu'elles critiquent.

Elles n'y parviennent pas pour deux raisons. Premièrement, elles reposent toutes sur une axiomatique de l'intérêt, et croient en l'*Homo œconomicus* qui ne chercherait qu'à maximiser ses intérêts matériels, même si on leur ajoute des considérations morales comme chez

Rawls. Le soubassement utilitariste étant conservé, la critique s'épuise. En second lieu, comme le suggère Jean-Pierre Dupuy dans son livre *Le Sacrifice et l'Envie*, ces doctrines nous laissent totalement démunis par rapport au problème qu'elles doivent pourtant résoudre, c'est-à-dire la *question du sacrifice*.

Quant au maintien de l'utilitarisme initial, même sophistiqué et déguisé par l'approche moraliste, il a deux implications fondamentales, contradictoires avec un objectif de prise en compte de l'environnement :

– Si la justice consiste à maximiser le plaisir et à minimiser la souffrance de tous, il faut nécessairement maximiser la quantité de vie, le "quantum de vie". Cette implication est bien démontrée par le philosophe post-utilitariste, Derek Parfit dans son livre *Des Raisons et des personnes,* qui axiomatise les composantes postmodernes de l'utilitarisme. En maximisant les sensations de plaisir détachées les unes des autres, on arrive à une conclusion répugnante : il faudrait, pour être justes, maximiser *la quantité de matière vivante capable de ces plaisirs*, quelle qu'en soit la forme. À la limite, il faudrait produire trente ou quarante milliards d'humains, aussi longtemps qu'ils ne se suicident pas, c'est-à-dire aussi longtemps qu'ils éprouvent plus de plaisir que de peine à vivre. Nous sommes alors ramenés à la question que nous pose la lecture de Hans Jonas : qu'est-ce qu'une vie digne d'être vécue ?

Le problème commun de ces doctrines de la justice me semble être qu'on ne sait jamais au nom de quel sujet l'on parle. Nous ne disposons pas de critères rationnels qui nous permettraient de dire si les sujets pertinents en matière de justice sont les individus, les personnes, les groupes sociaux, les communautés, les pays, les cultures, l'humanité, le monde vivant, le cosmos, ou l'infini... ! La tentation grandit alors de dire qu'il faudrait parler au nom du Tout.

Selon des doctrines qui se réclament d'un écologisme "holiste", la nature qui représente ce Tout règle d'elle-même la question morale. Cette orientation peut conduire certains à prôner l'interdiction de l'avortement au nom de la Nature. Même si cette position n'est pas approuvée par beaucoup d'intellectuels sur l'avortement, on retrouve une argumentation similaire sur d'autres questions : ainsi de Jacques Testart, dans le débat qui l'oppose à Pierre-André Taguieff sur l'interdiction de toute manipulation génétique sur le plan médicale. Faut-il poser des restrictions morales sur ce plan au nom de la nature ? Nous voyons bien que c'est sur la question des critères qu'achoppe la discussion.

De ce point de vue, Hans Jonas a parcouru la moitié du chemin dans le bon sens. Il a raison de mettre l'accent sur le changement d'échelle actuel des problèmes éthiques. Avec l'accumulation de la puissance, l'humanité devient prédatrice de son monde, avec une ampleur sans précédent et des effets incalculables. La conclusion logique de Jonas est qu'il faut au moins produire ici une éthique négative. Or on peut formuler celle-ci comme l'envers exact de la doctrine utilitariste. Celle-ci dit : "est juste ce qui maximise le bonheur du plus grand nombre". Jonas dirait au contraire : "est juste ce qui minimise les risques de catastrophes pour tous".

Cette formule que j'impute à Jonas serait doublement symétrique par rapport à l'utilitarisme. D'abord parce qu'on y prend comme critère non pas la maximisation du bonheur, mais la conjuration du malheur. Ce dernier critère renvoie à la notion de sacrifice : non pas ce que l'on produit ou consomme, mais ce que l'on s'abstient de faire ou de consommer, pour constituer une situation de risque minimal pour tous.

C'est un premier critère satisfaisant sur le plan logique, mais il est insuffisant à définir ce que peut être une société juste et une vie humaine digne d'être vécue. À tout le moins disposons-nous d'un point de départ *en négatif* pour nous orienter vers de nouvelles propositions normatives.

Il faut donc maintenant trouver des critères positifs permettant de dire ce qui est souhaitable ou pas. À ce propos, je suggérerai ceci : l'essence des sociétés réside dans l'antagonisme en ce sens que l'essence des sociétés est le politique, c'est-à-dire la rencontre de souverainetés indépassables, nécessairement en discussion conflictuelle pour faire valoir leurs droits, toujours irréductibles les uns aux autres. Je propose d'appeler "démocratie" le devenir conscient de l'engendrement politique des sociétés, c'est-à-dire le fait d'assumer consciemment la dimension de conflits sur laquelle reposent les sociétés.

Dans cette optique, ce qui est juste et désirable dans l'écologie et la bioéthique, c'est ce qui va vers l'approfondissement de la démocratie, laquelle reconnaît et autorise la manifestation du conflit entre les hommes.

Dans cette manière de penser la démocratie, il me semble que les choses se présentent différemment de la façon habituelle. Affirmer que la démocratie doit être la *substance* de la justice et de ce qui est désirable, c'est dire que la démocratie ne peut être envisagée comme une procédure. La démocratie est désirable par elle-même. Elle est à la fois fin et moyen d'existence sociale.

Cependant, un discours sur la démocratie actuelle a-t-il toujours un sens ?

Avant d'affronter cette question cruciale, tentons de tirer quelques conséquences spéculatives de cette identification de la justice et la démocratie. Il faudrait à ce propos distinguer différents niveaux de la subjectivité humaine. Admettons que nous entrions dans le monde comme *individus* en nous souciant principalement de nous-même. Nous devenons alors des *personnes,* c'est-à-dire des sujets humains dépendants du rapport à autrui dans tout groupe. Ensuite, nous agissons à titre de *citoyens*, membres d'une société politique, généralement plus vaste. Une dernière dimension de la subjectivité consiste à nous considérer comme *êtres humains, membres de l'espèce.* Il semble que ces quatre niveaux de la subjectivité doivent être valorisés, sans en fétichiser ou en scotomiser aucun des quatre. Une grande partie des problèmes normatifs que pose le monde contemporain vient du fait que les institutions n'agissent que de l'un de ces points de vue à l'exclusion des autres : elles représentent soit des individus, soit des personnes, soit des citoyens, soit des êtres humains.

On observe par exemple que les institutions contemporaines se focalisent sur l'individu ou sur l'espèce, alors que les dimensions de la personne ou de la citoyenneté apparaissent de moins en moins pertinentes dans le fonctionnement des sociétés modernes.

Nous pourrions alors formuler la proposition suivante : est éthiquement souhaitable ce qui permet le développement des quatre moments (ou niveaux) de la subjectivité humaine. Par exemple, aux questions ; "qu'est-ce qui autorise la maternité sans père ?" ou "Qu'est-ce qui autorise le clonage ?", on se rend compte que la réponse qui légitime ces pratiques se soutient essentiellement du point de vue des individus séparés. En revanche, des points personnel et civique de la subjectivité, elles poseraient des problèmes multiples ou insolubles. Par exemple : qui suis-je par rapport à autrui, si je suis un produit de moi-même ?

La question devient alors : pourquoi privilégier le seul

point de vue individuel à l'intérieur de la subjectivité ? Si l'on admet cette pluralité subjective, la démocratie exige que l'on tienne alors compte des trois autres dimensions : personne, citoyen, membre de l'espèce. Si l'on identifie justice et démocratie, est juste et souhaitable, ce qui va dans le sens du maximum de pluralité, du maximum de conflictualité au sein des sociétés qui soit compatible avec le degré d'unité nécessaire à la manifestation de la conflictualité.

Car, bien sûr, si tout explose, il n'y a plus de pluralisme et plus de société. Il faut donc maintenir l'unité au sein de laquelle peut se jouer le conflit. Le problème est de savoir comment arbitrer entre les nécessités de l'unité et celles du conflit. La discipline au sein de l'armée peut être jugée nécessaire pour préserver une société qui valorise le pluralisme. Mais au nom de quels critères peut-on décider du degré de discipline ?

Enfin, rappelons qu'il n'existe pas de critères objectifs pour trancher ce genre de question. Le degré d'abandon nécessaire du pluralisme démocratique doit lui-même être décidé démocratiquement. Mais si, par exemple, si ce sont les technocrates qui peuvent sauver la démocratie, je ne m'y opposerais pas : c'est un peu le problème que devait résoudre Machiavel, qui était à mon sens profondément républicain et démocrate – il n'avait pas la naïveté des théoriciens du choix rationnel -. Il savait donc qu'il était du devoir du Prince de recourir à tous les moyens nécessaires à la résolution des paradoxes inhérents à l'ordre démocratique.

Il n'en reste pas moins que ce qui permet de légitimer d'éventuelles manipulations et un éventuel élitisme, c'est seulement au bout du compte la finalité d'une société plus démocratique. Les assemblées démocratiques n'ont aucune compétence particulière pour savoir ce qui est vrai, bon et efficace, mais elles en ont quand même plus que les experts qui n'ont aucun compte à rendre devant une assemblée démocratique. En dernière analyse, le critère ultime en écologie et en bioéthique est à rechercher dans une démocratie radicale, qui soit son propre but.

Corollaire de la même idée : l'objectif positif d'une société humaine n'est pas de développer le *système*, pour employer le jargon habermasien, mais de développer ce qui ressortit au *monde de la vie* (*Lebenswelt*), c'est-à-dire là où se produisent les occasions de *donner,* de créer, d'ouvrir des possibles, de prendre des risques.

Va dans le sens de la démocratie – telle que définie radicalement – tout ce qui va dans le sens de l'accroissement du pouvoir des hommes. Ceci peut sembler paradoxal, car nous sommes habitués à l'idée que le pouvoir n'est que la domination, alors que c'est celle-ci qu'il faudrait limiter avant toute chose. Mais le problème auquel nous nous heurtons aujourd'hui n'est pas tellement l'excès de pouvoir. C'est plutôt son absence. Il faudrait au contraire maximiser aujourd'hui le pouvoir, dans le sens arendtien du terme, qu'ont les hommes d'agir ensemble.

L'objectif de faire émerger des lieux de pouvoir semble être devenu extraordinairement caduc. On peut évoquer deux raisons possibles de cette obsolescence. On peut soutenir que la démocratie est devenue impossible en raison de l'accumulation du pouvoir technique, économique, scientifique, etc. qui ne se prête absolument plus à un quelconque débat démocratique. Je suis réticent à admettre cet argument qui dénonce le système technique comme si c'était une chose se développant par elle-même de façon incontrôlable. Il me semble que derrière ce développement, il y des hommes qui décident. Je ne suis donc pas sûr que la démocratie ait été tuée mécaniquement, automatiquement par les "éléments de la puissance du rationnel".

La seconde raison qui rendrait la démocratie de plus en plus improbable serait l'inadéquation croissante des États-nations face aux phénomènes techniques, économiques et scientifiques actuels. Si c'est le cas, nous pouvons être moins pessimistes qu'avec le premier scénario. Tout n'est pas impossible à condition de réinventer des formes institutionnelles adaptées aux problèmes de l'heure.

Afin de suggérer une direction possible, je proposerai brièvement trois esquisses, toujours centrées sur l'ensemble des problèmes écologiques et bioéthiques. En suivant la logique du critère démocratique, il faut admettre qu'on peut avancer au point de vue d'une démocratie mondiale. Les critères d'appréciation de ce domaine politique ne renvoient pas en effet à une communauté de spécialistes aux discussions idéales, mais à ce que pourrait être une hypothétique démocratie mondiale, qui serait pluraliste et politique, c'est-à-dire qui accepterait le conflit et la diversité des cultures. Il faut penser à ce que Merleau-Ponty appelait un universalisme latéral qui pose que l'universel n'existe que dans les particularités. Le véritable universel, c'est l'universalité du désir des hommes et des cultures de s'individuer. Il faut tendre vers un maximum d'individuation humaine compatible avec l'individuation maximale de tous, et compte tenu de la pluralité des niveaux subjectifs évoqués plus haut.

La deuxième implication d'une "démocratie conflictuelle" est que le pouvoir ne doit pas être aboli totalement dans une fonctionnalité fantasmatique. On ne peut alors se résoudre à un universalisme abstrait, à une société déterritorialisée, c'est-à-dire à une société où il n'y aurait que des objets et des sujets nomades, cette société pour qui plaident Attali & Cie avec une vigueur extraordinaire.

Certes, nous ne pouvons plus accepter une société reterritorialisée par la force. Il faut donc entrer dans une dialectique entre ces deux moments, et poser que, d'une part, tout être humain a droit à s'inscrire dans un espace-temps, une histoire et une collectivité politique déterminée, mais, symétriquement, que tout être humain a droit d'en sortir. Tous nos kantiens contemporains, – Luc Ferry, Istvan Todorov, etc. passent leur temps à parler du deuxième moment : celui où l'on n'est véritablement hommes que si l'on quitte tout. Mais, je crois qu'on devient seulement humain dans une dialectique de l'enracinement et du déracinement.

Je proposerai enfin de rendre ces projets un peu moins abstraits, notamment en tentant de redonner sens à l'idée de *démocratie directe*. La thématique de la démocratie directe a disparu du discours politique des intellectuels depuis une quinzaine d'années pour de très bonnes raisons, car toutes les doctrines qui faisaient appel à des désirs de démocratie directe restaient inspirées par un bolchevisme plus ou moins bien recyclé.

Ce qui est dangereux avec la démocratie directe, c'est la tentation d'abolir la démocratie parlementaire afin de mettre la démocratie directe *à la place* de la démocratie représentative et du marché. Cela me paraît effectivement fantasmatique et lourd de menaces totalitaires. En revanche, il me semble évident que la démocratie représentative est inadéquate et qu'elle fonctionne de manière auto-référentielle. Il est donc nécessaire de la réouvrir au dialogue par l'instauration de la démocratie directe. Les deux systèmes existeraient en même temps, afin d'être les garde-fous l'un et l'autre. Pour que la démocratie directe puisse s'implanter, il me semble que dans plusieurs lieux, on pourrait faire revivre des assemblées générales. Par exemple dans une université, il y a deux mille professeurs. Est-ce si compliqué de les réunir deux ou trois fois par année ? Après tout, les Athéniens réussissaient à parler à trente mille personnes. La même chose est possible dans les hôpitaux ou ailleurs, et, bien sûr, dans le quartier, qui demeure le meilleur lieu.

Est-ce que tout ceci est utopique ? Il me semble que cela l'est moins que de pencher vers une "nouvelle spiritualité" qui contiendrait automatiquement les bons choix moraux de l'avenir. Je n'ai rien contre, mais je vois mal comment une nouvelle spiritualité ou une nouvelle morale pourraient faire l'économie de la question politique, prise au sérieux, comme objectif en soi, et en soi autolimitatrice des projets destructeurs prenant presque toujours leur force à partir d'institutions fermées, et s'aggravant de la faiblesse de réponse des pouvoirs humains de débattre et de décider. Il s'agirait donc peut-être de chercher une spiritualité démocratique...

DISCUSSION

G. Gagné : La démocratie comme idéal à retrouver me paraît plus difficile que tu ne le proposes : les sociétés modernes ont déjà accepté de pousser assez loin la démocratie dans des formes substitutives à d'autres substituts. Le jeu politique en général est devenu un jeu dont on peut se demander qu'est-ce qu'il garde réellement de la démocratie. Les réflexions des philosophes antiques sur la république et la démocratie prenaient en hypothèse que "la puissance, c'est le droit". Puis on a remplacé cela par un idéal de délibération rationnelle, où selon les bonnes formes, les personnes bien choisies pourraient trouver la vérité normative. D'un décalage à l'autre, la démocratie est devenue progressivement le lieu de la puissance sous la forme du nombre. On constate par exemple que lorsqu'on ne peut s'entendre sur une question de manière rationnelle, on finit par s'entendre sur l'opinion que 50 % des voix plus une, *ça opère du droit*. C'est sans doute la solution logique la plus juste, mais là n'est pas la question : car dans notre société, la *production* du "50 % + 1" comme manière de décider de la justice est soumise elle-même à un vaste appareil de puissance doté de moyens de manipulation et de propagande inscrits dans le jeu d'un deuxième système, celui des médias. Dans ces conditions, l'éternel retour vers la démocratie, directe ou non, me paraît douteux.

A. Caillé : Il est évident qu'on peut utiliser le mot "démocratie" de manière incantatoire dans tous les discours. Aujourd'hui, l'idéal démocratique est associé à l'idéal procédural d'une communauté de communication rationnelle débouchant sur des solutions rationnelles. Il est sous-entendu que la majorité doit décider rationnellement de quelque chose. Mais, ce n'est pas du tout la conception de la démocratie que j'essaie de défendre. Je ne crois absolument pas que la démocratie doit être conçue comme une bonne *procédure* pour parvenir à des vérités rationnelles. Il n'y a pas virtuellement un consensus auquel on pourrait parvenir par ce débat rationnel comme le veut la version habermasienne de la chose. Ce qui est important, c'est de laisser se manifester le maximum de conflictualité, car la pluralité est en elle-même à la fois le but du rassemblement politique humain, et la condition pour qu'un projet totalisant (qu'il soit technocratique ou autre) ne prenne pas de l'ascendant et n'entraîne pas aussi l'environnement dans sa vision unilatérale. Il me semble que nos sociétés sont en train de crever à force d'essayer de mettre une chape de plomb sur tous les problèmes et d'interdire à tout le monde de dire quoi que ce soit.

M. Douglas : Les quatre niveaux de la subjectivité (individus, personnes, citoyens et êtres humains) dont vous parlez peuvent-ils être cohérents ou hiérarchisés ou sont-ils chacun dans un endroit séparé ?

A. Caillé : Pour moi, les quatre niveaux ont des exigences particulières, et il n'y a pas de niveau de surplomb qui permet d'harmoniser les autres de manière automatique. L'existence humaine est paradoxale, parce que justement chacun doit arbitrer comme il le peut entre ces quatre exigences.

M. Douglas : Si l'on accepte aussi le principe d'arbitrer entre la nécessité de conflits entre ces niveaux et celle de limiter l'action collective, comment se mettre d'accord sur les exigences de chaque niveau ?

A. Caillé : Il n'y a que la logique du conflit à l'échelle de la société dans son ensemble, qui soit une logique proprement politique. Il faut assumer cette dimension conflictuelle du rapport social d'ensemble au lieu de laisser entendre que cela pourrait s'instrumentaliser par l'un des pôles d'intérêt.

M. Freitag : J'ai été séduit par la conception agonistique de la démocratie que tu as présentée, ainsi que par ton approche dialectique des quatre moments de l'identité. J'éprouve néanmoins des réticences à l'égard de ta critique du critère substantiel de la justice, comme de toute normativité substantielle *a priori*.

Je pense que l'*a priori* auquel tu recours pour définir une "démocratie radicale" reste défini négativement, à partir du constat de l'absence de critères substantiels dans la situation contemporaine, ou plutôt de l'existence d'une pluralité de références substantielles inconciliables. De là à postuler que toute recherche d'une normativité collective doive irrémédiablement être construite sur la perte de tout critère substantiel, il n'y a rien qui m'en convainque dans ta démonstration.

Les humains ont des yeux, des mains, une constitution organique déterminée qui fait partie de leur être, et cela définit déjà un certain nombre d'exigences substantielles qu'on peut traduire en normes. Ils vivent aussi dans un monde qui leur est commun dans une certaine mesure, et cela peut aussi être traduit en normes substantielles, non seulement en ce qui concerne notre dépendance biologique vis-à-vis du monde, mais aussi en tant que ce monde-là possède pour notre sensibilité et pour nos cultures symboliques la qualité ontologique d'être notre monde phénoménal unique, celui auquel nous appartenons depuis le début de notre évolution en tant qu'espèce humaine, et celui aussi dans la fréquentation duquel ont été élaborées toutes les civilisations. Il n'y a donc pas que des questions ouvertes au débat dans une société qui ne reconnaîtrait son identité qu'à travers la liberté de la conflictualisation. Je pense qu'il y a un "fond d'être" commun dans le respect duquel seulement le débat peut prendre un sens, et c'est sur la reconnaissance substantielle de ce "fond d'être" que porte en fin de compte la question qui est posée actuellement, parce que c'est précisément son existence qui est mise en question par le développement autonomisé des technologies et de l'économie, alors que jusqu'à présent il paraissait donné ou garanti de manière intangible. Le concept grec de l'*ubris* me paraît éclairer cette question : la démesure par rapport à quoi ? Et il s'agit bien d'une question tragique ! Si une limite n'est pas donnée d'avance et si elle ne peut pas être *connue*, l'ouverture du débat nous fait entrer dans un processus qui n'a pas de fin, elle nous engage dans une perspective qui est sans limites. L'ouverture au débat peut effectivement être reconnue comme une condition contemporaine de la recherche de normes substantielles, mais je crois qu'il faut obligatoirement partir d'autres normes substantielles d'un degré plus élevé dans lesquelles se trouve déjà fixée la nature ontologique de la réalité existentielle dont les transformations font l'objet de débat, et c'est alors le respect de cette nature ontologique qui peut seul servir d'ultime argument entre les protagonistes, parce le maintien ou la perpétuation de cette nature dépasse tous leurs enjeux circonstanciels. C'est peut-être la première fois que ce problème se pose concrètement et qu'il ne peut pas être simplement laissé à l'arbitraire (relatif) des *représentations* culturelles et civilisationnelles, parce que c'est la première fois que nous sommes en mesure de changer non pas seulement des phénomènes particuliers et des circonstances, mais "la nature de la nature". C'est donc aussi la première fois qu'il faudra bien s'entendre sur ce qu'est cette nature pour nous, sur la valeur que nous lui attachons de manière ontologique ou substantielle.

Je te rejoins dans le constat qu'on se trouve placés devant l'exigence d'une réinvention des formes politiques adéquates à la reconnaissance de différents niveaux normatifs. Mais c'est une affaire de hiérarchisation, plutôt que de pluralité. L'idéologie de l'État moderne avait certes tenté d'abolir la hiérarchie des instances juridiques, mais toujours au nom d'une même rationalité fondée sur l'individu, sur la même raison transcendantalement unifiée, permettant l'intégration de tous les niveaux de normes à partir d'un même principe, de manière ultimement déductive. C'était la même justice qu'on appliquait à des niveaux de problèmes pratiques différents. Aujourd'hui, je pense qu'il faut construire une autre hiérarchie et l'appliquer à des niveaux ontologiquement différents. Mais, il est, me semble-t-il, trop léger de dire que les questions normatives substantielles ont été dépassées une fois pour toutes.

A. Caillé : Je ne crois pas, encore une fois, avoir plaidé pour une conception procédurale de la démocratie. Au sens où je l'entends, la démocratie n'est pas une procédure. Elle est la chose même, et l'on peut donc identifier l'exigence démocratique à la recherche de critères *substantiels* du juste et du souhaitable. Si tu la comprends dans le langage arendtien, la démocratie, qu'est-ce que c'est ? *C'est ce qui fait droit au désir fondamental des hommes d'apparaître au sein d'une multiplicité.* C'est un désir qui existe déjà dans le monde animal, et, du coup, il y a une certaine coextensibilité entre la légitimité de la démocratie comme forme politique et un fond anthropologique universel. Si je parle en terme de "don", ce n'est pas par hasard, étant donné que la logique du don, telle que l'a exprimée Marcel Mauss, c'est fondamentalement *une logique de la rivalité pour apparaître.* Et cela rejoint Arendt.

M. Freitag : On parle de démocratie en faisant référence à la démocratie contemporaine, mais on ferait peut-être bien de se référer aussi au sens que la démocratie avait reçu dans la Grèce antique, athénienne, puisqu'on lui en attribue l'invention ; cela non pas pour l'imiter mais pour se rendre compte, dans une nouvelle situation qui diffère déjà profondément de celle qui avait caractérisé le développement de la modernité, de la diversité des solutions qui se sont déjà présentées dans l'histoire, ce qui ne peut que stimuler l'esprit d'invention. En Grèce, le *kratein* ne veut pas dire : décider des lois. La démocratie renvoie à la participation à l'action commune dans le respect des lois (*nomoi*), au pouvoir d'agir sans être exclu de l'action commune. Les cités grecques sont ainsi "démocratiques" quel que soit le régime politique. Il y a une participation à l'agir commun qui est reconnue au citoyen grec (quoique les esclaves, les étrangers et les femmes soient exclus de la citoyenneté, et donc d'une participation autonome à la vie de la société : ils sont exclus du *demos*). A partir de là, les modalités de participation à cet agir commun pouvaient être plus ou moins ouvertes ou hiérarchiques.

Mais quand on parle de démocratie dans la société contemporaine, on pense automatiquement, par référence à la modernité politique, que le peuple décide de la création des lois. Je crois que ce n'est pas raisonnable. On ne peut pas décider des lois sans être déjà à l'intérieur d'un système de normes admises. Ce qui présuppose une hiérarchie des normes. Dans la démocratie moderne, par exemple, la loi positive ultime est la Constitution – à l'intérieur de laquelle on peut créer, transformer et abroger les lois. Mais il y a encore au-dessus de la Constitution une "loi non écrite" (sauf par les philosophes !) : ce n'est plus la volonté de Dieu, c'est l'affirmation transcendantale de la liberté humaine et du partage de la raison dans l'égalité. Mais au moment où ce sont ces principes mêmes qui sont remis en question, à partir notamment de la dégradation de la raison transcendantale en raison instrumentale (voir l'École de Frankfort), alors il s'agit de savoir à nouveau (je dirais à nouveaux frais philosophiques !) dans le respect de quelles normes communes a priori on peut décider de toutes les lois ou réglementations qui s'appliquent à des domaines plus particuliers. La démocratie n'est pas de décider des lois ultimes au bout du compte : on est dans des lois puisqu'on est dans le monde et qu'on y vit ensemble. Ces lois ont un caractère substantiel puisqu'elles président à la possibilité de notre existence, doublement comme existence commune et comme existence dans le monde. Ces lois-là doivent se *découvrir* et pas seulement se *décider*. On décide alors surtout de leur interprétation et de leur respect contraignant non seulement dans l'activité des individus, mais aussi et surtout dans les normes qui sont édictées en commun après débat.

A. Caillé : Mais elles ne doivent se découvrir que dans

l'acceptation de l'antagonisme. Il n'y a de fécondité que dans le don, c'est-à-dire dans la reconnaissance de l'autre, comme auteur, à son tour d'un acte de co-fondation, et ainsi de suite. Sans cela, au nom de la loi "découverte" s'écrase la condition même pour qu'existe un collectif de membres se respectant dans leur irréductibilité propre, et fondant sur ce respect celui de la loi.

M. Saintupéry : Je trouve très intéressante la quadripartition "individu / personne / citoyen / être humain". Elle permet de commencer à dresser une liste de *biens de base*, un peu comme en parle Rawls. Cela me rappelle la démarche de l'américain Martin Lewisborn, auteur d'un article intitulé "Pour une social-démocratie aristotélicienne", et qui propose une liste de biens de base, entre autres le besoin de pouvoir s'isoler et aussi celui de pouvoir se relier. Par exemple, le cas des grandes villes algériennes surpeuplées nous montre que certains de ces besoins fondamentaux ne peuvent être satisfaits. La référence religieuse paraît alors le seul moment de restauration de la possibilité de s'isoler ou de se relier. "Comment articuler les différents niveaux", semble une question pertinente. Est-ce que cela peut être spontané ? je ne crois pas.

Les écologistes disent : "moins d'État, moins de marché, plus de démocratie et plus de société civile". C'est assez sympathique, mais le marché reste un aspect irremplaçable du fonctionnement social. Et l'on voit les tragédies que vivent les sociétés sans État qu'on retrouve aujourd'hui, comme la Bosnie, ou la Russie, etc. La pensée libertaire-écolo peut enfreindre aussi la démocratie. L'idée d'assemblée générale de quartier est douteuse vu l'état actuel du quartier dans les agglomérations urbaines. Ça peut exister, mais il faudrait des infrastructures sociales qui puissent permettre que les quartiers existent. On a l'exemple, dans le tiers-monde, du mélange des syndicats ouvriers avec les communautés villageoises ou périurbaines, mélange là encore souvent organisé par des prêtres. On trouve aussi, à proximité, une petite bourgeoisie soucieuse des questions de justice. L'ensemble fait un mouvement politico-social parfois intéressant qui injecte de la démocratie directe et l'articule à de la démocratie représentative. Mais tout cela repose sur une culture locale très vivante. Mais pour les sociétés occidentales, je suis perplexe ; peut-être les nouveaux mouvements sociaux (infirmières et étudiants, ces dernières années en France) ont-ils encore du sens ? Mais les quartiers ?

A. Caillé : Il est évident que la démocratie ne donne pas des réponses aux problèmes de tous les individus. J'ai uniquement posé la question des critères qui pourraient présider à des décisions collectives, en matière d'écologie, de bioéthique, etc. L'exigence démocratique grecque débouche sur des critères substantiels en nombre tout à fait considérable. À partir du moment où elle fait le choix pour un apparaître collectif, pour que les hommes puissent se raconter des histoires sur ce qu'ils font, il en résulte beaucoup de choses. Par exemple, tout le rapport grec à la rareté matérielle, à l'esclavage, à la culture du loisir, etc. Il s'agit de valeurs très concrètes. Ce ne sont pas des valeurs de l'Agora, mais cela structure l'ensemble de la société athénienne.

Pour répondre à Marc Saintupéry, bien sûr qu'il ne s'agit pas d'incapaciter le marché ou l'État. Lorsque je dis qu'il faudrait accorder plus de pouvoir aux points de vue à la fois de l'individu et de la personne, c'est bien pour faire droit à différentes exigences, parce qu'elles expriment des aspects différents de la réalité humaine, et donc de la réalité vivante. Il est nécessaire de critiquer la modernité parce qu'elle hypostasie le marché et l'État. Elle fétichise le pôle de l'individu et de l'humanité abstraite. Il faut développer contre cela les exigences de la citoyenneté et de la personnalité, mais à l'inverse je ne partage pas du tout le désir gauchiste écologique d'abolition brutale du marché et de l'État. Il faut trouver des modalités de compromis entre tout ça. Votre réaction face à la démocratie directe, et l'idée que les quartiers n'existeraient plus, me troublent quelque peu.

H. Meynaud : Au contraire, la seule identité qui reste souvent aux "Jeunes de banlieue", c'est leur quartier. Ils vivent d'abord dans le quartier. Les enjeux les plus politiques peuvent actuellement émerger à partir des quartiers, alors qu'à des échelons supérieurs, on n'arrive plus à savoir où ils sont.

O. Clain : Dans le rapport science/démocratie, il faut admettre qu'il n'y a rien de moins démocratique qu'une découverte scientifique. Elle ne l'est en rien dans son principe même. Tout comme l'innovation technologique. Celui qui découvre ne demande l'avis à personne sur le droit d'une découverte à surgir dans le savoir humain. Par exemple, un individu isolé peut, peut-être, fabriquer un virus nouveau qui contaminera toute la planète. On peut en tout cas en faire l'hypothèse à moins de déployer celle, aussi peu démocratique, d'un totalitarisme policier interdisant toute recherche.

Je m'aperçois que la France se montre au monde comme soutenant le culte de la démocratie. C'est dans la culture nationale. Et les intellectuels français sont dans un discours, où l'on ne peut parler de rien sans mentionner la démocratie. Mais, est-ce qu'au fond la vie n'est pas de discuter de tout, et pas seulement de démocratie ? Je veux dire discuter des choses elles-mêmes, sans condition préalable.

Quant à la question de la hiérarchisation des pouvoirs, je crois qu'il faut que tu ailles un peu plus loin avec ces quatre niveaux de la subjectivité. S'il y a des décisions à prendre au niveau de l'humanité, doivent-elles être démocratiques ? Ne peuvent-elles pas être prises d'une autre manière ? Pourquoi *a priori* réfuter l'idée (jonasienne ?) de conseil des sages pour un certain type de décisions ? Pour d'autres, la démocratie devrait évidemment fonctionner. Par exemple, en Suisse, les gens votent sur tout *mensuellement*, et je ne sais pas si l'existence en est améliorée, mais je sais que, de toujours voter, c'est un choix culturel. Au contraire, dans un pays comme le Québec, les gens n'ont pas cette aspiration à discuter sur tous les problèmes. Ce qui est bien pour eux, c'est d'échapper à la constante discussion collective. C'est une autre façon d'affirmer la pluralité.

A..Caillé : mon propos n'était pas de proposer un système à l'échelle planétaire avec une hiérarchie des nouveaux pouvoirs ! Et je n'ai aucune envie de discuter à perte de vue des problèmes dans une agora permanente ! J'ai seulement essayé de définir un point de vue normatif nécessairement abstrait. Le lieu normatif que serait une démocratie mondiale n'existe pas, mais il faudrait essayer de raisonner du point de vue de ce qui se passerait s'il existait.

V

La postmodernité comme question pour l'environnement

par LUCIEN CHABASON[*]

Mon commentaire comprend plusieurs réflexions sur les autres exposés. En inversant le thème d'aujourd'hui "L'environnement comme question nouvelle pour la postmodernité", j'ai décidé de l'intituler : "La postmodernité *comme question* pour l'environnement".

En tant qu'environnementaliste, je *rencontre* la postmodernité. Cette rencontre s'est par exemple, produite lors de deux expositions. La première exposition s'appelait *La modernité, un projet inachevé* ; il s'agissait d'une exposition en architecture, en octobre 1981, organisée par une nouvelle institution, *L'Institut français d'architecture,* laquelle se présentait comme un lieu d'architecture anti-moderne, et qui recourait pour cela à la notion de "post-modernité ". La deuxième rencontre eût lieu dans une autre exposition, au Centre de création industrielle, intitulée *les Immatériaux*, qui a donné lieu à un livre préfacé par Jean-François Lyotard dans lequel on retrouve une partie de la substance de nos discussions.

La première exposition était en fait une apologie du moderne, et particulièrement de l'architecture injustement mise en cause par sept ans de giscardisme, ce qui se

---

[*] Lucien Chabason a été directeur du cabinet du ministre de l'environnement, Brice Lalonde, directeur du Programme "Méditerannée" du PNUE, et président du Plan Bleu sur l'environnement et le développement de la Méditerranée.

traduisait sur le plan architectural par un refus de la force de la création. Un projet inachevé voulait dire : nous, les architectes modernes, n'avons pas eu notre chance ; ce que l'on nous a permis de donner à voir, c'est-à-dire l'architecture brutale, nous a été imposé par les forces économiques et la technique lourde, annihilatrices de la créativité. Nous n'avons pas pu mettre en œuvre le projet de Le Corbusier, et, par conséquent, nous avons été arrêtés dans notre élan, et ridiculisés par le politique.

Dans cette exposition, il y avait des formules de Claude Parent, architecte de l'E.D.F., qui avait été désigné pour concevoir des centrales nucléaires, en tant qu'architecte "moderne". Aujourd'hui, la Direction des Routes choisit Bernard Lassus pour intégrer les autoroutes au paysage. B. Lassus est "postmoderne" et c'est un anti-Claude Parent. Claude Parent a représenté une de ses centrales détruites par le lierre, et il nous expliquait qu'on ne sera jamais assez modernes parce qu'à la fin des fins, la nature nous aura. Y compris mes centrales les plus brutales, la nature les détruira.

En regardant cela, je me suis dit que nous, environnementalistes, combattions au bout du compte le "moderne". C'est-à-dire, nous combattions une façon de connaître le monde, de le transformer par l'usage massif de la science, de la technique, par la domination des valeurs économiques, l'urbanisation massive, etc. Mais, je me suis rendu compte que nous combattions les effets de la modernité... avec des moyens modernes : par la technologie, la science, des institutions et des modes opératoires modernes.

Par exemple, tout grand patron d'institution publique en France a généralement, derrière lui dans son bureau, une carte de la France comme support de son emprise. Ainsi, le patron de la S.N.C.F. a-t-il une carte montrant le tracé des futurs TGV. Et, le directeur de la Protection de la nature au ministère de l'Environnement dispose aussi – en arrière-plan de son fauteuil directorial – de cartes des réserves naturelles, des parcs nationaux, etc.

On ne peut pas s'empêcher de penser que les réponses aux problèmes de l'environnement sont des produits de l'*équipement de pouvoir* aussi banals et modernes que les autres. La politique de l'environnement répond avec des technologies modernes de pouvoir à des questions non modernistes. Ainsi la manière dont on aménage des parcs nationaux en France est-elle très brutale ; il faut parfois imposer l'aménagement aux populations locales, malgré leurs oppositions.

J'ai ainsi rencontré la postmodernité par l'architecture. Mais qu'est-ce que l'architecture postmoderne ? On pourrait dire que c'est une architecture écologique, non pas au sens d'une économie énergétique, mais au sens d'une architecture qui habiterait la ville. L'architecture postmoderne retrouve sa place en ville, et cesse de la brutaliser. Le monde postmoderne n'est pas la Renaissance, ni le néoclassicisme. Il ne porte pas des retrouvailles avec le passé, mais des retrouvailles avec la ville. De ce point de vue, cette architecture est écologique.

En ce qui a trait aux *Immatériaux,* on touche aux nouvelles données qui vont gouverner les questions de l'écologie. Avec les "Immatériaux", on nous présente une série de nouvelles dimensions scientifiques, économiques, sociales et écologiques. Par exemple, pour la connaissance de l'environnement, l'écologie n'était traditionnellement qu'une science de terrain. Dans les *Immatériaux*, on nous montre comment surgit cette nouvelle approche de l'environnement terrestre qui est permise par la télédétection. Celle-ci nous dispense de l'écologie de terrain en représentant très précisément et très rapidement l'état d'une situation particulière. Dans cette exposition, on y présente des usines nouvelles, et l'on se rend compte que la production postmoderne va consommer beaucoup moins d'énergie et générer moins de déchets. Donc, on voit que la question n'est plus de mettre des filtres ou des stations d'épuration, mais celle-ci s'inscrit dans l'environnement à l'intérieur même des processus de production. On va donc avoir une production qui abandonne les aspects brutaux de la modernité, dont il nous reste des reliquats dans les ex-économies socialistes. Cette exposition *les Immatériaux* nous donne à penser une économie dématérialisée.

Où est-ce que l'environnement rencontre une évolution qui règle une grande partie des problèmes qui étaient posés ? La rencontre de la postmodernité et de l'écologie n'est-elle pas heureuse ? Un monde dans lequel on ne consommerait plus que des images, et où les échanges économiques seraient devenus immatériels, soulagerait la charge qui pèse sur les ressources. Le gros des problèmes serait réglé. Du point de vue traditionnel de l'écologie, l'impact de cette nouvelle économie sur l'environnement serait plus faible. Il n'y aurait plus de proportionalité entre l'accroissement du P.I.B. et la pollution.

Mais alors, surgit une nouvelle question qui n'est plus celle de l'impact de l'homme sur l'environnement dans une économie moderne, mais celle de la relation de nos sociétés à la nature. Parce que détruire la nature, c'était encore *vivre avec elle*. Certes, cela se réalisait d'une manière différente du paléolithique... Mais, si elle doit être immatérielle, la postmodernité ne nous entraîne-t-elle pas vers une rupture avec la nature, non plus en termes de destruction mais en termes de coupure complète ? C'est le genre de question qu'on peut se poser en regardant *les Immatériaux*.

Il y a toute une féerie de l'évolution qui donne à réfléchir en ce sens. Je voudrais en donner quelques exemples, pêle-mêle. Ainsi de l'agriculture hors-sol qui progresse sans cesse en termes de rendements. Ou encore, les nouveaux engins de transport qui effacent le territoire, comme les trajets du TGV pour lesquels l'espace-temps représenté par la vitesse du train remplace la distance. Ou bien, les nouvelles voitures – à direction et freins assistés, à transmission automatique ou à air climatisé – qui nous coupent totalement de notre propre nature où nous n'avons plus besoin de notre énergie, nous ne ressentons plus la force du moteur, ni le climat ou l'odeur locale, etc. Les nouveaux tracteurs qui ont de la musique en stéréophonie, tandis que l'INRA fait l'apologie du lait sans vache...

Dans ce monde esquissé, nous ne sentirons plus notre corps, et la nature ne nous reviendra que par irruptions brutales, comme l'inondation de Vaison-la-Romaine. Avec l'avènement de la société postmoderne, c'est l'expérience sensible et personnelle de l'environnement qui disparaîtra. Les poèmes de René Char sur les Dentelles de Montmirail n'auront plus aucun sens pour personne.

C'est dans ce contexte qu'on voit émerger de nouvelles notions en politique d'environnement, tel le "paysage", par exemple, dont on ne parlait pas beaucoup autrefois. Du mont Ventoux, on aurait fait, il y a vingt ans, un parc national, c'est-à-dire un équipement du pouvoir environnemental qui marque bien. Or, on en a fait une réserve de la biosphère : personne ne sait ce que c'est. Il s'agit d'une notion postmoderne fluide que personne ne peut s'approprier, dont personne n'est maître.

Que deviennent les animaux dans une société postmoderne ? Nous avons hérité des zoos du XVIIIe et du XIXe siècles, où l'on amenait brutalement des animaux en cage. Puis, on a créé les zoos de deuxième type dans un milieu artificiel. Et enfin ceux de troisième type comme les parcs nationaux africains où les animaux sont censés être dans la nature. Le sont-ils ? Ce sont de fait des instruments brutaux. Par exemple, il est interdit aux Masaï d'y pénétrer avec leurs vaches. Nous pourrions aller vers une situation où l'ensemble de la faune, comme le dit l'auteur des *Animaux domestiques,* serait captée dans un espace qui ne serait plus du tout vécu par les hommes. Les animaux seraient tous radio-traqués par des balises Argos. On connaîtrait tout sur les dynamiques des populations, mais sans aucun rapport sensible avec eux.

Prenons la question des oiseaux migrateurs qui a pris tant de force aujourd'hui. Elle participe au postmoderne parce que ce qui est moderne, ce sont les animaux chassés dans des espaces juridiquement construits en réserve. Quant aux animaux migrateurs, qui circulent dans un espace fluide insaisissable, ils sont le bien commun de l'humanité, et l'on respecte leurs besoins inhérents à la migration. Ils sont plus dans nos représentations que dans le réel puisqu'on ne les voit pas, et qu'ils n'arrivent pas à entrer dans des catégories. Il est intéressant de lire la directive de 1979 sur les oiseaux migrateurs parce que c'est d'une nature totalement différente de la réglementation habituelle sur la chasse.

Bref, l'écologie a rencontré le postmoderne, et a probablement eu l'espoir qu'enfin on allait régler les problèmes à l'aide d'une économie moins brutale pour l'environnement. Cela a peut-être contribué à l'épuisement d'un certain type de combat écologique.

En revanche, la question de notre expérience sensible, de notre rapport à la nature me parait posé. Pouvons-nous vivre une coupure aussi radicale que celle que la postmodernité nous permet d'entrevoir ? Cette question, je la ressens très fortement, mais je ne crois pas que la politique de l'environnement soit en mesure de traiter des rapports homme/nature, parce qu'elle n'a pas été construite comme cela.

DISCUSSION

M. Desmoulins : L'agriculture hors-sol est très dangereuse ; il faut garder les bonnes terres, qu'on risque de négliger, car il s'agit d'un réservoir de vie fragile pour ... après la postmodernité. Il y a une nécessité écologique à faire du terrain parce que tout le monde sera devant son ordinateur pour calculer abstraitement les dynamiques de populations (animales et humaines) en ayant coupé tout rapport concret au milieu. L'ordinateur ne doit pas être une fin en soi.

C'est terrible : à chaque nouvel instrument sur le marché scientifique, la science devient folle. L'invention du microscope électronique eut ainsi pour effet qu'une photo devenait la base obligatoire pour une publication scientifique. La photo du flagelle de spermatozoïde de cigale était par exemple devenue indispensable pour reconnaître quel type de cigale avait été répertorié. Il fallait trouver une cigale mâle, prendre un spermatozoïde, le couper en rondelles et les passer au microscope électronique... pour savoir à qui l'on avait affaire !

Parlons de la réserve de biosphère dans le Ventoux. Le projet a déplu aux gens du Vaucluse. Le mot "réserve" ne leur a pas plu parce que les Vauclusiens pensaient passer pour des Indiens à l'intérieur du système, et qu'il y aurait des tas de gens, y compris des chercheurs venus d'Avignon comme Lucien Chabason, qui allait les observer à la jumelle, voir tout ce qu'ils font derrière les buis, et les empêcher de tourner en rond ! Dans le fond, la biosphère est un truc qui permet à une bande de zozos de survivre, de trouver de l'argent et des voyages. Et des voyages qui leur permettent de parler d'un système dans lequel ils n'ont jamais foutu les pieds, et de voir s'il marche de la même façon qu'un autre système ailleurs, dans lequel ils n'ont jamais foutu les pieds non plus ! Alors, il y a de nombreux pigeons-voyageurs qui, d'un petit truc écologique, ont créé un truc énorme.

L. Chabason : Le programme *Man and Biosphere* (MAB) a été créé par l'UNESCO en 1968 prenant le contrepied de politiques dites de zonage, qui étaient les politiques "modernes" de protection de la nature. Ce programme part de l'idée qu'il ne s'agit pas de préserver des fractions dérisoires de l'espace, mais qu'il faut plutôt promouvoir un rapport entre l'homme et la biosphère fondé, non pas sur une connaissance intuitive ou une expérience sensible telles que les décrivent les anthropologues, mais sur des données scientifiques fournies dans des conditions permettant à l'homme de se développer de façon durable tout en ménageant la biosphère. Toutes les idées d'aujourd'hui étaient déjà là. Et à cette fin, on encouragea à travers la planète, la formation d'un réseau de réserves de la biosphère qui sont des territoires d'expériences représentatives de la diversité biologique. Ce sont de préférence des territoires occupés, pourvus de ressources naturelles de grandes qualité où gestion scientifique et développement économique satisfaisant pour la population vont de pair. Cela dit, ça a bien marché en URSS et dans le Tiers-monde, mais... pas vraiment dans le mont Ventoux !

Dans le Ventoux, il y a toute l'histoire d'une propriété communale qui ne voulait pas finir en zonage de parc national. Vers 1985, avec la mode de l'écologie, le projet MAB est apparu intéressant parce que fluide, sans trop de règles contraignantes. Il n'a toutefois pas été retenu à l'époque. Il y a eu ensuite la fameuse formation de deux blocs "Béton" contre "Vipères" : Le biotope de la vipère Orsini a été utilisé pour s'opposer à un projet de piste de luge artificielle... qui coûtait quelques millions mais ne donnait que deux emplois. Il a tout de même eu la faveur du conseil régional, plutôt "moderniste" en l'occurrence, et qui voyait d'un mauvais œil la publicité faite à un animal "dangereux"... La vipère Orsini a probablement fait moins de morts que les courses automobiles qui grimpaient jadis le Ventoux, mais la modernité locale a ses raisons...

B.Kalaora : Il est bien fascinant d'assister à un débat entre un politique et un écolo-local !

VI

La problématique écologique dans la perspective d'une sociologie critique de la postmodernité.

Par MICHEL FREITAG[*]

Mon exposé comporte un aspect sociologique puisqu'il porte sur la spécificité de la société postmoderne, mais la question du rapport entre la postmodernité et la dimension écologique sera ici plutôt traitée philosophiquement. En effet, je me concentrerai sur la question de la nature "ontologique" de la normativité comprise comme une dimension fondamentale de la vie sociale, qui est coextensive à son caractère symbolique, et je m'interrogerai sur l'impact des régulations postmodernes sur cette dimension. Je montrerai comment cela conduit *en même temps* à la création d'un "problème écologique globalisé", qui résulte de la réduction du "monde" – qui tient sur ses assises propres – en un "environnement" ontologiquement précarisé par sa pure disponibilité et qui est devenu virtuellement entièrement dépendant de nous, ainsi qu'à l'imposition d'une perspective "systémique" et "technocratique" dans les manières conceptuelles et pratiques d'aborder ce *nouveau* problème, où nous sommes devenus virtuellement responsables de l'avenir du monde (Hans Jonas).

---

[*] Michel Freitag, sociologue, est professeur émérite de l'Université de Québec à Montréal.

Certes l'étude de ce problème pourrait aussi être abordée plus directement dans la perspective de la puissance envahissante des technologies, mais je me contenterai ici d'en examiner l'aspect formel. C'est en effet celui-ci qui détermine le degré d'indépendance qui est conféré au développement de la puissance économique et technologique qui échappe alors à tout contrôle normatif global. En effet, dans le mode de régulation systémique et cybernétique qui caractérise la postmodernité, le développement technologique, couplé à la logique chrématistique qui régit l'ensemble de l'économie, devient précisément auto-référentiel, et c'est là à mon sens que réside le cœur du problème.

Précisions conceptuelles sur la nature des lois et des normes.

Le concept de *loi,* que j'opposerai ici au concept de *norme,* est celui qui a été établi par les sciences modernes de la nature pour désigner les régularités universelles qui sont uniformément impliquées dans tous les phénomènes observables et régissent l'ensemble de leurs transformations. Les phénomènes particuliers ne possèdent dès lors qu'un caractère spatio-temporel circonstanciel, et ils ne répondent d'aucun mode ou principe propre de cohésion synthétique. À cette compréhension des lois de la nature correspond l'idée d'un *ordre universel* de la nature, invariant et intangible, auquel est associée l'idée de nécessité. La science moderne postule en outre que cette nécessité est perméable à la raison parce que la raison logique et mathématique lui est originellement congruente. Au concept de loi correspondent, du côté phénoménal, ceux d'*état de fait* et de *processus* à caractère purement objectif, déterminé et impersonnel.

Le concept de *norme* désigne de son côté une prescription ou injonction qui s'adresse à une *activité* d'ordre subjectif, et qui n'entraîne d'effets ou de régularités objectives que par l'intermédiaire de l'autodétermination d'un sujet synthétique qui s'y conforme, mais qui peut aussi lui déroger. Dans ce sens, la norme est en même temps réellement extérieure à l'acte dans lequel elle se réalise, et nécessairement intériorisée par le sujet de cet accomplissement. Dans l'ordre social proprement humain, cette prise en charge subjective d'une norme objective peut, schématiquement, être effectuée selon deux modalités antinomiques qui n'ont que la valeur de types limites : soit celle de l'intériorisation morale en termes de modèles, principes, valeurs et fins que le sujet de l'action fait siens en y adhérant, soit sous la forme d'un calcul utilitaire qui met en balance les coûts et bénéfices de la conformation à la norme, tant au niveau des résultats directs de l'action qu'eu égard à la sanction indirecte ou conditionnelle qui lui est attachée. L'obéissance aux normes est toujours hypothétique, alors que la conformité aux lois est, par définition, nécessaire. Ceci dit, les normes peuvent être de nature particulière, mais elles peuvent aussi être revêtues, au niveau de leur justification, d'une prétention à l'universalité en tant que principes ou maximes. Il va sans dire que les lois au sens juridique appartiennent intégralement au domaine des normes dont elles ne représentent qu'une modalité particulière d'énonciation et de sanction.

Ainsi présentée, l'opposition d'un régime d'ordre objectif selon les lois naturelles et d'un régime d'ordonnancement subjectif selon des normes aboutit apparemment à un clair partage ontologique de la réalité : il y a d'un côté les phénomènes naturels et de l'autre le domaine de l'action proprement humaine, d'un côté l'univers de la nécessité et de l'autre le monde ou le champ d'exercice de la liberté, un partage qui correspond à l'opposition cartésienne de la *res extensa* et de la *res cogitans* ou encore à l'opposition kantienne de la raison théorique et de la raison pratique.

Une telle conception est évidemment proprement moderne. Elle ne correspond ni aux conceptions traditionnelles et archaïques du monde et de la place de l'homme dans le monde, ni aux modalités effectives de régulation systémiques qui tendent à prévaloir aussi bien dans le champ des pratiques sociales que dans celui de l'"environnement" qui est "pris sous contrôle" opérationnel dans le nouveau mode postmoderne de reproduction.

Il faut relever ici que cette bipartition moderne possède une caractéristique ontologique qui est assez étonnante du point de vue de la représentation commune (y compris moderne) du monde objectif : la conception scientifique de la nature comporte en effet une radicale dévaluation, et à vrai dire une annulation, de la dimension synthétique propre à la *particularité* des phénomènes (des "êtres" et des "choses", mais aussi des "actions" comme manger, boire ou marcher) qui forment l'univers concret de notre expérience quotidienne, et qui représentent également le point de départ objectif de l'expérience scientifique (mais la méthode enjoint alors de soumettre radicalement ces phénomènes synthétiques à la décomposition analytique). La valeur ontologique substantielle concrète que la représentation commune attache à la nature spécifique de tous les objets particuliers de notre expérience, à leur "choséité", à leur "être générique" et à leur "être-là" spécifique, est si on peut dire "déjouée" par la réduction analytico-rationaliste des phénomènes au statut de l'"apparence", au profit d'un ontologisation directe des régularités "cachées" qui forment le véritable objet de la découverte scientifique (voir Popper, mais aussi Bachelard). Par la connaissance des lois qui président à leurs cours, l'homme peut ainsi se rendre maître des phénomènes en agissant sur eux pour les plier à ses propres fins, sans égard à leur "identité" spécifique. Cela ouvre un champ virtuellement illimité au développement des techniques, en autant que leur mode opératoire se moule sur celui qui déjà régit la nature tout entière (la *mathesis universalis*, qui est une mécanique universelle). Du même coup, l'homme intervient sur les phénomènes dont il devient maître, mais non sur "la nature de la nature" qui reste intangible. On verra que cela n'est plus vrai s'agissant du nouveau rapport que les technologies contemporaines, postmodernes, établissent avec le réel, parce qu'elles le produisent directement au moins dans le champ de la "biosphère", c'est-à-dire du monde terrestre et proche de notre expérience, et que cette différence n'existe pas seulement dans la représentation, mais dans la réalité. Mais il faut dire déjà que la distinction entre la réalité et sa représentation a justement été abolie par la pensée philosophique postmoderne.

Même si on n'aime pas y penser et encore moins le dire, la conception scientifique de la nature comporte donc une *ontologie précise*, qui contraste singulièrement avec les ontologies impliquées dans les représentations traditionnelles et archaïques, et je chercherai aussi à montrer que le passage à une nouvelle ontologie postmoderne, tout aussi implicite, loin d'invalider plus encore ces ontologies que la modernité avait jugées dépassées et finalement illusoires, fait ressortir qu'elles étaient plus réalistes concernant la nature non pas du monde en lui-même, mais les conditions effectives de notre rapport au monde, tel qu'il s'est effectivement développé dans le monde depuis des temps immémoriaux.

Je rappelle très brièvement, parce que cette comparaison est nécessaire à mon argumentation historique, que l'ontologie inhérente aux conceptions du monde de type archaïque ou "primitif" est une ontologie "animiste", et l'on verra qu'elle est justifiée en ce qui concerne le mode de constitution effectif du monde de la vie auquel nous appartenons. Dans cette perspective, chaque "être" est animé de l'intérieur par une "puissance" d'être qui lui est *propre* et qu'il lui revient d'assumer et de réaliser lui-même. Cette puissance est d'abord celle qui caractérise son "genre", mais chaque être singulier vient ensuite broder sur elle ses propres variations. Tous les "processus naturels" sont donc appréhendés selon le modèle du *comportement,* qui réfère à une dimension subjective d'intériorité et d'intentionnalité ; dès lors, tous les rapports que les êtres humains entretiennent avec les phénomènes naturels et en particulier avec les autres êtres vivants sont de nature "communicationnelle" et "communautaire", et il s'y joue continuellement des stratégies expressives de pouvoir, de compétition et de provocation, en même temps que s'y manifestent des relations de participation et d'alliance. L'expérience du monde archaïque comporte alors ontologiquement un mouvement dialectique continuel de passage de la "puissance" à l'"acte" au sens aristotélicien, du "caché" à la manifestation, auquel se rattache alors la division dynamique entre le sacré et le profane, mais ces deux pôles ne s'isolent pas substantiellement puisque tout le mouvement de la vie n'est rien d'autre que la circulation qui les relie et les anime. Dans ces conditions, c'est le monde compris dans sa richesse multiforme de vie qui est sacré, et l'action humaine y participe dans la mesure où elle s'y intègre directement.

La constitution d'une instance séparée de pouvoir qui caractérise les sociétés traditionnelles entraîne une rupture dans ce mouvement circulatoire puisque ses deux pôles vont désormais être fixés dans des sphères ontologiques séparées : celle de l'"au-delà" qui est le monde des dieux, et celle de l'"ici-bas" empirique qui est soumis à leur volonté transcendante. Mais ces deux mondes restent cependant reliés par des médiations, qui sont désormais instituées et unifiées de manière formelle dans la religion et le pouvoir. Ici apparaît aussi le concept de la *loi commune*, qui émane en sa substance du monde des dieux, mais dont il appartient au pouvoir institué d'assurer l'emprise effective sur l'ordre de la pratique humaine. Ce sont désormais les dieux personnalisés, plutôt que des forces, qui assurent la jonction entre l'ordre cosmologique global qu'ils représentent et l'ordre humain particulier qu'ils commandent, et c'est à la loi qu'il appartient de réaliser l'intégration de l'ordre humain dans l'ordre cosmologique qui l'englobe et auquel il reste subordonné. L'ordre de l'action ne se justifie donc pas encore par lui-même, il n'est pas émancipé à l'égard du monde.

C'est à partir de cette forme ontologique déjà dichotomisée que la modernité va réaliser un double mouvement d'abstraction et de renversement au terme duquel l'ordre naturel se réduira à l'universelle positivité de l'empirie et où l'entendement humain deviendra son propre juge. Mais cela impliquait que la raison humaine, comprise comme *logos*, se divise elle aussi en sphères ou encore en capacités distinctes. L'entendement cognitif est désormais exclusivement tourné vers le monde de la nécessité extérieure, alors que la raison normative ne régit plus que l'interaction entre les hommes qui se reconnaissent en leur liberté. Dès lors, les rapports que les êtres humains ont avec le monde échappent à toute normativité et à toute obligation objective, ils ne sont plus régis que par le principe de l'utilité ou de l'instrumentalité. Il subsiste cependant une troisième sphère, celle du jugement esthétique, dans laquelle seule se maintient un lien de connivence ontologique entre l'autonomie humaine et le monde sensible des formes contingentes, et dans l'imitation duquel le sujet peut désormais se reconnaître lui-même créateur. À l'intérieur de la représentation scientifique du monde, l'homme (comme genre) devient ainsi maître des phénomènes ; on assiste donc à la libération de la technique relativement à toutes les normes qui régissent la vie sociale. Mais cette maîtrise reste pourtant encore limitée de trois manières : d'abord par le double principe de l'objectivité du monde et de la rationalité de la connaissance, qui prennent valeur transcendantale par rapport aux opérations concrètes de la recherche et de l'intervention technique ; ensuite par l'autonomie qu'acquiert le monde moral à l'intérieur duquel sont définies les valeurs et les fins de l'action qui continuent donc à prévaloir sur l'univers du possible qui est ouvert par l'intrumentalisation technique et économique du monde ; et enfin, de manière peut-être compensatoire mais néanmoins essentielle dans l'aménagement pratique de la vie commune, par la valorisation humaniste de l'esthétique dans laquelle la représentation reste comprise et valorisée non seulement comme une source de jouissance subjective, mais encore comme un mode de connaissance du monde phénoménal de notre expérience concrète, c'est-à-dire du "monde de la vie" à l'intérieur duquel notre propre existence et notre propre agir doivent trouver une place harmonieuse. C'est cet équilibre qui était visé à la Renaissance, et l'humanisme ne s'y résumait pas unilatéralement par l'aphorisme selon lequel "l'homme est la mesure de toute chose", mais il comportait l'idéal d'une juste mesure dans toutes les manifestations de l'autonomie humaine.

Avant d'aborder, dans le même esprit, le problème qui se trouve posé au plan normatif par le passage de la modernité à la postmodernité, je voudrais encore procéder à un élargissement de la portée ontologique du concept de normativité.

Extension du concept de normativité en vue de son application au champ entier de l'"écologie".

La normativité a été comprise ici comme une dimension ontologique fondamentale de tout ce qui existe de manière subjective et particulière, ou encore selon la particularité d'une identité propre qui est assumée subjectivement. Or cela ne concerne pas exclusivement le monde socio-symbolique de l'interaction entre les hommes, mais le monde de la vie tout entier. Sous une forme spécifique, la dimension normative est en effet également impliquée dans l'existence et la reproduction du règne animal. Le rapport que les êtres vivants ont avec leur milieu est *médiatisé par leur sensibilité de nature subjective*, et il prend ainsi la forme du *comportement* et non celle du *processus déterminé* de manière purement physico-chimique. Les animaux s'engagent eux-mêmes de manière intentionnelle dans des rapports objectivants avec le milieu environnant, et les déterminations "instinctuelles" auxquelles ils obéissent largement sont elles-mêmes assumées subjectivement sous le mode de l'expérience régulatrice du "plaisir" et de la "souffrance", et elles comportent la représentation intuitive (sensible) des réalités synthétiques auxquelles elles s'adressent et qui sont constitutives de leur monde extérieur particulier[6]. Du même coup, l'instinctualité représente la norme intériorisée à laquelle ils "obéissent" chacun de manière spécifique mais déjà réflexive, plutôt que la loi à laquelle ils seraient uniformément soumis de manière immédiate et universelle (comme l'est le mouvement des électrons dans un champ magnétique).

Les êtres vivants interagissent ainsi subjectivement entre eux ainsi qu'avec leur milieu extérieur dont ils réalisent eux-mêmes, à travers leur constitution sensori-motrice, l'objectivation circonstanciée. Cette condition existentielle – qui les différencie radicalement des "choses" – possède un caractère dynamique et c'est à elle qu'on doit rapporter

---

[6] Voir en particulier Adolf Portmann, *L'animal et la forme*, Gallimard, 1961.

– à l'encontre des interprétations purement mécanistes[7] – l'orientation qu'a prise l'évolution morphologique de chaque espèce particulière, dans laquelle s'est accumulée au long des générations une expérience commune au genre, et qui est constitutive des particularités comportementales puis physiologiques propres (et pas seulement caractéristiques) à chaque espèce. Sur le très long terme, c'est le "générique" qui commande l'accumulation "génétique" : le corps est en quelque sorte la mémoire du genre, mise en commun à travers les incessantes interactions que "capitalise" une reproduction qui implique déjà une "reconnaissance" de l'appartenance. Dans cette dynamique, les comportements des membres de chaque espèce se réajustent continuellement à ceux des représentants des autres espèces avec lesquels ils interagissent de manière sensible réflexive, de mêmes que tous le font à l'égard du milieu commun et de ses transformations, et cela se déploie de proche en proche, depuis le milieu le plus local jusqu'au milieu le plus éloigné, le tout formant en fin de compte, de manière indirecte mais néanmoins toujours concrète, le monde commun à toute expérience de la vie, l'*oikos* de la biosphère qui est intégré par des myriades de complémentarités entrecroisées, enchevêtrées, et néanmoins inter-ordonnées. Cet *oikos* commun est un macrocosme dont chaque être qui l'habite est, à sa manière toujours particulière, un microcosme. Le lien intérieur qui existe, à chaque instant, entre le singulier, le particulier et l'universum commun qu'est le monde du vivant est un lien réel d'appartenance, et non une relation extérieure de classification logique (au sens de la théorie des ensembles) ; il est fondé sur la continuité ininterrompue de la participation à la vie, à sa transmission et aux échanges

---

[7] Pour une critique très argumentée du "darwinisme", voir André Pichot, *Petite phénoménologie de la connaissance*, Paris, Aubier, 1984.

incessants qu'elle exige. Ainsi, la durée du genre depuis l'origine de sa différenciation habite encore dans la forme morphologique ainsi que dans les orientations ou dispositions comportementales spécifiques à chaque être singulier qui en fait partie, et c'est cette durée indéfiniment actualisée dans la forme qui assigne à chaque être particulier la place déterminée qu'il occupe dans le monde, telle qu'il l'a héritée. Il faut insister ici sur la portée ontologique fondamentale de cette "in-corporation de la durée de la genèse" dans la spécificité actuelle des êtres, puisque c'est elle qui a inscrit dans leur constitution particulière la compatibilité dynamique de celle-ci avec le monde qu'ils habitent, et qu'elle est donc par là constitutive de l'existence actuelle du monde tel qu'il est effectivement donné.

Dans l'ordre biologique, cette durée se compte en milliards et millions d'années : dans l'ordre symbolique de la culture où elle a subi une accélération extraordinaire, elle se mesure encore en centaines de milliers d'années pour le plus long terme qui est celui de la genèse de la spécificité humaine dans et par le langage, et en milliers et centaines d'années, dans le moyen et le court terme qui est celui de la différenciation des formes d'historicité caractéristiques des sociétés, qui comportent une mutation des modalités d'autorégulation à travers lesquelles elles se rapportent réflexivement à elles-mêmes et s'inscrivent dans des régimes particuliers d'historicité. Et c'est toujours à travers cette durée que s'est réalisée dans l'évolution la condition fondamentale de possibilité de l'inscription de chaque forme d'existence contingente dans la réalité qui l'entoure et à laquelle elle appartient, et cette condition tient dans la compatibilité du déploiement de l'autonomie propre à chaque être avec celle qui caractérise tous les autres êtres qui se sont "fréquentés" au cours de leur développement. En un mot, cela n'appartient pas à l'ordre de la conformité de tout ce qui existe à une loi commune, mais à l'ordre "esthétique" de l'harmonisation d'ensemble de toutes les normativités particulières auxquelles obéissent les êtres différenciés, une harmonie qui est résultée de leur inter-adaptation continuelle dans leur genèse même. Voilà ce que signifie ontologiquement une compréhension "écologique" de la réalité, et voilà aussi la mesure à laquelle il faut juger de la nature et de la portée des "problèmes" que peut poser l'autonomisation de l'action humaine dans le monde, lorsqu'elle signifie son émancipation à l'égard de toutes les normes intériorisées qui avaient, sous leurs diverses modalités d'énonciation, d'intériorisation et de sanctionnement, assuré jusqu'ici son inscription dans le monde concret et réel-même si c'était par le détour d'une projection sur l'écran ou le miroir d'un monde idéal et transcendant.

Pour clore ce point, on peut donc dire que ce monde "écologique", qui par l'extraordinaire diversité des êtres qui le forment et qui l'animent, contraste si radicalement avec l'uniformité de l'univers qui correspond à l'universalité spatio-temporelle des "lois de la nature" telles qu'elles sont décrites par la science moderne, est *notre seul monde phénoménal réel, le seul monde que nous habitons en connivence, en échange et en participation avec son être* (cela nous rapproche un peu de l'ontologie animiste "primitive" !). En effet, cette réalité "*oiko*logique" (comme nous la nommons maintenant plutôt que de la nommer comme avant "monde" ou "cosmos") est précisément la seule dont les êtres humains font directement l'expérience sensible – puisqu'ils existent d'abord comme des animaux – et c'est la seule aussi, avec son inépuisable richesse concrète, qui a servi de support et de matière à toute cette entreprise de symbolisation qui a caractérisé la genèse de leur genre propre, devenant du même coup l'objet de leurs désirs, de leurs craintes et de leurs soucis tout en en modelant largement les formes (je passe vite, puisque le désir des êtres humains est d'abord orienté vers d'autres êtres humains, mais cette orientation intersubjective n'est jamais entièrement épurée des liens qu'ils ont ensemble avec le monde, ni des lieux particuliers où ils s'y placent et d'où ils y accèdent, et qui sont les lieux sensibles et symboliques de leurs fréquentations). Et s'il est une science qui devrait s'en rendre compte, parce qu'elle est née précisément du constat de la fragilité ultime de ce monde phénoménal qui est le *nôtre*, c'est bien cette science qui est venue se placer entre les sciences exactes de la nature et les sciences humaines, au lieu de l'articulation concrète de leurs objets qui est aussi le lieu où s'est creusé le fossé qui a séparé leurs principes épistémologiques et méthodologiques respectifs : l'écologie[8]. Or ce monde, c'est celui que rejoint l'intuition propre à la conscience esthétique, et c'est donc à celle-ci que devrait être arrimée la valeur ontologique que nous accordons à la réalité qui nous entoure, ainsi que les préceptes normatifs qui devraient régir les rapports que nous entretenons avec elle sur la base de l'autonomie que nous possédons en son sein. Dans ce sens, le poids ontologique du particulier, qui se maintient par soi-même en sa contingence existentielle dans l'ordre global du monde, est incommensurable à celle des "espaces infinis" et des masses gigantesques de l'univers purement "physique" tel qu'il a été objectivé et mesuré par la science moderne, et qui ne représente, somme toute, que le plus petit commun dénominateur de la réalité phénoménale qui nous entoure et à laquelle nous participons. C'est ici en somme Pascal qui a raison !

---

[8] La malformation des mots est un indice de la confusion ou de la lutte idéologique (pratique, théorique et épistémologique) qui a marqué la constitution sociale de leur objet. La science économique telle qu'elle prévaut est en réalité une chrématistique, et elle aurait pu être nommée aussi une éco-*logie* en raison de sa prétention scientifique positive. Alors l'"écologie" aurait pu recevoir le nom qui lui convenait : une éco – *nomie*. Dans ces deux cas, l'étymologie nous renseigne donc sur une méprise idéologiquement fort significative.

La postmodernité comme rupture et abandon de la normativité intégrative et comme libération d'une opérationalité systémique illimitée : la virtualisation du monde et la réduction du sujet en opérateur de choix continuellement projeté dans l'actualisation immédiate des opportunités environnementales (Becker).

La postmodernité n'est ni une mode culturelle ni une idéologie, même si elle est soutenue par la mode et l'idéologie : elle correspond d'abord à une mutation effective dans les formes générales de régulation de l'action sociale et surtout dans les modalités d'intégration et de reproduction sociétales ; et elle porte bien son nom puisqu'elle implique précisément le déclin et le remplacement des formes de régulations politiques et institutionnelles qui avaient caractérisé la modernité. Je me contente de décrire cette mutation à travers quelques indices, faute de pouvoir en présenter ici une analyse un peu consistante[9]. La société moderne avait placé une forme unifiée de la "volonté collective" au sommet de son système de régulation : celle du pouvoir d'État, compris dans ses instances législatives, exécutives et judiciaires ; de plus en plus, le pouvoir se trouve submergé, tant de l'intérieur que de l'extérieur, soit par une multitude d'instances ou de procédures de gestion, de décision et de "contrôle", soit par des régulations impersonnelles et autoréférentielles, comme le marché. Dans les sociétés

---

[9] Voir ici même "Brève illustration du concept de postmodernité" par M. Freitag et G. Gagné; voir également M. Freitag, "Pour une approche théorique de la postmodernité comprise comme une mutation de la société", *Société,* No 18 – 19, 1998, ainsi que : *L'oubli de la société. Pour une théorie critique de la postmodernité,* Rennes, Presses de l'Université de Rennes et Québec, Presses de l'université Laval, 2002 ; G. Gagné, "Les transformations du droit dans la problématique de la transition à la postmodernité", Québec, *Les Cahiers du Droit,* Vol. 33, No 3, 1992.

modernes, les divers domaines de la pratique étaient intégrés dans des institutions légitimées par la référence à des valeurs et à des principes de nature universaliste, et régies par un principe de légalité ; ces institutions font place à des organisations instrumentales qui poursuivent des objectifs particuliers et obéissent à un principe d'effectivité ou d'opérationalité ; l'art de la modernité était un art représentatif, alors que l'art contemporain est dominé par la recherche de l'expressivité individuelle ; le droit universaliste tend à céder la place à des procédures arbitrales particularistes ; le sujet moderne, comme personne privée, comme agent de la société civile et comme citoyen, était un individu universaliste habité par une identité fortement transcendantalisée, alors que le sujet postmoderne est une personnalité éclatée entre ses multiples engagements circonstanciels vécus de manière stratégique ou opportuniste (voir l'opposition que Riesman a établie entre l'individu *inner-directed* mû comme par un gyroscope intérieur, et l'individu *other-directed* qui s'oriente au radar dans son environnement particulier toujours incertain).

La théorie qui décrit le mieux le mode de fonctionnement de la nouvelle réalité postmoderne est celle de Luhmann, mais il faut la comprendre comme une projection de nature idéale-typique. Chez Luhmann, le concept de système se substitue à celui de société pour désigner un nouveau mode de cohésion entièrement dynamique propre à la réalité sociale. Je me contenterai de relever dans la théorie luhmanienne trois propositions qui contredisent directement la conception ontologique de la normativité qui est présentée ici. La première proposition concerne le caractère *auto-référentiel* des fonctionnements systémiques, et la nature auto-poiétique des systèmes. Le mode opératoire systémique ne fait référence à aucune altérité possédant une consistance ontologique propre, tout ce qui existe "pour" lui prend uniquement valeur d'"information", et le concept systémique d'"environnement" ne désigne plus de manière générale que le produit de la sélection informationnelle que chaque système opère lui-même dans son "voisinage" (Agamben) au cours de son procès auto-poiétique de reproduction. Les "environnements" propres aux divers systèmes ne possèdent ainsi plus aucune consistance commune a priori, ils ne forment plus ensemble un "monde objectif". Une deuxième proposition, elle aussi négative, de la théorie systémique est qu'elle exclut toute référence à un lieu ou moment de synthèse subjectif et identitaire, qu'il s'agisse de la personne humaine ou d'une forme quelconque de communauté. Le sujet luhmanien est une monade leibnizienne qui prend elle-même le statut de système dans ses interactions avec l'environnement, et la "société" n'est qu'un réseau de systèmes (politique, juridique, économique, etc.) qui ont rompu toute attache ontologique entre eux dans leur procès de différenciation, et n'inter-réagissent qu'en pure extériorité les uns vis-à-vis des autres, en dehors de toute référence totalisante commune. Une troisième proposition découle alors des deux précédentes : c'est que le rapport du système à son environnement aussi bien que son intégration interne sont de nature strictement informatique, au sens des théories de l'information, de la communication et plus particulièrement de la cybernétique ; mais on sait que ce sens est aussi celui que possède le mode opératoire effectif des technologies de l'informatique. De tout cela il résulte que dans la régulation systémique, l'équivalent de la normativité, telle qu'elle a été définie ici, se présente sous la forme d'une simple codification des informations, et que dans son contenu, elle coïncide avec les algorithmes logistiques qui régissent le traitement processuel des informations quelconques. Il n'y a plus, dans le modèle descriptif luhmanien qui correspond quasi tautologiquement au mode opérationnel effectif des technologies du contrôle cybernétique, ni sujet, ni monde.

Ce qu'on appelait jusque-là la réalité s'y trouve reconverti en pure virtualité qui n'a plus de limites ni intrinsèques, ni extérieures, puisque le concept d'information – radicalement détaché de toute représentation significative d'une réalité synthétique extérieure au sujet – se suffit à lui-même dans son auto-différenciation indéfinie.

La théorie de Luhmann n'est pas qu'une brillante vue de l'esprit, et sa formulation théorique doit être prise au sérieux puisqu'elle coïncide avec le déploiement d'une nouvelle modalité de constitution de la réalité en général. On conçoit immédiatement qu'il se pose un problème lorsque la logique systémique sort de la théorie et qu'elle s'empare technologiquement de la réalité. C'est alors notre "pratique normative" qui est objectivée hors de nous dans des systèmes opérationnels qui agissent à notre place sur notre environnement, en nous "déchargeant", en s'incorporant notre volonté et notre capacité de jugement dont nous nous sommes "déchargés" sur eux (Gehlen). Ces fonctionnements systémiques finissent par s'imposer à nous comme notre mode le plus effectif d'existence collective. Mais si la théorie luhmanienne ne reconnaît l'existence ni d'un sujet identitaire, ni d'une communauté réelle fondée sur la reconnaissance et le partage d'un monde commun existant en lui-même et par lui-même, il se trouve qu'un tel monde existe néanmoins, la preuve en étant précisément son caractère ontologiquement contingent et limité, tel qu'il se dévoile dans sa fragilité et dans la possibilité de sa désagrégation, qui est devenue maintenant un "risque" effectif. Disons, en une phrase, que la gestion informatique-systémique du "commerce" que les êtres humains entretiennent entre eux et avec le monde *ne répond plus aux conditions de reproduction ni du monde naturel ni du monde humain* (culturel et politique) en tant que réalités synthétiques perdurables à long terme. En effet, l'emprise de la logique systémique autoréférentielle s'étend maintenant directement sur le monde lui-même, en particulier le monde de la vie, dès lors que "nos" formes systémiques de contrôle et de décision se sont couplées à diverses technologies permettant d'intervenir dans la constitution intime de la vie, par la génétique notamment ; or les "manipulations génétiques" portent précisément sur la structure physiologique des êtres vivants, dans laquelle s'était fixée leur propre expérience particulière et immémoriale de "vie dans le monde", réalisant une forme de vie qui, à travers sa propre capacité inventive de survie, s'était jusqu'ici et depuis "toujours" accordée au monde environnant qui était subjectivement le sien, mais formait aussi le macrocosme unique au sein duquel toutes les autres formes de vie autonomes étaient englobées avec leurs innombrables modalités d'interaction. Chaque pas effectué dans le sens d'une prise de contrôle du procès naturel de la reproduction générique d'un être vivant, en intervenant sur son "capital génétique" propre, détruit ou dénature une forme d'expérience du monde capable d'*assumer elle-même* sa reproduction dans le monde ; il est donc aussi un pas à travers lequel nous nous engageons plus avant dans la nécessité d'une *prise de contrôle systémique totale* de la réalité dont nous dépendons et dépendrons toujours par notre corps biologique, par-delà toutes nos projections fantasmatiques dans les univers virtuels que nous aurons entièrement créés nous-même. Quand le concept plutôt que d'être représentatif devient immédiatement opérationnel, et que les opérations portent non plus sur elles-mêmes (comme dans la logique et les mathématiques) mais qu'elles régissent, contrôlent et produisent la réalité, il vient un moment où la réalité prend sa revanche sur le concept en se désagrégeant et en disparaissant dans son opérativité. C'est ainsi que naît un "cybermonde" virtuel qui n'est plus qu'enchevêtrement dynamique d'espaces opérationnels. La numérisation informatique y conduit pratiquement non seulement en rendant équivalentes toutes les descriptions, mais en permettant la conversion immédiate de ces descriptions en opérations effectuées dans des systèmes quelconques.

Bien sûr, les systèmes sont informatiquement équipés ou programmés pour répondre "adaptativement" et opérationnellement à toutes les transformations de leur environnement *spécifique*, mais ces réponses, une fois qu'elles ont été détachées des êtres synthétiques qui assumaient eux-mêmes la reproduction de leur existence, deviennent à leur tour, sous forme de variables, la réalité environnementale de tous les systèmes inter-réactifs. Cette réalité se trouve alors entraînée d'elle-même dans un procès de complexification exponentielle à mesure qu'elle dissout dans son propre mode opératoire aussi bien la consistance substantielle des objets que la capacité de jugement synthétique des sujets de l'action, avec sa portée existentielle et ontologique. La réalité environnementale que produisent les fonctionnements systémiques est donc virtuelle, et son implantation technique et technocratique dans le monde réel conduit à l'abolition du possible puisque tout est virtuellement devenu possible dans une aporie radicale qui, se suffisant à elle-même, produit une réalité délirante en supprimant précisément les limites qu'imposait ce que nous appelions la réalité objective. Nous en avons déjà une bonne illustration non seulement dans les jeux *Nintendo*, mais aussi dans le procès d'extension continuelle de la logique chrématistique que son caractère spéculatif a rendu précisément délirante en la déconnectant du monde normatif des "besoins". Or cette logique économique étend son emprise dans des champs de plus en plus larges de la vie sociale, entraînant le déclin, voir l'effondrement, des capacités d'action collective qui avaient été investies dans cette forme moderne de l'auto-orientation normative de la société qu'était le pouvoir d'État. Mais il en va de même en ce qui concerne toutes les synthèses institutionnelles et culturelles à caractère normatif et identitaire. Les institutions et les identités culturelles nationales, soit se dissolvent dans la participation directe des individus aux procès systémiques, soit se décomposent en cultures particularistes hétérogènes laissées à l'arbitraire des choix identitaires individuels, pour former un "multiculturalisme" où se côtoient une multitude de cultures dont aucune n'assume plus la responsabilité de l'intégration des valeurs et des finalités pouvant encore correspondre à l'intériorisation symbolique des conditions générales de la vie collective.

Tout cela a été annoncé et ne devrait donc pas nous prendre par surprise : c'était le message des philosophies de la déconstruction, de la mort du sujet, des procès sans sujet ni fin, etc., le tout débouchant de manière délirante sur le slogan : "prenez vos désirs pour la réalité" ; mais la logique analytique qui est intégrée dans la philosophie du langage et son application généralisée va aussi dans le même sens ; et c'est encore la vision du monde qui est impliquée dans les théories de l'information appliquées à la totalité du réel "physique, biologique et social", ainsi que dans les théories de l'entropie et du chaos qui en sont issues. Tous ces courants ont bien servi l'idéologie néolibérale lorsqu'elle a déplacé le concept normatif et expressif de la liberté du sujet vers la liberté des organisations et des processus auto-régulés (le marché !), une liberté objectivée ou réifiée face à laquelle celle des monades individuelles ne consiste plus qu'en leur capacité d'adaptation, qui est animée seulement par la recherche de la maximisation de leurs avantages et de leurs chances, et pour lesquelles n'existent plus ni normes ni lois objectives, ni valeurs ni principes a priori.

Prospective : comment répondre collectivement au "risque écologique global" impliqué dans l'expansion des régulations systémiques autoréférentielles ?

Ce qui a jusqu'à présent été nommé "le monde" et possédait, comme horizon ultime de son objectivité, une assise et une consistance ontologiques propres, tend massivement à être reconverti, au niveau global, en un environnement systémique indéfiniment mouvant et continuellement "complexifié". Cela résulte directement de la mutation des régulations socio-normatives qui régissaient notre être ensemble, nos représentations du monde et notre agir dans le monde, en nouvelles modalités de régulation immédiatement opérationnelles dont la "puissance" s'accroît de manière exponentielle par l'effet de l'autonomisation d'un développement "économique" et technologique auto-finalisé. Cette mutation est le fait de notre agir collectif et son résultat tombe sous notre responsabilité collective (voir Hans Jonas). Comment assumer alors cette responsabilité ? Je chercherai ici à saisir de manière idéal-typique quelles sont les différentes manières d'agir et de penser qui se présentent maintenant à nous pour répondre pratiquement et idéologiquement à ce défi.

La première voie de solution se place de plain-pied au niveau même de la question et elle consiste dans une prise en charge *technocratique* de plus en plus experte des problèmes posés au plan environnemental. On doit admettre qu'en dehors de l'hypothèse d'une catastrophe planétaire qui détruirait en leurs bases mêmes ses capacités d'action et d'intervention technoscientifiques, l'humanité ne pourra pas revenir en arrière relativement à l'exigence d'une gestion elle-même technoscientifique des "effets de système". En raison même de la complexité technique des interdépendances qui résultent de l'élargissement des régulations systémiques à l'ensemble des conditions de reproduction de la vie collective,[10] on a dépassé le seuil où il pourrait suffire encore de poser des principes normatifs généraux d'orientation de l'action, laissant les divers "agents" sociaux (les sujets, les groupes, les organisations, les procès...) libres d'agir ensuite sous la seule contrainte des sanctions virtuelles qui leur sont attachées.

Mais il demeure un problème majeur au cœur de cette solution technocratique, qui par sa nature s'identifie au problème qu'elle est sensée résoudre : c'est celui de l'orientation générale et de la légitimation de l'action des "technocrates". Ces derniers en effet agissent comme experts dans une perspective de résolution de problèmes qui se place d'elle-même dans le cadre de la raison opérationnelle-pragmatique qui est précisément déjà celle des fonctionnements systémiques. À mesure qu'elle cherche à solutionner les problèmes qui résultent continuellement de ce fonctionnement, l'intervention technocratique tend donc à s'y fondre elle aussi. Parallèlement, à l'image même des milieux dirigeants qui assurent directement la gestion des procès autoréférentiels,

---

[10]J'ouvre ici une petite parenthèse. La vie sociale, vécue selon son mode existentiel spécifique au niveau de l'orientation significative de l'action régie par des normes définies extérieurement (la culture, les autorités, les lois, les institutions) et intériorisées de manière plus ou moins contrainte (la "contrainte sociale" de Durkheim) par des sujets autonomes, est parfois "simple" et souvent "compliquée", pleine de contradictions et d'ambiguïtés, d'irrésolution et d'incertitude, mais elle n'est pas "complexe". La complexité résulte d'une "mise à plat" des régulations symboliques, normatives et identitaires dans des systèmes techniques de gestion de problèmes et de prises de décisions sur la base de traitement d'"informations", qui se *substitutent* à des formes synthétiques de représentation à valeur normative et identitaire substantielle. Ces systèmes de contrôle et de gestion directe de leurs "environnements" spécifiques interfèrent alors indéfiniment les uns avec les autres et s'enchevêtrent sur le même plan décisionnel – opérationnel où ils entrent en concurrence de manière *a priori* illimitée.

la technocratie tend à se constituer elle aussi, de l'intérieur, en une nouvelle caste fondée sur la "compétence", et son action autonomisée échappe ainsi aux débats sur les valeurs et les fins qui pourraient justement orienter le développement de la vie collective. Or un tel débat est l'objet même d'une vie publique démocratique. Il est vrai que la conception néo-libérale de la démocratie qui tend à prédominer sous l'influence américaine s'éloigne radicalement de la conception républicaine de la participation politique qui vient d'être évoquée. La démocratie tend à y être assimilée à la liberté de participation à la consommation matérielle et symbolique, ainsi qu'à la protection d'une liberté de choix normatifs et identitaires strictement privée, ou du moins privatisée dans le cadre du "multiculturalisme". Certains auteurs, comme Richard Rorty, vont jusqu'à proposer au nom de la démocratie l'interdiction de tout débat public sur les fins et sur les valeurs, et donc sur le bien commun, l'espace public de délibération se trouvant monopolisé par les techniciens et les experts au nom de leur compétence[11]. Le problème qui se pose au cœur de la solution technocratique est donc le même que celui qui est inhérent aux fonctionnements systémiques : c'est celui de son orientation en valeurs et en finalités. Si, dans la logique de contrôle qui est celle de la gestion technique des problèmes, la question est de savoir "qui contrôle les technocrates", elle s'énonce sous la forme d'une régression à l'infini en autant que la réponse qui lui est apportée n'y met pas fin en évoquant une volonté collective substantielle dont la légitimité puisse être assurée ontologiquement, c'est-à-dire en conformité avec une conception portant sur la nature de l'existence humaine et de la vie sociale qu'elle implique, ainsi que sur la valeur

---

[11] Cf. Richard Rorty, "Y a-t-il un universel démocratique ? Priorité de la démocratie sur la philosophie", in *L'interrogation démocratique*, Paris, Centre Georges Pompidou, collection "Philosophie", 1989.

propre du monde qui nous abrite, et qui n'est plus seulement le cadre de notre vie, mais l'objet même de nos interventions.

Dans la modernité, cette volonté collective substantielle s'était auto-instituée, au fil de plusieurs siècles, sous la forme de l'État-Nation dont la légitimité était assurée par sa constitution démocratique. Au nom de son principe de représentation, l'État-Nation était habilité à réglementer législativement l'ensemble des pratiques sociales qui participent effectivement au développement de la vie collective. Dans la mesure où elle existe toujours encore comme une capacité synthétique d'action commune (au sens arendtien), et dans la mesure aussi où sa légitimité n'a pas été effectivement entièrement détruite par les idéologies dominantes tant néolibérales que "postmodernistes", l'instance politique moderne qu'est l'État-Nation se présente encore comme une réponse au moins partielle au problème de la responsabilité qui est placé ici au centre du débat. Puisqu'ils ont inauguré une problématique nouvelle qui se laisse résumer par le concept de la "globalisation", les problèmes liés au déploiement de la logique systémique échappent certes en partie au cadre législatif et identitaire limité de l'État national, mais ce cadre devenu trop étroit est susceptible d'un élargissement "inter-national", comme le montrent tous les efforts faits au XXe siècle pour établir une nouvelle autorité politique mondiale qui résulterait de l'accordement volontaire des multiples "souverainetés" qui constituaient la "communauté internationale" moderne. La construction d'une telle instance politique supranationale fondée sur une délégation de pouvoir par les États nationaux souverains est certes difficile, mais rien n'indique qu'il s'agisse d'une tâche impossible. Deux arguments forts peuvent militer en sa faveur : en premier lieu, les États politiques, au moins dans leur principe de légitimité, représentent des instances effectives de formation de volontés collectives susceptibles d'assumer une responsabilité pour l'avenir, et il n'y a pas à les "inventer" en leur forme ; en second lieu, les "peuples" qu'ils représentent (quel que soit le degré de fiction qui reste attaché au concept), ont, en leur creuset, développé des cultures non seulement cognitives mais normatives et identitaires à portée synthétique qui restent enracinées dans l'expérience de l'histoire ; en eux, la culture historique s'est déjà dédoublée en un attachement au passé ou à l'héritage particulier et un engagement vers la production raisonnée d'un avenir commun, et cet engagement a aussi déjà produit diverses modalités politiques pouvant servir à sa réalisation, ainsi que la conscience correspondante (qui est une sorte de sagesse partageable) de leur relative précarité, et donc de la nécessité de leur réélaboration continue. Cela pourrait se rattacher à l'idée qu'il existe maintenant une tradition propre à la modernité qui s'était pourtant construite contre l'héritage de la tradition, et que cette tradition de la modernité politique, institutionnelle et démocratique peut encore être mobilisée contre la dynamique systémique postmoderne, pour la maintenir sous un contrôle normatif et politique collectif.

Mais il y a cependant une raison pour laquelle cette forme de résistance ne saurait désormais suffire, et cette raison tient à la logique culturelle du capitalisme : celle-ci avait bien ses assises dans le système des références normatives universalistes spécifiquement modernes, mais il est parvenu à les subvertir de l'intérieur à mesure qu'il transformait la culture en un système de production et de diffusion de masse de produits culturels de consommation, obéissant à la logique de l'offre et de la demande d'un côté, et qui tombait de l'autre sous le contrôle stratégique des entreprises qui dominent le champ des nouvelles technologies de communication et d'information caractéristiques des média audiovisuels. Cette mutation systémique du domaine de la culture est de nature à court-circuiter tout le projet démocratique dans la mesure où celui-ci était fondé, quant à sa justification, sur le statut transcendantal qui était conféré aux valeurs normatives qui orientaient les volontés individuelles et assuraient leur intégration en une volonté politique consistante : c'est le problème que Rousseau, à la différence des penseurs libéraux, avait saisi avec une grande acuité et autour duquel s'est formée la tradition républicaine moderne. Dès lors, la base normative démocratique à partir de laquelle devraient être contrôlés les développements technosystémiques a elle-même été "colonisée" par le mode de fonctionnement systémique (Habermas), et elle ne possède virtuellement plus aucune extériorité à son égard.

Par-delà les réponses technocratiques et politiques dont je viens de rappeler la nécessité mais dont j'ai aussi relevé l'insuffisance, il existe encore un troisième niveau d'articulation des valeurs identitaires et normatives sur lequel pourrait s'appuyer la formation d'une responsabilité ontologique collective à l'égard de l'avenir de la société et de la permanence du monde. Ce niveau, que la conceptualisation sociologique et politique (mais non le discours historique) a curieusement refoulé hors de son domaine objectif depuis bientôt deux siècles[12], c'est celui que désigne le concept de *civilisation* qui est propre à la tradition des "humanités". Le concept de civilisation dépasse, tout en l'imprégnant de son sens, le niveau de cohésion sociale que désigne le concept de la société, avec ses exigences d'intégration "fonctionnelle" interne et ses

---

[12] À l'exception notoire des courants romantiques du XIXe siècle et de leurs résurgences dans les mouvements totalitaires du XXe siècle. Je ne peux pas aborder ici ce problème difficile : voir à ce sujet l'ouvrage collectif publié sous la direction de Daniel Dagenais, *Hannah Arendt, le totalitarisme et le monde contemporain*, Québec, Les Presses de l'Université Laval, 2003.

structures de pouvoir formalisées ; en effet il est moins tourné vers les conditions et les formes de l'organisation interne de la vie collective, que vers son articulation signifiante au monde, et donc vers la construction symbolique d'une "place humaine dans le monde" qui confère un "sens" à la vie commune et à notre "présence dans le monde". Le monde extérieur s'y présente alors comme un "universum" déjà intégré en lui-même hors de nous, et c'est dans la participation avec ce Tout que jaillit le "sens" qui confère une unité à toutes les expériences significatives dispersées de la vie. Et c'est parce que le concept de civilisation se trouve ainsi tourné vers l'inscription de l'ordre social dans un monde qui le transcende, qu'il abrite déjà en lui les conditions d'une reconnaissance normative et identitaire de la valeur ontologique propre du monde, on pourrait dire de sa "sacralité" dont l'expérience représente la plus haute finalité de la vie. L'expérience qui s'incarne et est mise en forme dans les civilisations est donc, d'abord, de nature "religieuse", mais il faut comprendre qu'elle dépasse en les englobant toutes les formes, tous les dogmes et toutes les prescriptions positives des religions instituées, qui n'en sont justement que des formalisations sociales ou sociétales particulières.[13]

La civilisation renvoie donc à une réalité de nature diffuse et expansive, dont la consistance ne s'établit pas à travers la construction d'une centralité intravertie et la fixation de limites, mais plutôt à travers l'ouverture sur l'extériorité du monde et particulièrement sur le rapport à

---

[13] Dans ce sens, on peut encore dire que l'expérience scientifique moderne de la nature, qui "dévoile" l'universalité de ses lois, est encore une expérience "religieuse" propre à "réunir" les hommes dans une même conscience "contemplative" de la totalité qui les englobe. La réduction utilitariste du sens de la connaissance scientifique à l'emprise technique qu'elle peut nous procurer sur la nature "environnante" s'est certainement imposée plus tard.

la transcendance. Son mode de reproduction n'est pas politique ou protopolitique, mais plus spécifiquement culturel et pédagogique : elle n'exerce pas son emprise à travers des pouvoirs et des lois (qu'elle peut cependant inspirer et justifier), mais à travers des modèles, ainsi que par l'orientation qu'elle imprime à tous les "arts de la vie" ; la morale qu'elle diffuse est d'abord une esthétique de la vie commune. L'emprise qu'exerce une civilisation est donc d'abord de nature *pédagogique ou formative.* L'important, en ce qui concerne la question "écologique" qui est posée ici, c'est que les valeurs et postures civilisationnelles qui sont ainsi transmises pédagogiquement (*paideia, Bildung*, etc.) façonnent et orientent de l'intérieur, *au niveau même du "désir"*, l'ensemble de nos attitudes et la nature des objets et finalités qui sont visés dans nos engagements *concrets* vis-à-vis d'autrui et surtout vis-à-vis du monde. Et comme les civilisations ont toutes un ancrage traditionnel (cela est vrai aussi pour la civilisation occidentale qui s'enracine dans l'histoire bien en deçà de la modernité proprement dite), elles ont toutes traversé non seulement les siècles mais les millénaires, et elles ont donc intégré en elles, dans le façonnement particulier de la sensibilité et de l'univers symbolique qu'elles ont réalisé, une forme de l'expérience humaine de la permanence du monde ainsi qu'une compétence à y vivre et à s'y développer collectivement de manière durable et harmonieuse. Plus que dans les "sociétés", c'est dans les civilisations que s'est réalisée cette "incarnation de la durée" qui représente le fondement ontologique de la normativité dont j'ai parlé, et elles ont toutes aussi "transcendé", dans cette durée, les dogmatismes religieux, politiques et moraux qui ont pu, à un moment ou à un autre, les traverser sans parvenir à les submerger ou à les étouffer complètement. C'est donc à leur niveau et à travers leur pluralité que se trouvent déposés les sédiments les plus profonds qui sont constitutifs d'une mémoire de l'humanité susceptible d'être mise en commun, si l'on accepte que cette mémoire commune soit unifiée sous la forme d'un prisme plutôt que sous celle d'un rayon laser dont toute l'énergie serait polarisée et concentrée dans une même direction, au même moment.

Face aux risques créés par l'autofinalisation et la dynamisation indéfinie des procès systémiques et technologiques, une propédeutique de la peur (Jonas) représente certes une réaction raisonnable et nécessaire, dont doivent s'inspirer nos réponses technocratiques et politiques – et la réaction des États-Unis face au "protocole de Kyoto" montre le chemin qui reste à faire pour parvenir à cette sagesse-là, qu'on peut juger urgente et minimale. Mais parce qu'elle débouche sur des modalités technocratiques de gestion et de contrôle, je pense qu'on est obligé de douter qu'elle soit suffisante à long terme, si son caractère purement négatif à l'égard des orientations spontanées des activités humaines qui sont déjà captées "adaptativement" et "réactivement" par ces mêmes dynamiques systémiques et technologiques n'est pas contrebalancée par une force d'engagement plus positive. Une réponse non pas réactive et négative, mais normative et positive, me paraît alors devoir être cherchée dans une revalorisation et mobilisation de toutes ces réserves normatives qui restent accumulées dans les différentes traditions civilisationnelles qui constituent l'héritage symbolique de l'humanité, mais qui s'y trouvent de plus en plus enfouies et comprimées, dans l'attente unilatéralement proclamée de leur extinction. La première chose à faire est donc de reconnaître, au niveau mondial, la *légitimité* de ces traditions et de leur diversité. La seconde est de comprendre la *nécessité* pour chacune de s'engager dans un dialogue avec les autres, plutôt que de se crisper dans leurs différences et leurs oppositions, puisque l'altérité du monde et l'accueil du monde leur sont déjà largement devenus communs. Rien n'empêche que le "choc des civilisations" bruyamment annoncé par certains soit remplacé par des conflits d'interprétation plus pacifiques, dont chaque civilisation a déjà fait l'expérience en elle-même dans ses moments de plus grande ouverture, qui furent souvent aussi ses moments de plus grande richesse et de plus fort rayonnement. Je parle ici dans une perspective humaniste qui a été particulièrement illustrée en Occident à la Renaissance, mais toutes les civilisations ont connu, dans leur propre histoire, de tels moments privilégiés d'ouverture où le syncrétisme était animé par la recherche d'une nouvelle synthèse. On connaît bien quelle fut cette période dans l'Islam, mais l'Islam a aussi déjà cohabité pendant plusieurs siècles avec l'hindouisme en Inde (ainsi qu'en une grande partie de l'Indonésie), et le bouddhisme indien s'est de son côté bien intégré – sans se renier – dans l'univers civilisationnel extrême-oriental. En Occident même, la romanité a intégré l'hellénisme sans s'y fondre. Ce ne sont que des exemples, mais ils ont une valeur exemplaire et ils attestent que, quoi qu'on en dise, l'humanité a déjà développé une vaste expérience de la rencontre et du dialogue des civilisations, qui n'a aucunement conduit à la grisaille de la confusion des valeurs dans la mesure où leurs héritages spécifiques restaient vivants et donc capables de produire des synthèses nouvelles. Toutefois, un tel dialogue est bien difficile dans une situation de domination unilatérale.

Comment les civilisations peuvent-elles rester vivantes si le sens normatif et esthétique qu'elles ont forgé, qu'elles contiennent et qu'elles transmettent, n'est plus diffusé, plus enseigné ? Ou encore s'il n'est plus qu'"encapsulé" défensivement ou offensivement dans des dogmes étroits et exclusifs ? Pour éviter soit leur sclérose, soit leur mobilisation "intégriste" à travers la conversion de leur autorité normative en revendication de pouvoir, il faut d'abord que la place qu'occupent les diverses civilisations dans la formation de l'humanité soit pleinement reconnue, et que le mouvement dominant d'unification de l'humanité cesse de les condamner toutes ensemble à disparaître. Cette reconnaissance possède alors deux faces : celle de leur *représentation* dans les instances ordonnatrices d'une "mondialisation" normative qui s'opposerait à la "globalisation" systémique, et celle de la *préservation* de leur force de diffusion pédagogique, c'est-à-dire de l'emprise légitime qu'elles exercent sur la formation des êtres humains dans leur accession concrète à l'existence symbolique, morale et identitaire. On peut être homme, entièrement, de plusieurs manières, mais on ne peut pas être homme n'importe comment. En ce qui concerne leur représentation dans les instances politiques mondialisées (dont l'amorce ou leur noyau existe déjà dans l'Organisation des Nations Unies et toutes les "organisations" supranationales plus spécialisées" qui en dépendent, et qu'il faudrait transformer en de véritables institutions), cette représentations des civilisations peut être parallèle à celle des sociétés à travers les États. Dans la formation de l'État national et de sa puissance législative "souveraine", la représentation des individus comme citoyens avait déjà dans de nombreux cas été équilibrée par la représentation d'autres "corps sociaux" auxquels restait attachée la reconnaissance d'une constitution plus organique et plus historique de la société ; cela a conduit au "bicaméralisme" dans lequel l'Assemblée des représentants du peuple se trouvait flanquée d'une chambre distincte, que ce soit la "Chambre Haute", la "Chambre des Lords", le Sénat ou le Conseil d'État, etc.). Rien n'empêche d'inventer des choses semblables dans l'organisation de la structure diversifiée d'un pouvoir ou d'une autorité mondiale capable d'exercer une mise sous contrôle collectif réfléchie de tous les "procès sans sujets ni fins" dont l'autonomisation systémique s'identifie avec ce qu'on appelle la postmodernité.

Pour conclure, je dirai que certes, il restera bien des problèmes à renvoyer à une gestion technocratique de l'environnement. Mais ce qui ne peut pas être confié à une telle expertise, c'est l'orientation générale que prendra au niveau mondial le développement économique et technologique, et c'est cela qui pose *un problème de civilisation* qui n'est pas de nature technique et qui déborde même le champ de l'action politique classique qui risque toujours d'être attirée par le modèle technocratique et finir par lui être subordonnée. Contrairement à la thèse de la fin de l'histoire, la question des fins et des valeurs n'est pas résolue, et c'est elle qui surgit maintenant au premier plan avec une acuité peut-être plus forte que jamais puisque c'est la première fois dans l'histoire qu'elle se pose en même temps, dans les mêmes termes et avec une urgence pratique jamais égalée jusqu'ici à l'ensemble de l'humanité.

DISCUSSION

L. Chabason : Le territoire national des Hollandais se trouve pour un tiers sous le niveau de la mer, et il me semble y avoir quelque chose de contradictoire dans la cohabitation d'un très haut degré de perfectionnement technique de la maîtrise de l'eau, et le caractère traditionnel des institutions locales qui gèrent ce système.

M. Freitag : Le problème de l'eau en Hollande date du Moyen Âge, et des solutions traditionnelles ont eu tout le temps d'être élaborées et "rodées". Les techniques peuvent changer, mais quand le problème reste stable, la gestion ne devient pas technocratique, elle peut demeurer enchâssée dans un contrôle institutionnel et même culturel. Ce n'est pas la nature technique des problèmes qui crée la technocratie, mais plutôt la dynamique nouvelle qui résulte des mutations de la capacité d'intervention technique. Les formes de gestion communautaires deviennent incompatibles avec la rapidité de l'expansion des techniques, et cela est d'autant plus manifeste aujourd'hui que les développements technologiques précèdent les problèmes qu'il s'agirait de résoudre et qu'ils inventent en quelque sorte des champs de problèmes tout à fait inédits en leur nature même, qui n'existeraient pas en dehors d'eux. Cela rejoint l'idée centrale de mon exposé : le réel réside dans les "formes synthétiques" qui sont en somme des microcosmes, et qui ne se sont développées subjectivement à travers les interactions qu'en autant que les transformations du monde environnant n'étaient pas trop rapides ni radicales. Dès que le changement devient trop rapide, voire de nature exponentielle, la capacité d'intégration subjective "microcosmique" disparaît, car l'entité subjective n'a pas assez de temps pour trouver des mécanismes d'adaptation aux problèmes et surtout pour intégrer normativement dans sa propre identité ou synthèse subjective ses nouveaux rapports avec le milieu. S'ils suivent un tempo assez lent, les changements environnementaux sont un facteur d'évolution : c'est ainsi que les formes animales se sont multipliées par adaptation, intégrant en elles les "découvertes" que les membres de chaque espèce faisaient en réponse aux difficultés qui leur étaient imposées par l'environnement. D'où l'importance d'un renversement ontologique qui fait écho aux représentations cosmologiques des sociétés traditionnelles, car il s'oppose à la vision universaliste unilatérale et abstraite de la réalité que la modernité a incorporée dans nos cultures, et qui a engendré un culte du changement et surtout de son accélération. C'est une révolution culturelle qu'il y a à faire, non pas dans le sens de pousser toujours plus loin la libération de toutes nos capacités d'action et de transformation, mais dans le sens d'une reconnaissance de ce que l'on est déjà réellement et qu'il s'agit de cultiver, de maintenir et de développer avec une nécessaire patience, en tant qu'essence ou qualité d'être propre.

O. Clain : Dans la deuxième partie de ton exposé, je retiens quatre termes qui devraient apparaître dans le fondement d'une nouvelle culture : "singularité", "contingence", "normativité" et "harmonie".

Historiquement, je crois que tu soulignes quelque chose de fondamental qui a été occulté par la philosophie moderne en général, jusqu'à Marx. Michel Henry démontre que la théorie de Marx vise la libération de l'individu, notamment avec l'hypothèse d'un système de production automatisé. Marx va reconnaître, dans une ontologie de la singularité, une culture de la réalisation de soi de l'individu par une libération des contraintes du capitalisme.

Mais Marx devait osciller entre deux positions :

– soit les besoins de l'individu devaient, selon lui, demeurer normés par une culture traditionnelle, et il existe alors un hiatus – que Marx ne voit pas – entre les besoins instaurés par celle-ci, et la nouvelle capacité de multiplier les biens.

– soit une dérive infinie des besoins de l'individu résulte de l'ouverture de la culture par la quantité illimitée de biens permise par l'automatisation. Or la Terre est limitée, contrairement aux aspirations de l'individu.

C'est ce qui donne à la philosophie de Marx un caractère utopique. Or le seul mot que tu n'as pas prononcé du point de vue de la culture normative à venir dont tu parlais, c'est le mot "limite". Je comprends que la reconnaissance esthétique de la forme puisse permettre de retrouver une harmonie, puisque l'activité esthétique est le moment synthétique *a priori* et *a posteriori* de la normativité et de la connaissance. Mais comment vois-tu, dans la perspective d'une nouvelle culture, la question de la limitation de la demande et de l'offre ?

M. Freitag : Je n'ai sans doute pas été bien clair : la forme n'a rien à voir avec l'individu, mais avec le *genre*, elle *est* le genre commun. C'est seulement sa transformation qui résulte de l'activité individuelle, mais encore cette activité doit-elle alors être réinscrite et absorbée dans le genre, à travers une sorte de "reconnaissance intégrative". Ma démarche est basée sur la dialectique de l'individu et du genre, et la norme est le rapport entre les deux. Le genre est la médiation entre l'individu et l'universel, parce que le genre intègre dans sa permanence ou sa continuation la particularité de la place qu'il occupe dans le monde à travers les échanges incessants que ses membres ont avec le milieu. C'est alors le maintien du genre qui est la limite, puisque le genre comprend l'intégration d'une place dans le monde. Mais alors l'universel doit aussi être compris comme Universum, Cosmos. Ainsi la question de la limite se trouve résolue pour autant qu'on reconnaisse qu'elle est donnée dans l'appartenance au genre, et qu'elle tient dans l'intériorisation par les individus singuliers de la forme particulière qui détermine ontologiquement les limites de l'être propre au genre.

L'individu n'existe que comme membre d'un genre, à travers un "engendrement", et la forme qu'il possède, qui est sienne, c'est le genre qu'il partage en lui appartenant. Par exemple, ma propre structure physiologique, c'est celle que je partage – en gros ! – biologiquement avec tous les membres du genre humain. L'idée esthétique, c'est que les normes visent au respect des formes et donc des genres, plutôt qu'à leur mélange.

Chez Marx, l'individualisme est toujours moderne : il en appelle à l'universel. Certes il parle aussi de l'action humaine et de ses formes communes (sa structuration sociale), mais comme il parle de cette action dans la perspective de sa libération à l'égard de toute contrainte, on reste dans l'aporie du rapport moderne entre l'individuel et l'universel, qui n'est plus médiatisée par la forme du particulier, lequel est perçu comme "aliénation". Je crois au contraire que le genre est le moment central, et que la limite est celle qu'impose le respect du genre, qui est le fondement ontologique des normes. Bien sûr, chez les être humain, le genre propre est d'abord construit et donné dans l'ordre symbolique. Mais je n'ai peut-être pas assez insisté sur le particulier en tant que genre.

M. Douglas : Dans le cas des sociétés en bouleversement, l'expérience de la disparition des normes et l'arrivée de la richesse produisent du non-sens, par l'instabilité qu'elles entraînent. En anthropologie, nous avons eu la possibilité de faire une étude comparative sur la personne dans différentes cultures[14] Je peux confirmer que dans une société stable et hiérarchisée, le microcosme est installé comme explication de toute justification. Dans le cas où la société a été soumise à un arbitraire, un peu de stabilité s'organise autour d'un principe d'échanges continuels et d'expansion (ainsi, dans des sociétés de Nouvelle-Guinée).

Il existe un rapport étroit entre le microcosme et la position dans la structure : dans une société fractionnée, la personne est fractionnée dans un microcosme fractionné. Dans des sociétés très égalitaires et sectaires, les microcosmes sont simples par rapport aux microcosmes hiérarchisés et complexes. Il y a donc correspondance

---

[14] *Missing Persons, a Critique of Personhood in the Social Sciences*, University of California Press, Berkeley, 1998.

forte entre l'idée anthropologique et la société. Comment donc pouvez-vous avoir confiance dans l'efficacité de la pédagogie pour renverser le poids d'une ontologie ? Quelle confiance pouvez-vous avoir dans l'enseignement, face à évidence d'une lien très puissant entre l'expérience vécue et le choix social d'une ontologie ?

M. Freitag : Je ne sais pas dans quelle mesure j'ai confiance. Mais je pense que l'ontologie moderne ne s'est pas imposée culturellement de manière très profonde. Elle a été imposée, entre autres, par une idéologisation de la science. D'une certaine manière, il est possible encore de lui résister, notamment en ne suivant plus aveuglément un idéal scientiste qui n'a pas encore réussi à s'imposer dans le fond de nos perceptions et de notre sensibilité quotidiennes. Il faut revaloriser des formes d'expériences "esthétiques" qui ne sont pas encore mortes, qui sont encore les nôtres mais sont continuellement attaquées par l'idéologie. Si ces formes d'expériences de base n'existaient plus, je n'aurais plus du tout confiance. Mais je crois que ces formes de conscience premières qui nous habitent encore peuvent être relégitimées. D'ailleurs, je serais plus pessimiste, à la longue, si la nouvelle culture communicationnelle, informatique et médiatique postmoderne parvenait à s'imposer vraiment de manière générale, puisqu'elle comporte formellement un déni de l'expérience concrète du monde sensible (ce qu'on a appelé le "principe de réalité") au profit d'une projection continuelle dans le virtuel, alors que l'ontologie caractéristique de la science moderne impliquait encore à sa base la référence à cette expérience sensible synthétique et donc "préanalytique", même si elle la réaménageait profondément dans l'expérimentation méthodique "post-analytique".

M Douglas : La famille est un microcosme dans toutes les sociétés. C'est un thème important pour une nouvelle ontologie. Pensez-vous qu'il faut s'opposer à la tendance actuelle à enlever les enfants des familles pour les remettre entre les mains des travailleurs sociaux ? Comment peut-on justifier, dans le climat politique actuel, le droit de pouvoir châtier un enfant ?

M. Freitag : En tant qu'il reste punition, le droit de punir les enfants est toujours pris entre deux limites, il est une question de "juste milieu" ! La punition légitime ne peut aller jusqu'à la mise à mort ou la cruauté "sadique", mais l'absence totale du droit de punir me paraît aussi une absurdité puisque les enfants doivent être formés, éduqués. Je m'opposerais à un discours qui prétend supprimer le droit de punir des parents et pas seulement en contrôler ou baliser l'exercice. La limite est une question de mœurs et de sensibilité morale, et elle dépend de l'autonomie que les parents se voient reconnaître dans l'éducation. On peut penser à l'exemple de Sparte. Mais pour me prononcer ici, il faudrait que je participe activement à ce forum politique précis, et donc que je connaisse mieux les arguments qui y sont présentés dans le contexte de la mutation actuelle de la société et de ses enjeux.

VII

L'unité d'un système de l'environnement : son caractère inédit dans la nature et dans la culture

Par GILLES GAGNÉ[*]

Aujourd'hui, lorsqu'on aborde les questions de l'écologie, on se réfère au monde du vivant. Ceci semble avoir plus de profondeur que l'angle privilégié dans les années soixante-dix, et qui se réduisait à l'épuisement des ressources.

De plus en plus, comme l'a démontré André Micoud, c'est au nom de la Vie qu'on imposera des normes. Cette nouveauté contemporaine motive le contenu de mon exposé qui se veut un survol de la vision du vivant propre à la science de la vie : la biologie. J'aborderai notamment les courants marginaux de la biologie qui s'opposent aux paradigmes dominants.

La première chose qui peut nous surprendre dans la biologie dominante, c'est l'écart considérable entre, d'une part, le domaine de la biologie moléculaire, et d'autre part, l'écologie qui étudie la biosphère. Il s'agit des deux dimensions situées aux extrémités du vivant, et qui ont comme dénominateur commun une universalité vide. En

---

[*] Gilles Gagné est professeur de sociologie titulaire de l'Université Laval à Québec.

effet, la biologie moléculaire décrit les processus chimiques du vivant dans des termes universels, et les considère comme l'essence du vivant : le monde animé est basé sur quatre sucres et vingt acides aminés et un code qui associe les deux en combinaisons en nombre limité.

À l'autre extrémité, il y a la géochimie, – laquelle a fortement influencé les écologistes – qui situe l'essence du vivant dans la multiplicité complexe des rétroactions dans les circulations chimiques. Ainsi, dans la biosphère, le monde apparaît dans sa globalité comme un vaste système de circulation de myriades de molécules.

Cependant, en opposition à ces deux grandes perspectives du XXe siècle, existent des tendances, provenant généralement des naturalistes, qui saisissent plutôt l'essence du vivant dans la *multiplication des formes*.

Parmi ces biologistes qu'on peut qualifier de marginaux, Adolf Portmann émet une critique des positions classiques : pour lui, la définition du vivant propre à la biologie moléculaire ou à l'écologie n'explique pas pourquoi la matière vivante ne serait pas simplement une masse verte à la surface de la Terre. Certes, cette matière vivante capte d'un côté les rayons du soleil et de l'autre, avec ses racines, l'eau et les éléments de la lithosphère nécessaires à son métabolisme. À l'intérieur, elle est constituée des parties vivantes qui feraient la synthèse des nutriments provenant des deux côtés. Mais le biologiste qui observe la nature y voit aussi une richesse de formes, qui sont toutes contingentes du point de vue des lois universelles et indépendantes du fonctionnement global de la biosphère.

Les lois universelles et les équilibres biosphériques ne sont-ils pas conceptuellement trop abstraits et trop pauvres pour rendre compte du foisonnement évolutionnaire gigantesque des formes végétales et animales ?

Dans une lignée critique proche de celle de Portmann, le biologiste français Pichot suggère que l'on doit penser l'être vivant à travers son histoire ; c'est-à-dire dans le processus de séparation relative d'une population par rapport à son milieu et aux autres populations, et de multiplication des lieux d'accumulation de la contingence.

Ce n'est pas à partir de l'angle déductif des lois universelles que l'on peut déduire deux millions d'espèces, mais il faut au contraire regarder chaque espèce comme une histoire, et l'ADN comme le lieu d'enregistrement où ce qui est advenu a été codé. L'actuelle composition complexe de la biosphère est plutôt un effet secondaire produit par cette multiplication des formes vivantes.

L'essence du vivant est cette grande variété d'espèces, lesquelles n'ont pas qu'un même environnement partagé ; chaque espèce *connaît* son *milieu*, et ce qu'elle *ne connaît pas immédiatement* – c'est-à-dire son *environnement* – est différent pour chacune d'entre elles. Toutes les formes de la vie sont emboîtées les unes dans les autres ; chacune étant un nouvel environnement pour d'autres et la condition de la constitution d'un nouveau milieu. Par exemple, la niche écologique d'une variété de mouche peut être l'articulation qui permet à un crabe de constituer ou d'agrandir sa propre niche. Le vivant est de l'ordre de la richesse ; chaque espèce agrandit le monde par des emboîtements de niches, créant ainsi de nouveaux milieux.

Également en opposition aux deux paradigmes contemporains de la biologie (biologie moléculaire et écologie de la biosphère), Portmann souligne l'importance des manifestations dans la sphère de "l'apparaître". Dès qu'il y a une entité vivante, au fond, il y en a deux. L'entité vivante singulière qui s'est fissurée d'avec le monde s'est aussi fissurée d'avec elle-même et n'a pu le faire qu'en restant en rapport avec elle-même. La vie animale est un gigantesque système de rapports qui consiste à se montrer, à se sentir, à s'entendre, à se laisser réciproquement des traces chimiques, etc. La sphère de l'apparaître est l'essence de la vie animale : les animaux se montrent les uns aux autres.

Par exemple, l'agencement des organes internes chez les vertébrés est très analogue d'une espèce à l'autre, alors que leurs différences se manifestent essentiellement à l'extérieur. L'entité vivante se singularise en restant en contact avec elle-même par des systèmes de signaux nécessitant le fait de se montrer.

C'est la thèse du biologiste écossais Wayne Edwards qui avance qu'une population animale ajuste sa fertilité au milieu. C'est possible pour elle, car elle a la capacité de sentir la capacité portante d'un milieu spécifique. La régulation endogène des populations animales s'effectue selon cette capacité du milieu, reconnue par le système des interactions entre les membres dans la sphère de l'apparaître. Cela peut provoquer, par exemple, l'exclusion de la reproduction de certains membres d'une communauté.

Edwards s'oppose sur ce point au paradigme darwinien, selon lequel "l'individu" tente de se reproduire le plus possible pour que le milieu et les prédateurs se chargent d'enlever *a posteriori* l'excédent en supprimant les plus faibles. Dans la visée darwinienne classique obsédée d'anti-lamarckisme (et qui constitue encore la doxa incontestée des sciences de la vie), on considère l'animal comme incapable d'ajuster *a priori* sa population, contrairement à ce qu'a démontré Edwards en dégageant l'importance de l'apparaître et des échanges de signaux.

Par analogie, ce qui va caractériser les sociétés humaines c'est que la différence entre *milieu* et *environnement* n'est pas tranchée comme chez l'animal sous le mode "connaissance/méconnaissance", le milieu étant connu contrairement à l'environnement. Dans les sociétés humaines, la puissance du symbolique construit une articulation cognitive entre ces moments. Les sociétés connaissent leur milieu de manière pratique par la proximité et la technique afin de pouvoir s'y reproduire, mais elles connaissent aussi le monde qui leur paraît toujours significatif, tel un ordre global connu à travers une cosmologie, c'est-à-dire de manière contemplative. Leur milieu s'inscrit significativement à l'intérieur de leurs théories du cosmos. Ainsi l'articulation milieu-environnement varie non pas entre différentes espèces, mais entre les cultures et les types de sociétés.

Au début du XXe siècle, Lévi-Strauss estimait à 2500 le nombre de sociétés différentes, porteuses de 2500 mythologies et cosmologies particulières, et d'autant de connaissances du milieu et de théories de l'environnement.

Mais la technique occidentale moderne qui, a produit une autonomisation de l'action sur le milieu, a unifié pratiquement tous les milieux et tous les environnements des sociétés humaines sans que l'unification de ces sociétés de leur milieu et de leur environnement passe par un dialogue et par une confrontation entre les différentes versions de l'homme. Cette universalisation *de facto* n'a pas été normative, au sens d'une réflexion en commun sur la valeur des cosmologies et des conceptions de l'environnement. Les sociétés humaines se sont rapidement retrouvées, sous l'effet de la dynamique de la modernité, dans un monde déjà unifié par la technique, laquelle nous impose, sans discussion, une idée unique du milieu, avant que l'humanité se soit donné des capacités synthétiques de même niveau. Elle ne dispose donc pas des capacités normatives d'agir sur elle-même qui soient accordées à l'ampleur de l'environnement qui a été créé par la technique.

La technique transforme le dialogue entre les lieux de synthèse culturelle en un problème général d'adaptation à ses effets. Autrement dit, lorsqu'on parle de "l'environnement", on parle en réalité d'un phénomène historique d'un niveau supérieur plus global que la capacité d'agir sur nous. En un sens, donc, nous sommes revenus à l'extériorité radicale du monde pour les espèces animales. La fonction ordinaire des cosmologies, qui était de faire le joint entre le milieu et le monde, n'est plus opératoire, puisqu'elle est dépassée par le mouvement technique. Avec la modernité, la capacité technique d'agir sur le milieu s'était autonomisée des normes, selon la présomption spéculative que le monde était physique, mécanique et infini. Aujourd'hui, on se retrouve déjà dans l'*a posteriori de cette conception.* ; on court après les effets d'une capacité d'agir qui est elle-même cumulative et autonome, sans qu'on ait de capacité normative de la restreindre et de l'orienter. On est revenu à la situation d'une population animale qui se reproduit de manière illimitée, jusqu'à ce qu'elle rencontre des problèmes matériels qui s'imposent à elle de l'extérieur. Par exemple, son propre succès a entraîné l'appauvrissement du milieu et cette espèce voit disparaître ce dont elle a besoin pour vivre. L'analogie avec la régulation endogène des animaux revient donc aujourd'hui, puisque nous avons perdu la capacité *a priori* d'inscrire la capacité technique de changer le monde dans un ordre normatif.

DISCUSSION

D. Duclos : Est-ce que vous ne vous situez pas ici comme éthologue de l'espèce humaine ? Vous reconnaissez des types différents de normativité dans la nature. L'humain en possède une qui est symbolique, mais cette espèce symbolisante échapperait aujourd'hui à sa propre naturalité humaine. La post-modernité serait "bestiale", au sens d'une dénaturation de l'animal humain, spécifié par ses cultures contrôlant cosmos aussi bien que milieu. Ne pourrait-on pas considérer, à l'inverse, que la post-modernité s'impose comme nouvelle normalité, celle selon laquelle notre espèce peut et doit techniciser tout son monde ? Même si cette normalité doit être une idée folle, peut-être comme toute idée globale ? N'est-ce pas au contraire parce que la société actuelle fonctionne, comme toutes les sociétés du passé, par absorption du cosmos dans sa culture, qu'elle aboutit à cet effet catastrophique, dès lors que cette absorption ne concerne pas seulement le rapport entre des explications générales et un milieu local, mais bien un monde où milieu et environnement se confondent inexorablement ? Où nos niches écologiques... sont devenues la Terre elle-même ?

G. Gagné : Il n'est pas question pour moi d'éthologie ou d'écologie de l'humanité. J'essaie seulement de faire un lien entre la question de l'environnement, et ce qui me paraît être un caractère majeur de la société postmoderne qui n'a plus de moment synthétique, et où l'activité pratique est autonomisée et abandonnée à son propre développement cumulatif. J'ai exprimé cette caractéristique essentielle de la postmodernité dans un vocabulaire écologique, et je tente de faire le lien entre écologie et postmodernité.

J. Douglas : Vous dites que l'espèce humaine est unique parce qu'elle peut consciemment changer et influencer l'environnement qui décide de son avenir, et que pour les autres espèces, l'environnement demeure étranger.

G. Gagné : Ce n'est pas vraiment de l'espèce humaine en général, mais plutôt une dimension de la postmodernité, où, comme le disait Roger Ferreri, la technique apporte des solutions à des problèmes qui n'ont pas encore été posés. Par exemple, personne n'a désiré auparavant se promener avec un téléphone dans sa poche ; personne n'avait posé la question : pourquoi n'aurai-je pas un petit téléphone portatif ? Mais la réponse est advenue quand même. Trouver des réponses sans avoir de question significative et normative, c'est un mode de transformation du monde qui se généralise actuellement.

J. Douglas : Est-ce que l'humanité a la capacité de comprendre le problème, sans en avoir la possibilité de l'influencer ou, au contraire, en a-t-elle la possibilité ? Un projet écologique est-il possible ?

G. Gagné : Marx disait que l'humanité ne se posait jamais de questions auxquelles elle ne peut pas répondre. Et de fait, la plupart des problèmes que nous rencontrons, se situent bien en-dessous des capacités techniques de les régler. Ne pas envoyer de CFC dans l'atmosphère ne me paraît être une chose très difficile *techniquement*. Évidemment, si l'on posait la dérive des galaxies comme un problème écologique, la technique serait insuffisante ! Mais pour la couche d'ozone, le problème est seulement normatif.

Le véritable problème est de s'entendre sur le fait, la décision et l'idée qu'on se fait du monde. L'humanité est unifiée par les problèmes écologiques, mais pas par la discussion de savoir ce qu'elle est.

Il n'y a pas de débat entre les différentes sociétés sur ce qu'est l'humanité. On postule abstraitement l'humanité comme l'ensemble des individus raisonnables, alors qu'on occulte une autre universalité humaine qui serait la confrontation de 2500 sociétés et cultures qui ont –ou ont eu – des contenus réels. La synthèse à réaliser serait celle qui tienne compte de cette universalité concrète.

Cela fait assez longtemps que l'on s'est aperçu que le postulat moderne du sujet de la Raison est creux, mais on a laissé le problème de côté pendant que la technique s'occupait d'universaliser pratiquement l'humanité par le fait qu'on respire tous le même gaz. Dès lors, on s'est refusé à une recherche qui porterait sur une synthèse réelle des cultures. On se laisse universaliser par une idée philosophique creuse et par une technique qui est vide, et ça me paraît un problème actuel sur une grande échelle.

J. Douglas : Vous dites donc que c'est un problème politique.

G. Gagné : Ce n'est pas un problème politique au sens moderne qui serait du registre du *pouvoir*. La question du pouvoir est toujours posée sur la légitimation d'agir sur la vie des hommes et d'imposer des normes à leurs rapports. Dans la modernité, on disait "au nom de la liberté individuelle", on va vous imposer des lois. Les institutions actuelles pourraient certainement imposer des règles à la grandeur de la planète, mais le problème serait alors de trouver une légitimation universelle, laquelle nécessite une adhésion possible et donc un dialogue sur les normes. Or il est impossible actuellement de s'entendre sur les faits. La réalité et la gravité du réchauffement de la planète sont loin de faire consensus.

L. Chabason : Puisqu'on n'arrive effectivement pas à se mettre d'accord sur la gestion de l'environnement, n'est-ce pas à cause de cela qu'on a inventé les droits des générations futures ?

G. Gagné : C'est un drôle de détour, au moment où l'on n'arrive pas à s'entendre sur ce qu'est la vie humaine, de dire que la quantité pure de vies humaines, c'est-à-dire les vies qui vont s'ajouter aux vies actuelles et les remplacer, est une réponse. On pourrait transformer la vie des sociétés humaines en un pur processus vital de la matière vivante avec des conditions particulières. Sans savoir ce qu'est la vie humaine, on déploie des conditions pour la conserver. Dans ce déplacement autour des générations futures, on transforme la vie sociale en simple instrument d'un processus vital supposé plus fondamental : il faut que les humains fassent des descendants.

L. Chabason : Au sommet de Rio, les problèmes environnementaux laissaient souvent les responsables de marbre pour les raisons que vous avez évoqué. Toutefois, lorsqu'on parlait des droits des générations futures, cela paraissait soulever des questions majeures. Elles me semblent aller bien au-delà de ce que vous nommez "conservation de la matière vivante". Peut-être que nous avons besoin de nous représenter la question de la vie pour nos enfants, pour aborder ce que nous voulons qu'elle soit pour nous, humains contemporains.

M. Douglas : quand vous avez parlé de modernité, n'avez-vous pas oublié les voix de ceux qui ont perdu le pari de celle-ci ? Ceux qui, par exemple, n'ont jamais adhéré à l'idéal du progrès ? Il y a eu beaucoup d'anti-modernistes dans chaque période. Je trouve que vous avez présenté une vision trop homogène et trop uniforme de la modernité.

Deuxièmement, votre allusion à Wayne Edwards n'a pas replacé ce dernier dans l'histoire de la biologie. De quel point de vue, critique-t-il l'évolutionnisme ? N'est-ce pas plutôt une visée prémoderne ? On lui reproche en tout cas un certain mysticisme dans sa thèse sur l'autorégulation des espèces, et c'est la sociobiologie qui s'est aujourd'hui imposée. Avec son modèle de conflits économiques centrant la génétique, cette dernière semble très moderne.

Troisièmement, je voudrais commenter cette question de la connaissance et la mentalité des animaux. Comment savez-vous que les animaux n'ont pas de représentations contemplatives du monde ? N'est-il pas vrai que – sur ce point – les idées que nous avons sur les animaux sont encore très proches de celles du XIXe siècle sur la mentalité "primitive" attribuée aux petites sociétés ? Or il existe tout un courant dans l'éthologie visant à restaurer la dignité de la mentalité animale, et qui se fonde sur des études fort sérieuses des modes de vie.

G. Gagné : on ne peut savoir si les animaux ont une connaissance contemplative du cosmos. Évidemment, les animaux ont une sensibilité vis-à-vis ce qui se trouve hors de leur milieu. Mais contrairement à un rapport médiatisé par un système de signaux, un rapport médiatisé par un système de symboles doit par définition avoir un caractère global quant à la désignation du monde. L'animal est sensible grâce à des récepteurs et à des signaux émanant du milieu, qu'il connaît ainsi selon sa sensibilité. Peut-être, au-delà du milieu, connaît-il des expériences d'extase ?

D'après Merleau-Ponty, l'animal rassasié perd momentanément sa conscience et sa sensibilité pour participer au cosmos qui s'éloigne du moment où il connaît son milieu pour se nourrir. Alors que chez l'humain, le symbolique abolit la frontière entre le milieu et les cosmos, et les hommes se parlent de la même manière de ces deux réalités. Ils les classent les uns et les autres dans un même cadre conceptuel, ne serait-ce que pour les opposer dans ce cadre.

À propos des biologistes tels Wayne Edwards, Adolf Portmann, Goldstein, ou Michael Polanyi, etc., ils représentent la critique d'une conception parfaitement moderne, universaliste, mécanique, réductionniste de la biologie croyant que l'essence se situe dans l'infiniment petit. Ils soutiennent au contraire qu'en se rendant jusqu'à l'atome, on sort de la question de la vie, qu'il faut traiter en termes spécifiques. En cela, ils ne sont pas pré-modernes, mais nous permettent d'envisager des stratégies du vivant, lesquelles ne sont d'ailleurs pas incompatibles avec les approches "économistes" de la sociobiologie, sauf lorsque ces dernières s'obnubilent avec le caractère "égoïste" du gène.

Je serai d'accord avec vous en ce qui concerne les résistances à la modernité* : il est vrai qu'il y a eu constamment des controverses et des propositions alternatives.

D. Duclos : est-ce qu'il n'y a pas tendance à mythologiser l'effet d'harmonisation entre milieu et environnement qu'apporterait la culture humaine ? Ne peut-on pas, au contraire, penser que dans sa fonction de synthèse, la culture humaine *détruit* des liens naturels beaucoup plus subtils, mais qui ne rentrent pas dans les cadres du symbolisme ? N'est-ce pas plutôt l'animal qui trouve sur le long terme un *modus vivendi* avec son milieu, mais aussi, par extension, avec l'environnement, tandis que l'humain, toujours en train de rassembler et de trancher, d'unir et de découper, serait fauteur de dysharmonie, dans son essence même d'animal "synthétiseur" ?

G. Gagné : L'idée que l'animal est adapté à son milieu est le début de la folie ! L'animal est toujours dans un effort ; il n'est jamais pure mécanique dans le milieu. Son rapport au milieu, tel qu'il est possible avec sa sensibilité, laisse toujours un flottement. Tel est d'ailleurs le processus d'engendrement des espèces : le fait qu'une population arrive dans un nouveau milieu augmente l'inadaptation, et cela peut durer des dizaines de milliers d'années. Je suis donc loin de mythologiser le rapport de l'animal à son milieu ; c'est plutôt le contraire.

M. Freitag : À propos de la modernité* et des gens qui s'en sont opposés, je voudrais faire une mise au point. D'abord qu'entendons-nous par "modernité" ? La totalité des transformations depuis cinq siècles ? S'il s'agit de cela, elle ne finirait jamais, et signifierait seulement "le monde contemporain" pour les contemporains vivants.

Serait-ce donc plutôt une période historique ? Mais alors, cette période arbitrairement datée par les historiens (depuis Toynbee, notamment) est, bien sûr, chargée d'une masse de normes traditionnelles qui se perdent, et d'innombrables résistances au changement.

Mais, si l'on recourt *sociologiquement au concept* de modernité, on cherche à saisir le propre d'une dynamique de transformation, et pas tout ce que cette dynamique n'a pas encore eu le temps d'atteindre.

Évidemment, la modernité s'inscrit dans une période historique, mais cette dynamique prend ses racines depuis des siècles, voire des millénaires. On trouve déjà des aspects modernes chez les Grecs, avant que le support culturel occidental cette dynamique anticipée n'en vienne à s'autonomiser. Cela n'empêche en rien la manifestation *empirique* des résistances à cette nouveauté.

M. Douglas : À quel point doit-on accepter l'idée qu'ont d'eux-mêmes les Modernes ? Il m'a semblé que l'exposé de Gilles s'accordait parfaitement avec un diagnostic moderne sur l'avenir et sur les Postmodernistes.

Mais si on n'accepte pas le diagnostic moderne, et si l'on écoute d'autres voix, également existantes, on peut obtenir un autre diagnostic pour l'avenir. Il ne s'agirait pas tant de rechercher une légitimité d'autorité et de pouvoir pour ne pas détruire l'environnement. Un autre diagnostic possible porterait, par exemple, sur le rôle à accorder aux systèmes auto-régulateurs des cultures locales.

G. Gagné : Bien sûr, je pense que c'est dans tout ce qui reste de traditions et tout ce qui s'est accumulé aussi comme résistance au processus majeur de la modernité qu'on trouvera l'angle d'attaque pour aborder les problèmes contemporains. Heureusement que le monde occidental n'a jamais *atteint* l'idéal moderne tel que je l'ai exposé : universaliste, abstrait, mécanique, etc. Aujourd'hui, la nostalgie de "l'objet perdu" que sont les cultures et les traditions est le bassin de ressources normatives à partir desquelles la culture occidentale peut discuter avec d'autres cultures. Malgré le rationalisme moderne, elle a toujours conservé des normes positives.

M. Douglas : Mais j'ai quand même l'impression que vous acceptez dans une optique similaire la modernité et la postmodernité.

G. Gagné : Il est un peu trop tard pour s'opposer au processus de la modernité qui consiste à chercher l'universalité humaine dans la raison – comme lorsque Descartes dit qu'on repart de zéro et qu'il faut tout oublier afin de ne considérer vraies que les choses pour lesquelles on est universellement d'accord -. C'est trop tard, parce que cela *s'est déjà produit* : la modernité a transformé le monde et l'on doit en accepter les conséquences.

Toutefois, lorsqu'il s'agit de la postmodernité, tout est encore en jeu. Ou bien l'on s'abandonne à la logique des puissances en refusant de la voir comme un problème, et en ne s'intéressant qu'aux rapports interindividuels ; ou bien l'on prend position maintenant pour une recherche normative. La postmodernité n'est que le moment où la modernité renonce à son projet éthique et utopique, et où la société continue sur la lancée cumulative de tout ce qui a été libéré.

L. Chabason : Lorsqu'on étudie l'effet de l'universalisme moderne sur les problèmes environnementaux, on aperçoit une exacerbation des différences et des antagonismes culturels et géopolitiques, comme celles qui affectent les relations Nord-Sud. L'universalisme des écologistes qui fait interdire la chasse à la baleine à des communautés qui la pratiquent depuis des millénaires est destructeur pour la culture. C'est une impasse que de vouloir d'unifier les collectivités autour de la gestion de l'environnement. Comment rattraper le retard du social vers la nature, en unifiant l'humanité ?

G. Gagné : En effet, la société est en retard sur le problème, mais la conséquence pourrait être : il faut une dictature mondiale pour que la société rattrape sa capacité d'action sur son milieu ! Ne serait-ce pas une autre solution que de *hiérarchiser* les problèmes ? Par exemple, ne pourrait-on pas admettre la légitimité entière pour 2000 Inuits de telle communauté de chasser le phoque et la baleine comme ils le font depuis que le monde est monde ? Le cas des industries flottantes, qui peuvent racler le fond de l'océan, ne relève-t-il pas d'une autre échelle de réalité ? Moduler des principes nécessite la reconnaissance des normes culturelles des autres sociétés avec lesquelles il faut dialoguer, pour ensuite hiérarchiser nos choix normatifs. Aujourd'hui on interdit aux Inuits de tuer des phoques, alors qu'on ne peut empêcher les Occidentaux d'envoyer des milliers de tonnes de gaz carbonique dans l'air. Un empire technocratique mondial ne règlerait en rien le problème parce qu'il uniformiserait ses lois en nivelant du coup les différences d'action dans le monde. Des environnementalistes veulent réglementer les chasseurs-cueilleurs alors qu'en Europe des cochons traversent le continent dans des cages pour être dépecés vivants dans les industries agro-alimentaires ; il y a une disproportion anomique gigantesque dans l'analyse des problèmes !

L. Chabason : On peut donc dire qu'un "archaïsme moderne" est manifesté par les environnementalistes qui font appel à l'État afin de légiférer de la même façon des populations ayant des rapports ancestraux à l'animal, et le marché mondial qui se retrouvent sur le même terrain de chasse.

VIII

Brève illustration du concept de *postmodernité*

par MICHEL FREITAG et GILLES GAGNÉ

Pour bien saisir ce qu'est la postmodernité, il y a plusieurs portes d'entrée possibles ; celle pour laquelle nous avons opté consiste à tenter de définir d'abord la modernité. Car s'il n'existe pas de consensus sur l'existence de la postmodernité, celle de la modernité est généralement admise.

Ce qui distingue les sociétés modernes des autres sociétés les ayant historiquement précédées provient du fait qu'elles visent le changement social en s'appuyant notamment sur l'idée de "progrès". Elles cherchent leur équilibre dans un ordre virtuel *à venir* que les institutions ont à charge de produire. Leurs référents fondamentaux se trouvent dans une construction doctrinale plutôt que dans une obéissance au passé. Par la médiation des institutions, on assiste dans la modernité à une autonomisation des sphères de la pratique ainsi qu'à la libération de la pratique individuelle. Ce processus d'autonomisation peut être synthétisé par le sujet de la Raison, tel est le thème de l'*Aufklärung*. Il s'agit, entre autres, d'une promesse de synthèse entre les sphères de l'expérience : la vie privée, les activités professionnelle et politique.

Un deuxième ordre de synthèse vise les sphères

autonomisées de l'activité pratique : technique, esthétique, scientifique, etc.

Un troisième ordre de synthèse, auquel certains (Francis Fukuyama, par exemple) croient toujours aujourd'hui est l'État homogène universel. Les normes traditionnelles étant arbitraires, la confrontation avec chacune d'entre elles devrait nous conduire à une forme d'État universel où les normes auront été rationnellement établies. Le processus de la modernité consiste dans la critique révolutionnaire de synthèses déjà-là au nom de synthèses à produire.

Par société postmoderne, nous entendons une société dont les pratiques sociales sont régulées non pas par des principes universels dont on déduit des lois également à caractère universel définissant *a priori* les conditions de l'action, mais une société où l'intégration se fait *a posteriori* par la construction d'une multitude d'emprises directes sur le social. C'est une société qui ne se pense plus comme une société mais comme *l'ensemble du social*. Les actions particulières sont médiatisées par un ensemble d'organisations qui ont des objectifs toujours particuliers. Historiquement, on passe d'une régulation *a priori*, qu'elle soit culturelle-symbolique ou politico-institutionnelle, à une prise en charge *a posteriori* des rapports sociaux sous forme de problèmes locaux, c'est-à-dire dans une logique pragmatique en vue d'harmoniser les solutions de problèmes variés. Il s'agit d'une tendance qui s'amplifie depuis une cinquantaine d'années, vis-à-vis d'autres types de régulations, modernes ou traditionnelles.

Pour ce qui de la cohérence de l'ensemble de la société, ce nouveau mécanisme l'emporte de loin sur les autres formes de régulation. Dans la société postmoderne ou opérationnelle-décisionnelle, il n'est plus question de pouvoir se référant à une légitimité mais d'efficacité. Cette société perd ce que possédaient les sociétés modernes et traditionnelles : un principe d'orientation d'ensemble qui définit, d'une part, la place de la société dans le monde, et d'autre part, les logiques et les moyens de résolution des problèmes.

C'est une société qui tend, en conjonction avec les effets mêmes de la modernité – l'autonomisation de la technique et de l'économie, entre autres – à produire son expansion permanente. Il n'y a plus de normes *a priori* mais des résolutions de problèmes qui ne font que relancer continuellement les problèmes d'expansion.

La société post-moderne est enfin une société où non seulement le monde apparaît comme un environnement, mais où toutes les parties de la société apparaissent comme environnements objectifs par rapport aux systèmes de décisions. Par exemple, pour une organisation économique, la culture devient un environnement dont il faut tenir compte, sur lequel il faut agir. La société tend ainsi à se transformer en un système purement objectif tel qu'il est décrit par N. Luhmann. Toujours comme dans la théorie luhmannienne, l'unité du Tout tend à disparaître. Le système n'est que l'ensemble des interactions des sous-systèmes qui tendent spontanément à s'autonomiser. Le point de vue critique sur la société tend à disparaître au niveau même des procès de contrôle et de reproduction des rapports sociaux.

Il existe un contraste important entre les sociétés moderne et postmoderne. Dans la première, la régulation était posée de manière idéaliste à l'aide de principes d'égalité, de justice, de libération des individus de satisfaction des besoins, et cela lui permettait de juger de son état de fait dans un espace public. Mais dans la postmodernité, il y a fragmentation de l'espace public, et les problèmes sociaux deviennent une tâche réservée aux spécialistes qui ne font plus référence à des idéaux utopiques. Il y a donc apparition d'une technocratie – non pas unifiée et en surplomb sur le monde – mais des modalités de gestion qui sont des modalités techniques.

La question soulevée d'une manière pratique par une telle société est celle d'une incapacité croissante à contrôler ses mécanismes d'expansion. Chaque résolution locale de problèmes tend à susciter de nouveaux problèmes, attribués à de nouveaux spécialistes.
Cette tendance de la société opérationnelle-décisionnelle devient problématique lorsqu'on examine la conjonction de ses moyens techniques nouveaux sur le monde, sur les rapports économiques et sociaux, aussi bien que sur soi-même, sur l'individu.
L'accroissement infini des capacités d'intervention par la technique est en effet auto-dynamisé par un système économique qui renvoie la production en dernière instance à ce qui reste du mécanisme du marché, ainsi qu'à des désirs individuels qui sont eux-même libérés de toute emprise culturelle *a priori*. Cette structure de régulation de la société, en elle-même efficace, est conjuguée à un mécanisme d'expansion illimitée de la demande. Et cette demande désormais libérée est elle-même stimulée et modifiée par des mécanismes opérationnels-décisionnels : publicité, manipulation des désirs. Cette dynamique de développement hyperbolique use de ce que Habermas appelait les "réserves non-renouvelables de traditions", de même qu'elle abuse de la nature.
Ainsi dynamisée, la société n'a plus directement les moyens de ressaisir dans un contrôle *a priori* les conditions d'un fonctionnement normal. Même si cette expansion illimitée était ralentie techniquement, on pourrait y constater encore quelque chose d'humainement effrayant. Elle produit en effet des sociétés qui ne peuvent plus exister, ou survivre, qu'en se produisant ou en se réparant artificiellement elles-mêmes en permanence.

Toute la question de la postmodernité pourrait se résumer ainsi : elle survient lorsqu'il y a abandon de la synthèse projective qui donne naissance aux différentes sphères de l'existence en les unifiant virtuellement dans une normativité substantielle, universelle. Dès qu'on ne croit plus à cette synthèse rationnelle et universelle, et qu'on délaisse une projection utopique à venir, on entre dans une *terribly dynamic society that goes nowhere*. Nous noircissons le trait et nous n'en sommes pas là, mais il faut prendre conscience que la direction que les choses tendent à prendre.

IX

Écologie et li-mythes de la postmodernité : écologie et remythologisation de la vie

par ANDRÉ MICOUD*

En lisant le texte *En guise d'introduction,* proposé pour ouvrir ce séminaire "Limites de la postmodernité et société écologique", j'ai compris que, au moment d'échanger entre nous sur nos différentes conjectures, l'enjeu présenté consistait à se défier du fantasme de la maîtrise absolue. Cela ne se ferait, est-il avancé, que dans le maintien de la faille qui pourra faire que reste du symbolique, donc de l'humain. Or, paradoxalement, il m'a semblé que cela était dit dans une *forme* de discours laissant transparaître un fantasme de tout maîtriser.

Or, ce que je crois avoir appris de ces maîtres *es* interprétation que sont les herméneutes tentera de vérifier deux "maximes" :

Premièrement, il est important de se pencher sur les formes avec lesquelles les choses sont dites, la façon de dire *(modus locandi,)* parce ce que c'est par là qu'elles en disent plus que ce qu'elles semblent dire.

---

* André Micoud est sociologue, Directeur de recherche au CNRS.

Deuxièmement, le blocage interprétatif peut être dénoué lorsque l'interprète trouve ce en quoi il peut être concerné, et non plus fasciné (ce qui fait quand même deux écarts importants par rapport à ce que la vulgate scientifique recommande de faire).

S'agissant de savoir à partir de quoi l'on parle pour livrer nos interprétations, pour ce qui me concerne, j'ai travaillé à partir de matériaux signifiants (coupures de presse, tracts, emblèmes, affiches, slogans, images, etc.), matériaux hétérogènes récoltés depuis plus de vingt ans auprès de la mouvance écologique française. Ce matériel n'est pas seulement une représentation mais appelle une prise de conscience normative, qui commande de faire. Je considère ce matériel comme un ensemble d'œuvres destinées à produire quelque chose. Et je me demande quoi. Comme le mentionnent Jean Paul Deléage : *"L'écologie est une matrice vivante d'une nouvelle conscience, d'une nouvelle culture."* (Deléage J.P., 1992) [15].

Tenter de faire parler ce matériel épars et hétéroclite c'est, pour moi aussi, céder à la folle tentation de vouloir tout maîtriser... Il vaut peut-être mieux dégager d'emblée un "style" général de la "mouvance écologiste". C'est ce que je tente de faire en essayant d'adopter cette posture faite à la fois d'une attention extrême et d'une réceptivité, une disponibilité ouverte à la surprise, un peu comme cette "écoute flottante" dont parlent les psychanalystes. Comme si, en accompagnant cette mouvance écologique sans jamais la rejoindre, je voulais parvenir à mettre au jour ses archétypes, identifier une sorte d'inconscient collectif que cette mouvance manifesterait. Ce qui fait que je pressens ainsi une forte ressemblance entre l'écologisme et le

---

[15] Et notez au passage cette formule pléonastique : "matrice vivante", comme un avant-goût de mon matériel. !

romantisme dans la mesure où le romantisme aussi s'est voulu un refus "du refus de l'énigme". De la même manière, il me semble qu'il existe au sein de l'écologisme une posture similaire qui se situe aux antipodes des prétentions scientifico-idéologiques de mettre de la lumière partout.

Mais, entre cette posture romantique et l'herméneutique (dont je me recommande) n'y a-t-il pas un lien de parenté ? A coup sûr, celle-ci se sait affectée par celle-là, qu'elle essaie de comprendre, et à laquelle elle ne sait pas si elle doit ou non participer. Mais peut-être cette analogie doit-elle être étendue à l'écologie ? En effet, en tant que mouvement culturel, celle-ci est bel et bien critique du mode de pensée scientifico-technique, tandis qu'avec le nom qu'elle s'est donnée, et qui est celui d'une science, elle continue sans doute à participer d'une croyance dans le savoir qui sauve. Voilà l'ambiguïté qu'il m'intéresse principalement d'interroger.

Mais, de fait, mon objet de recherche théorique n'est ni l'environnement ni l'écologie ; ceux-ci ne sont que des domaines visant à vérifier une hypothèse cardinale portant sur l'importance décisive de l'activité sociale de figuration dans la construction de la vraisemblance, et aussi dans la disponibilité des foules aux images et de ce qui en relève : les mythes. Mon propos lui-même, que je sais être invérifiable (il faut dire infalsifiable) ne pourra donc se tenir que sur le mode de la vraisemblance ; il s'agira donc d'un raisonnement par "abduction".

Quel est le ressort de l'opérativité de la production des signes-sensibles et efficaces -(qui est la définition canonique du sacrement) dans la mobilisation des affects, et partant dans la construction des croyances qu'il peut y avoir de l'Un, par exemple *une* planète, *une* vie, *une* nature ? Cela se peut, me semble-t-il, en suivant les trois moments que j'attribue au procès symbolique de la construction sociale : *figuration, problématisation* et *authentification*. Que l'on peut encore caractériser comme étant les domaines esthétique, cognitif et juridique. Le premier s'adresse à l'homme en tant qu'être vivant sensible, le second à l'homme en tant qu'être pensant rationnel et le troisième à l'homme en tant qu'être social. Et ces trois moments sont ceux de la transformation graduelle du vraisemblable en véritablement vrai, puis en socialement institué.

On peut essayer de suivre ce processus pour l'écologie.

L'activité de figuration – qui invente les figures, rhétoriques ou iconiques, qui "font être" et fonctionner le fond sur lequel elles se détachent et que par là elle institue invisiblement – précède ce qu'on appellera *a posteriori* la prise de conscience émanant, quant à elle, du savoir. L'activité de figuration nous fait ainsi adhérer au fond sur lequel il pourrait y avoir des fondations. Comme s'il fallait qu'il y ait un "insu", c'est-à-dire ce qui est provoqué par une expérience primordiale sous la forme d'un travail de figuration qui ne se connaît pas comme tel, pour qu'après puisse survenir une prise de conscience. Ensuite, le moment de la problématisation est celui qui organise rationnellement la nouvelle expérience du monde. Il est celui où interviennent les savants, les écologues. Il ne produit plus des figures mais des concepts. Quant au moment de l'authentification, il est celui, de type normatif, qui produit les catégories juridiques faisant que ce nouveau monde est maintenant institué comme opposable aux tiers. C'est le domaine de l'écologie politique, des écologistes si l'on veut.

L'écologie est le nom d'une science, mais elle est pourtant d'abord apparue comme moment contre-culturel dans la modernité. Ces deux significations de l'écologie doivent être bien distinguées et mises en rapport. Pierre Legendre a écrit que *"la vérité dogmatique consiste à effacer de son écriture les traces de son histoire."* (Legendre P., 1983) Or la trace de l'histoire de l'écologie en tant que mouvement radical n'est-elle pas en train de s'effacer ? N'y a-t-il pas occultation ? Comme le disait Jean-Pierre Dupuy : *"Loin que les idées d'Illich soient devenues notre sens commun, c'est plutôt à leur trahison qu'on ne cesse d'assister. Qui se souvient encore de ses théories sur l'outil, le monopole radical, la contre-productivité, les effets de serre, l'hétéronomie ?"* [16].

En tenant compte de cette tendance à l'occultation sur la genèse des pratiques sociales, revenons à notre question sur la nature de l'écologie et sur celle qui renvoie au thème de ce séminaire : comment une société écologique pourrait-elle apparaître sur la limite de la postmodernité ? Afin de répondre à cette question, il faut trouver des analogies qui servent à penser. Non pas des associations d'idées mais des rapprochement de deux rapports. J'ai mentionné plus haut l'analogie entre herméneutique, écologie et romantisme dans leurs rapports ambivalents vis-à-vis de la science "canonique" ou académique, où l'on pourrait opposer "expliquer pour agir" (discours de la science) à "comprendre en compatissant" (discours analogues de l'herméneutique et d'une certaine écologie). Il s'agit d'analogies parce que ce sont des bouts de discours impliquant tous deux une convocation de figures du passé (cf. Walter Benjamin) qui refigurées vont permettre de le requalifier, comme c'est toujours ce que l'on fait quand on interprète.

C'est toujours au nom de l'analogie que je voudrais ainsi convoquer deux moments critiques de l'Occident.

---

[16] Cité par Rémi Barbier, in : *La cité de l'écologie*, mémoire de DEA, CSI, Paris, 1992.

Premièrement, l'apparition de la *mystique* qui, analysé par Michel de Certeau (de Certeau, M., 1982), est à comprendre comme un symptôme d'une nouvelle forme d'individu, libéré de l'emprise institutionnelle de la tradition après les guerres de religion, quand le monde uni de la chrétienté commença à se défaire. C'est par l'exploration de tous les modes possibles de la communication que, du XIIIe au XVIIe siècles, les mystiques quittent l'univers médiéval et *préfigurent* littéralement la modernité, même si c'est toujours dans l'orbe religieuse. Ce qu'ils appellent la "science expérimentale" – l'ensemble des techniques psychologiques et corporelles pour connaître immédiatement le divin manquant – prépare l'avènement du sujet moderne.

Deuxièmement, l'apparition du *socialisme utopique* qui – analysée par Louis Marin (Marin, L., 1973) – est aussi à comprendre comme un symptôme de l'autonomisation du social en tant que tel, et précurseur de la sociologie. Ce sont ces utopistes qui ont *inventé* les figures de l'entrepreneur, des classes sociales et du progrès. Ils ont été les premiers *à faire voir* ce qui était en train d'advenir et qui était pourtant invisible aux yeux de la multitude.

Notons que l'emploi de l'*oxymore* comme figuration, – figure de style -, qui consiste à rapprocher deux éléments contraires, a été très fréquente chez les mystiques aussi bien que chez les socialistes utopiques. Or, on la retrouve également chez les écologistes, ne serait-ce qu'avec l'expression "société écologique". La portée préfiguratrice, évocatrice, des mouvements sociaux critiques se montre ainsi, comme si la production figurative semblait être la seule méthode par laquelle peut se faire voir ce qui est déjà là. Mais elle ne peut se soutenir qu'à la condition de considérer les figures comme des symptômes, au sens précis du terme : ce qui cache et révèle à la fois. Il faut que l'interprète commence à préjuger du sens pour le trouver, ce qui peut sembler une position étrange pour le scientifique (quoi que bien des systèmes théoriques fonctionnent de la même façon).

L'analogie entre mystique et utopie conjoint évidemment les deux dans la figure de la marge par rapport à l'ordre. Elle peut aussi être étendue aux premiers mouvements écologiques radicaux. Toutes ces démarches consistent à s'en prendre radicalement aux principes fondateurs d'un système historique à l'intérieur duquel elles émergent pour, en minant ces principes de l'intérieur, forger les nouveaux systèmes symboliques et institutionnels, et ceux qui en perpétueront le fonctionnement sous des formes radicalement nouvelles.

Au moment où une certaine écologie reçoit ses lettres de noblesse, c'est-à-dire est appelée à participer à la gestion de l'environnement et peut-être voir ses "experts" devenir conseillers du Prince planétaire pour la régulation "globe-ali-Terre" – l'écologie est victime de son succès ! -, je crois qu'on ne parle plus du tout du même type d'écologie.

Il ne faut pas oublier les traits radicaux sous lesquels elle est apparue. On doit en retenir deux choses. D'abord, il faut se défier de la maîtrise, des fantasmes gestionnaires mais paradoxalement, la contestation de la maîtrise n'est-elle pas intégrée dans la maîtrise elle-même ? La postmodernité serait-elle cette intégration du désordre dans l'ordre ?

Ensuite, pour qualifier le moment présent, disons qu'il y a immanence du moment figuratif, non théorique, avec le changement pratique du rapport au monde. Mais de quel changement de rapport a monde est-il question ? Voilà où j'en viens à mes signifiants, que je collectionne depuis si longtemps et qui, peut-être, peuvent bien permettre de faire voir ce qui est déjà là, mais qu'un ordre de pensée encore dépendant de l'ancien monde ne permet pas de voir. Ce sont ces signifiants-là, des "éco-signes", qui, notons-le au passage, sont presque tous des oxymores :

– "Agriculture biologique". N'y avait-il pas de vivant auparavant ? Ce qui veut dire que l'agriculture doit retrouver la dimension du vivant.

– "Soft-technology". Y en aurait-il une dure ? Ce qui veut dire qu'une technologie pouvant être contrariante, une autre doit advenir.

– "Écologie urbaine" Ainsi les villes aussi devraient permettre de préserver la qualité de la vie.

– "Appel à une société conviviale". Nous ne vivions donc pas ensemble.

– "L'animal sauvage". Toutes les associations de défense de la nature ont un animal sauvage pour emblème. L'opérativité de l'image se manifeste ici en ce qu'elle consiste à identifier nature et vie sauvage.

– "Pas de ciel sans la Terre" (titre de la revue de théologie *Concilium*) ; ou la redécouverte que nous sommes embarqués sur un même vaisseau.

– "La Terre est un être vivant" (hypothèse Gaïa) ; une anthropomorphisation couplée avec une déification, n'est-ce pas là l'essence même du mythe ?

– "La Terre et la Vie" (titre de la plus ancienne revue d'écologie scientifique en France) ; qui donc, dès les origines, a mis des majuscules à ces deux entités (comme pour forcer le respect à leur endroit).

– "La main protectrice de la couche d'ozone" ; Sans

main protectrice, pas d'ozone ? Et comment mieux signifier que notre avenir en tant qu'êtres vivants est de notre responsabilité.

– "Le piégeage humanitaire" ; qui revient à rappeler que les animaux sont des êtres sensibles... comme nous (toujours cette ressemblance avec le romantisme).

– "Euthanasier les animaux". Où le respect de la vie va jusqu'à euphémiser la mort quand elle est administrée.

A partir de toutes ces figures, je prétend que se dit quelque chose, à savoir que le changement du rapport au monde ne concerne pas tant la nature que la vie, ou ce qui reconstruit la nature en tant qu'elle est Autrement dit, tandis que l'immanence du moment figuratif est "changer la vie" ; le moment pratique est "gérer le vivant". L'écologie d'aujourd'hui tend ainsi vers une biologisation généralisée. L'humain ne se définit plus à partir de la nature, mais à partir de la nature vivante. Même un critique de l'écologie comme Luc Ferry s'adresse à elle comme défense –indûment humanisante – des animaux.

Que peut-il en découler ?

Si un homme, celui des Droits de l'homme, a pu se construire et en même temps construire l'Histoire et le Progrès comme référents majeur de son auto-engendrement en se posant hors de cette nature vue comme maîtrisable, il semble qu'il ne lui est plus possible de le faire. L'application du modèle de l'auto-engendrement à la nature vivante désigne ce qui fonctionne sans l'humain. Pire : cela montre que lorsque l'humain agit là-dessus, il dérègle tout. Il y a paradoxe. La nature vivante devient un extérieur à l'homme en même temps qu'elle l'englobe. Mais il y a une solution : l'homme peut fonctionner selon la raison biologique. Il doit devenir une espèce vivante gérable ; son corps devenir matériel biologique manipulable. En même temps, il peut rêver d'un ordre humanitaire mondial (avec les progrès de la médecine et des images virtuelles). L'écologie en tant que mouvement critique culturel est le moment figuratif qui fait voir ce qui est en train de se passer : *la mythologisation de la Vie*. La vie devient une entité quasi-personnelle ; parler contre elle revient à blasphémer. La mythologisation de la vie c'est quand la parole écologique devient cette immense parole publique qui prétend couvrir toute la planète (il faut dire "biosphère") au nom de la "Biodiversité" (qu'il faut écrire avec une majuscule, encore) [17].

Et avec la mythologisation de la vie, on peut assister à une légitimation de l'action sur le vivant, qu'elle soit conservatrice ou transformatrice. Le mythe (cf. Philippe Lacoue-Labarthe et Jean Luc Nancy, 1991) est une demande sourde de quelque chose qui produit une figuration de l'Être et du destin de la communauté. Le mot "communauté" évoque un désir de retour, comme phénomène contemporain. Le mythe est un récit dans lequel vient naître le référent (dans notre cas : la vie) invisible aux yeux des croyants.

Cet type de référent fonde l'orthodoxie qui produit du sens à partir duquel le partage de la parole se fait, mais il reste invisible sauf au moment où il est construit, ou lors de son déclin. Le mythe, quant à lui, demeure comme donnant du sens au quotidien en tant qu'il fonctionne à l'identification émotionnelle et par les images. Le mythe véritable est celui pour lequel il y a identification et

---

[17] – Au fait, cette expression : "la mythologisation de la vie" n'est pas de mon cru. Je l'ai trouvée dans le titre d'un des articles de cette revue de théologie que je mentionnais tout à l'heure. Article d'un auteur américain, John Carnoby, qui, loin de craindre cette mythologisation, l'appelle au contraire de ses vœux.

adhésion, tant qu'il est actualisé dans les pratiques rituelles, et pour autant les référents verbaux qui l'ont introduit deviennent inaudibles.

Du rapport très singuliers que les symboles figurés ont avec les sens, je voudrais en indiquer en guise de "preuve" (comme si j'étais ici à un procès), ce fait qu'ils sont ceux par lesquels nous pouvons être "imprégnés", comme disent les éthologues, "fascinés" comme disent les psychanalystes, "médusés" comme disent les mythologues, "manipulés" comme disent les dircoms, "mobilisés" comme disent les politiques, "convertis" comme disent les prêtres... c'est-à-dire, à notre tour (et avec Legendre), "adhérés".

Bibliographie

Certeau (de) Michel, 1982, *La fable mystique* ; *XVIe-XVIIe siècle*, Bibl. des histoires, NRF, Gallimard, Paris.

Deléage Jean-Pierre, 1992, *"Histoire de l'écologie, Une science de l'homme et de la nature"*, La Découverte, Paris.

Lacoue-Labarthe Philippe et Jean Luc Nancy, 1991, *Le mythe nazi*, Ed. de l'Aube, La Tour d'Aigues.

Legendre Pierre, 1983, *L'empire de la vérité. Introduction aux espaces dogmatiques industriels*, Fayard, Paris.

Manent Pierre, 1994, *La cité de l'homme*, Fayard, Paris,

Marin Louis, 1973, *Utopiques jeux d'espaces*, Minuit, Paris,

DISCUSSION

M. Dobré : Que penses-tu de la conception antique du monde physique ? Peux-tu la comparer au rapport humain/ nature dans la modernité ?

A. Micoud : La racine grecque *phusis* se retrouve dans le mot "physiologique" qui renvoie bien à la nature vivante. Mais le modèle du vivant dans la modernité, c'est la physique au sens des lois du monde inanimé. Pierre Manent rappelle comment Montesquieu a dépassé l'opposition entre "l'Ancien" et le "Moderne" *via* le "Nouveau" (Manent P., 1994). Sans abandonner les anciens modèles, il en instaure un autre qui devient un référent auto-engendré auquel se greffent ceux d'histoire, de progrès et de sciences sociales. Mais, aujourd'hui où peut-on trouver l'équivalent de "l'Esprit des lois" qui instituerait un nouveau cadre ? Ne serait-ce *pas justement* du côté des théories de la vie qu'il faudrait le chercher ? Non plus dans la physique mais dans la physiologie, cet autre mot qui procède aussi de la *phusis* grecque.

M. Freitag : En parlant de rapport au monde, je crois qu'il faut distinguer deux concepts : celui de "loi" et celui de "norme". Les lois naturelles ou physiques, considérées comme universelles, sont inévitables, absolues, neutres et échappent à notre emprise (la loi d'attraction universelle, par exemple). Les normes, quant à elles, peuvent ne pas agir ; leurs effets ne sont pas immédiats comme dans la chute des corps, mais conditionnels : elles n'agissent qu'à travers une intériorisation et un engagement subjectifs et on peut leur "désobéir". Il est vrai que la perspective pragmatique et probabiliste a supprimé ou atténué cette différence, qui possède cependant un fondement réel, qui tient dans l'existence de réalités de nature subjective, comme l'animal compris dans sa sensibilité propre.

Lorsqu'on désobéit à une norme sociale, un déséquilibre est produit, et l'effet prend la forme d'une menace symbolique avant de devenir matériel. Vous avez raison en ce sens lorsque vous parlez de la notion de mythologisation, mais il est important d'historiciser cette idée : la mythologisation implique toujours une démythologisation de quelque chose. Dans la compréhension de la *physis* et du *cosmos* chez les Grecs, il y avait encore de la mythologie archaïque, mais elle était déjà en cours de démythologisation, afin de pouvoir inscrire une place relativement autonome de l'homme dans le monde. La modernité a opéré en sens inverse : elle a ré-ontologisé l'univers en trouvant qu'il était régi entièrement par ou selon des lois universelles. Aujourd'hui on constate que les objets de nos expériences sont de structure fragile : nous pouvons les détruire en leur être même, c'est-à-dire en leur genre. En oubliant la possibilité de l'*ubris* et de la vengeance divine ou cosmologique qu'elle déclenche, puis en réinterprétant tout par la physique déterministe, la conception scientifique du monde a permis son instrumentalisation généralisée, mais cela a refoulé quelque chose qui s'est accumulé en face de nous, et que nous ne savons plus penser : c'est la fragilité des phénomènes particuliers dans l'universelle nécessité de la loi, et c'est pourtant en rapport concret avec ces innombrables particuliers contingents que s'accomplit notre vie réelle. Or avec la re-biologisation qui s'effectue dans les courants de l'écologie contemporaine dont vous parlez, revient une conception peut-être plus vraie ou plus réaliste : on redécouvre que le monde n'est pas seulement régi pas des lois universelles, contrairement à ce que l'on pensait dans la modernité, mais que la multiplicité des êtres qui forment le "monde de la vie" suivent chacun leurs lois propres qui sont contingentes. Ils peuvent donc disparaître, et avec eux disparaît aussi la réalité ontologique du monde compris dans sa richesse multiforme et donc dans sa valeur existentielle

G. Gagné : Autrefois, le "milieu" où se déployait "l'activité pratique" était circonscrit par un "environnement", lequel était le théâtre d'une cosmologie spéculative. Or dans le monde contemporain, le milieu est devenu la "planète vivante" dont on prétend connaître les propriétés : les cycles du carbone, de l'azote, les tonnes d'émanations de toutes sortes, etc. Ainsi, la nouvelle échelle de la technique est devenue la biosphère, et non plus une vallée.

Or dans ce cas, une remythologisation de la vie devient problématique puisque la vie terrestre correspond à l'espace de l'action technique : on a désormais repoussé vers la dérive des galaxies la sphère de l'interrogation spéculative. L'écologie devient ambiguë, car sa remythologisation de la vie est pragmatiquement couplée à une gestion du vivant.

M. Douglas : La place que vous accordez à l'idée de "sensibilité" me fait penser à la médecine alternative qui a opté pour la douceur, la sensibilité [*gentleness*], toute violence au corps étant proscrite (les incisions, par exemple). Ce que je trouve difficile avec les Postmodernes, que je ne connais d'ailleurs pas très bien, c'est l'idée qu'il y aurait un moment originel de ce type d'idées. Ne pouvons-nous pas admettre qu'il y a eu toujours et dans toutes les sociétés des gens s'opposant à l'autorité en promouvant la sensibilité ? N'est-ce pas une opposition consubstantielle interne à toute culture ?

A. Micoud : Depuis longtemps les hommes s'interrogent sur leurs rapports aux animaux, "nos frères inférieurs" comme disent certains. Regardons l'évolution de la législation sur la cruauté envers les animaux. D'abord, on trouve la protection des animaux "ouvriers", c'est-à-dire de ceux qu'on fait travailler. Après une extension de l'idée, on peut constater aujourd'hui que la catégorie "d'être sensible" est appliquée juridiquement à tous les animaux. On va jusqu'à remettre en question l'idée "d'animaux nuisibles". La sensibilité attribuée aux animaux fait naturellement de Saint François le patron des écologistes, parce qu'il reconnaissait la communauté des vivants.

Certains voudraient se servir de cette reconnaissance élargie afin d'abolir la chasse considérée comme une forme de cruauté. Cela entraîne une conflictualité. Une séparation manichéenne s'installe entre les chasseurs vus comme de cruels agresseurs et les écologistes, que leurs adversaires traitent de "pédés". A propos de la loi sur piégeage "humanitaire" en France deux groupes son intervenus : "les Amis des animaux" et "les Défenseurs de la nature". Les Amis des animaux ne se souciaient guère de la conservation des espèces, mais voulaient que les pièges ne fassent aucun mal. Alors que pour les défenseurs de la nature, les animaux ne comptent pas en tant qu'individus. Pour eux, c'est la gestion de la biosphère qui importe, et ils veulent qu'un piège soit conçu pour qu'un animal protégé puisse se libérer s'il est pris par inadvertance.

Cela nous montre effectivement la multiplicité des regards sur le monde vivant dans la société contemporaine. Et lorsqu'on se pose la question, comme Denis Duclos : "pourquoi une écologie politique tarde-t-elle à venir ?" je crois que tous ces regards, ces cultures, presque des cultes, nous amènent a considérer la question politique avec beaucoup d'interrogations. Qu'est-ce que la politique aujourd'hui et son rapport avec le "cultuel" ? Tient-elle compte de ces différences d'approches fondamentales qui se confrontent sur un problème aussi précis que la législation du piégeage ? On constate çà et là que la manipulation d'opinion, faite avec des moyens médiatiques à l'échelle de la planète, prend beaucoup plus de place que les débats. Pendant que des satellites "bouclent" l'analyse de la biosphère, d'autres... ferment l'univers sémiotique.

D. Duclos : J'ai été frappé, en visitant récemment une exposition sur la nature au musée de Neuchâtel (mais c'est le cas de la plupart des autres musées d'histoire naturelle) combien ce qu'on nous présente comme la nature est figé, empaillé, photographié, diaporamisé, découpé en coupes, graphes et tableaux pédagogiques, bref... mort. On veut défendre de chasser l'animal, mais on nous présente la fixation muséale comme étant la nature. Or, la mort dans la nature survient par la lutte, la difficulté, l'affrontement, bref... la vie. Au contraire, nous pourrions dire que nous nous enfermons dans l'habitacle confortable du cercueil du progrès, où consommation, spectacle et travail deviennent des activités répétitives de pur ennui (comme le constate Henry-Pierre Jeudy, fasciné par cette obsessionalité civilisationnelle). Bref, une vie qui est mort, et non pas une mort rencontrée dans la vie... Ceci pour dire que je ne suis pas si sûr que la grande mythologie de l'époque concerne la vie, le foisonnement, l'incontrôlable. Elle concernerait plutôt – à l'instar de la sémiotique égyptienne ancienne, faite d'animalité morte – la jouissance de la mort, d'être déjà psychiquement morts, pour ne pas avoir à *la* rencontrer dans la vie.

J'aimerais aussi revenir sur ta vision du mythe. Je ne sais pas si on peut réduire la naissance d'un mythe à la fabrication d'images. Comme l'a bien démontré Lévi-Strauss, un mythe c'est narratif et c'est, comme ta méthode interprétative, rempli d'analogies et de métaphores. Le mythe est enraciné dans la pratique, dans les problèmes politiques qu'il illustre, et pas nécessairement en occultant ce qui se passe. Ainsi de la tragédie, qui correspondait effectivement à un moment particulier chez les Grecs, celui du changement de la légitimité entre la famille et l'État. L'écologie construit une mythologie, mais je ne crois pas que ce soit d'abord celle de la vie comme substance de gestion. Au contraire, elle appelle – au moins l'écologie radicale dont tu parles comme ayant peut-être déjà disparu – à une façon d'être différente en société. La nature est devenue un personnage social.

F. Rudolf : Au départ, l'écologie apparaissait bien comme une expérience où la sensibilité prenait beaucoup de place, mais aujourd'hui lorsqu'elle tente d'entrer dans le système social, sorte d'occultation de cette expérience est en train de se produire : tu as dit qu'elle était victime de son succès.

A. Micoud : Et de ce fait, l'histoire de l'écologie se trouve révisée : les scientifiques, par exemple, se battent pour s'attribuer le titre de fondateurs de l'écologie. Toutefois, je ne crois pas que l'institutionnalisation soit un problème. Ce qui l'est davantage, c'est que les puissants s'en servent pour légitimer leurs puissance et l'accroissement de celle-ci. Il est difficile de voir, en dehors de ces manœuvres, où se situerait l'alliance politique qui aspirerait "réellement" à une société écologique. Sur l'évolution de l'écologie, l'histoire de la figure de "patrimoine" est significative, et permet de vérifier le processus *figuration-problématisation-authentification*. D'abord la notion de patrimoine était appliquée aux monuments historiques et aux sites naturels, c'est-à-dire aux vestiges et aux chaos pétrifiés dans le cadre de la nation. La problématique de cette conservation du patrimoine est de montrer que la vie a eu lieu et qu'il faut en garder les traces. Cela s'établit par la géographie et l'histoire. Ensuite, un deuxième temps recouvre le premier : sont à leur tour patrimonialisés les savoir-faire traditionnels par l'ethnologie, et les milieux naturels par l'écologie. Les espaces concernés ne sont plus nationaux mais des aires culturelles ou des écosystèmes. Dès lors, la problématique n'est plus tant la trace que la conservation du vivant. Aujourd'hui, le patrimoine vise les gènes et les espèces *via* le génie bio-écologique ; l'univers pratique devient la biosphère. Et la légende devient : le vivant est à gérer et il faut en stocker les éléments d'information. Le fait de pouvoir maintenant breveter du vivant est très évocateur à ce sujet. Un verrou a sauté puisque historiquement tout être vivant était exclusivement création divine.

Par l'entremise de l'évolution du terme "patrimoine", on peut ainsi suivre les modification de notre rapport au vivant. Par exemple, lorsqu'on attribue indistinctement aux hommes et aux animaux le termes d'"êtres vivants" (dans certains texte de la CEE traitant du patrimoine). Le thème de la gestion du vivant semble... se reproduire plus vite que l'idée de ne pas nuire à la vie.

J. Douglas : Cela me fait penser à cette idée – surtout répandue aux Etats-Unis – selon laquelle l'homme est le Mal, alors que la nature est le Bien. C'est l'idéologie de la *deep ecology*. On hiérarchise les droits de la nature au dessus de ceux de l'homme. J'ai même lu dans le journal que quelqu'un préférerait tuer des hommes que des animaux. Il était végétarien !

O. Clain : Dans les représentations du rapport de l'homme à l'animal, on peut dénoter deux pôles de discours. Il y a celui qui voit dans les animaux des presque-humains, et il y a l'autre qui dit qu'au fond l'homme n'est juste qu'un animal parlant. Cette dernière vision est, selon moi, directement liée au déclin, au XXe

siècle, de la religion qui garantissait à l'homme un rapport avec une transcendance.

Certes, il n'y a pas de raison pour qu'on ne puisse pas se penser comme des animaux. La sociobiologie est le discours le plus systématique en ce genre, quoique des doctrines anti-humanistes apparaissent depuis le XVIIIe siècle. Dans vos recherches sur le mouvement écologiste, dénotez-vous ces deux tendances ?

A. Micoud : Je distingue le premier pôle chez les "Amis des animaux" qui se préoccupent des ces derniers en leur reconnaissant une souffrance immanente à leur sensibilité, qu'ils partagent avec nous. Alors que chez les "Défenseurs de la nature", il s'agit plutôt d'une gestion des écosystèmes, de la même manière qu'il existe maintenant la gestion des ressources humaines.

R. Ferreri : Cela me fait penser à une anecdote sur la dénonciation en France de parents qui battaient leur enfants. À l'époque, il n'y avait pas de loi prévoyant cette réalité "privée ". Il a donc fallu extrapoler de la législation sur la protection des animaux pour pouvoir inculper les parents ! Le fait de battre son enfant n'était pas concevable tel quel. Au point que, dans l'après-guerre, la médecine avait découvert des syndromes appelés "hématomes spontanés chez le nourrisson", ou des "fractures d'âges différents sur une radiographie" ! La loi sur les enfants maltraités date de la fin des années 60, me semble-t-il.

M. Douglas : Quel lien existe-t-il entre sensibilité et postmodernité ?

M. Freitag : Pour répondre à cette question, il faudrait se pencher sur le rapport entre sensibilité et modernité, rapport dans lequel l'apparition de la Raison transcendantale naturalise la sensibilité humaine. (Elle quitte le domaine de la science, et partiellement le domaine économique et politique, mais elle se concentre et s'épanouit dans l'univers de la culture, qui devient un univers séparé). Dans la postmodernité, il y a dévalorisation de toute dimension transcendantale, ce qui fait réapparaître la valeur concrète, ontologique, "expérientielle" de la sensibilité comme constitutive de l'être humain et en même temps de la vie, ce qui du même coup facilite la reconnaissance de l'animal, de sa sensibilité, de sa souffrance. Mais à partir de là, je pense que la dimension négative – opératoire, gestionnaire et technocratique – de la postmodernité peut, tout en reconnaissant une sensibilité universelle dans le vivant, conduire à la manipulation des actions et des réactions des êtres. D'un autre côté, cette reconnaissance ontologique pourrait replacer l'homme dans le cadre de normes non plus universelles mais générales ou génériques, impliquant la médiation d'une représentation de la sensibilité partagée.

X

L'élaboration d'une société écologique : unité entre modernité et postmodernité ?

par FLORENCE RUDOLF[*]

L'intitulé du séminaire "Limites de la postmodernité et société écologique" est embarrassant en raison du concept controversé de "postmodernité" et de celui de "société écologique" qui correspond à l'émergence d'une sémantique sociale issue de l'activité de diverses pratiques et réflexions et de la société civile. J'essayerai donc de sociologiser l'expression de "société écologique", tout en stabilisant conceptuellement celle de "postmodernité" par rapport à celle de modernité. Parler de postmodernité, c'est reconnaître que la modernité est dépassée et qu'elle correspond à un temps dont nos pouvons identifier les caractéristiques et il faudra se demander comment l'idée de "société écologique" s'insère dans cette histoire.

En se penchant sur la manière dont différentes théories sociologiques abordent la question naturelle, puis l'environnement, voire enfin la vie, on constate qu'elles traitent toutes avant tout de *la nature de la société*, de la spécificité de cette forme que nous appelons société. J'ai

---

[*] Florence Rudolf est sociologue, Maître de Conférence à l'Université de Strasbourg.

sélectionné un certain nombre de théories qui me semblent significatives du passage de la modernité à la postmodernité, ou, de façon plus prudente, de la différence entre deux rapports au monde qui rendent compte de deux manières dont la société se saisit elle-même. Je me référerai aux travaux de Klaus Eder et de Serge Moscovici qui traitent de la socialisation de la nature et, par conséquent, de la nature comme construction sociale et culturelle, et de Niklas Luhmann qui restitue l'émergence de l'environnement par rapport à une évolution générale des communications sociales. L'environnement témoigne de la complexité engendrée par la structuration systémique des communications sociales. L'environnement signale, par ailleurs, une quête impossible : intégrer l'unité de la société ou, pour le dire autrement, une transcendance dans les communications sociales. Cela étant, il faudra se demander si l'expression usuelle de "société écologique" converge avec cet éclairage ou si elle invite à d'autres interprétations. Selon le sens commun, la société écologique est une société qui se devrait de prendre en compte la nature, voire le monde. En posant cette nouvelle exigence, la conscience écologique stimule la recherche de représentations de la nature, de la société, de l'homme et du monde et de critères susceptibles d'orienter cette recherche. Or comme l'émergence d'une sémantique sociale est généralement révélatrice d'une difficulté à l'endroit de cette communication, il conviendra de se demander dans quelle mesure cette communication sociale permettra-t-elle de surmonter les difficultés dont elle est née ? Si la sémantique de la société écologique est indissociable d'un malaise à l'encontre de ce que nous nommons nature et société, l'étude des transformations de notre rapport au monde s'avère un préalable nécessaire à la compréhension du projet écologique. C'est donc à l'étude de ce rapport que je souhaite m'intéresser à présent.

La référence à la nature et à la culture donne lieu, dans le domaine des sciences humaines, à une réflexion sur la rupture ou la discontinuité entre deux ordres de réalité avant d'interroger la réalité prise comme l'unité de ces deux dimensions. Même lorsque les sciences humaines se positionnent d'un côté de cette frontière conceptuelle et disciplinaire pour revendiquer l'existence de la culture comme arrachement à la nature, elles finissent toujours par accorder une prépondérance à la nature, elles finissent toujours par poser la nature comme le cadre ultime auquel les cultures doivent se soumettre en dépit de leur marge de manœuvre. Il s'ensuit une prédominance du monde physique et de la matière sur la vie des idées et des univers symboliques qu'elles forment. Le monde physique est toujours massif par rapport à celui des idées qui demeure marginal, pour reprendre une distinction que font Berger et Luckmann dans *La construction sociale de la réalité*. On peut dire, par conséquent, reprenant en cela l'analyse de Klaus Eder, que tout en étant issues de la critique du matérialisme, les sciences humaines ne parviennent jamais à s'en affranchir vraiment. La reconnaissance de l'existence d'une contrainte supérieure, celle qu'exerce la matière, sur le monde du sens, est coriace dans notre culture. Klaus Eder tente, par conséquent, de rétablir une prépondérance des images du monde sur les formes que prennent les établissements culturels. La limite de cette tentative apparaît in fine à travers la proposition selon laquelle toutes les cultures sont confrontées à une épreuve de réalité. Cette dernière correspond à leur aptitude à matérialiser leurs univers symboliques. Klaus Eder érige ce passage du monde virtuel des idées au monde massif en moment crucial que doit affronter toute culture. Le rapport à la réalité qu'il cherche à déconstruire résiste, par conséquent, en dépit de ses efforts.

Serge Moscovici, dont il s'inspire et qu'il critique, tente moins de tirer la nature du côté de la culture, en ce qu'il ne cherche pas à inverser les priorités entre la matière et le monde des idées. Il tente de substituer à cette relation causale une hiérarchie enchevêtrée à travers le couple créateur de l'humanité et de la matière. La dynamique qui en résulte est l'expression d'un travail réciproque, d'une circulation de compétence et, par conséquent, de matière, d'énergie, d'information et de sens entre ces deux pôles. Cette circulation signale que la frontière qui garantit la distinction est perméable, voire historique. L'exploration de l'histoire humaine de la nature qu'entreprend Serge Moscovici transforme notre regard sur la nature. La nature apparaît comme la résultante incertaine d'une rencontre créatrice entre la matière et l'humanité, deux pôles aux contenus également incertains. Cet éclairage a le mérite d'ouvrir tous les termes en présence, de les historiciser, mais aussi de les objectiver, dans la mesure où ils sont agissants. Le regard qu'il porte sur la nature et la culture demeure classique au sens où il maintient la distinction entre matière et humanité tout en les inscrivant dans une relation d'entrelacement, d'action réciproque qui rompt avec la construction d'une causalité univoque.

S'il est vain dans cette configuration de défendre un état du monde plutôt qu'un autre sur la base de critères rationnels, cette vision du monde n'est pas exempte de valeurs au sens où elle coïncide avec l'image d'un monde ouvert et incertain. S'il semble donc vain de s'orienter d'après une figure transcendante du monde, d'un état normal du monde, il n'est pas exclu de s'orienter d'après des formes souhaitables du monde. Les états de nature et de société peuvent faire l'objet de projets de l'humanité. Non seulement ce n'est pas impossible, mais il semblerait même que pour Serge Moscovici ce soit une des principales tâches de l'humanité. Cette mission n'est pas exempte de risques et d'errements, puisqu'elle s'effectue dans l'incertitude de la justesse des motifs et des résultats. Cette quête ne nous dispense pas de faire appel à notre intelligence, à notre cœur et à notre imagination bien au contraire.

Qu'en est-il de la contribution de Niklas Luhmann dans ce débat ? Chez cet auteur, la distinction entre nature et culture disparaît au profit de la distinction entre système et environnement. Pour Niklas Luhmann, ces concepts sont trop datés pour parler adéquatement de notre époque. Cet abandon lui sert sans doute à échapper à la configuration qui oppose et hiérarchise le monde matériel et le monde des idées. Niklas Luhmann lui préfère une distinction qui met l'accent sur l'opposition entre l'inorganisé, l'informe et l'organisé, le formé. Par ailleurs, cette opposition permet d'introduire le temps dans la structuration du monde. L'importance entre des événements actualisés et des événements non actualisés. Le schéma conceptuel à partir duquel raisonne Niklas Luhmann permet de défendre une conception ouverte du monde, mais dans laquelle l'humanité n'a pas de rôle à jouer comme précédemment. Il n'y a pas une vocation nouvelle de l'humanité par rapport à cette dynamique imprévisible. L'humanité semble exclue de ce devenir et ce même si elle est concernée au premier chef par les orientations que prend la société. C'est sans doute l'aspect le plus irritant de la sociologie de Niklas Luhmann. Klaus Eder lui reproche de prôner une irresponsabilité généralisée et une dépolitisation criminelle. Par ailleurs, comment exclure les hommes de la circulation du sens et de son organisation ? Certes, il existe en certains endroits de sa sociologie des brèches qui permettraient de développer des propositions susceptibles de conférer à l'humanité le rôle de médiateur de réalités matérielles, de contraintes, que les systèmes de communication ne peuvent pas relayer en l'absence de la souffrance des hommes, notamment. Manifestement ce ne sont pas des interrogations qui intéressent Niklas Luhmann.

Cette cécité est d'autant plus surprenante que Niklas Luhmann ne méconnaît pas la nécessité pour un système de se maintenir dans un monde, soit en d'autres termes, de coexister avec d'autres formes de vie, qu'il n'est pas en mesure de connaître autrement que par le biais des constructions que sa structure lui permet d'élaborer. Le monde apparaît, dans cette perspective, comme peuplé de formes aveugles et sourdes les unes aux autres et qui doivent pourtant cohabiter. Il s'ensuit une tension qui pourrait stimuler la dynamique autopoiétique des formes auto-référentielles. Cette dynamique est paradoxale car elle engendre au moins partiellement la complexité qu'elle cherche à contenir. La société peut, en d'autres termes, communiquer sur l'homme, la nature, le monde, voire sur la société écologique, sans que ces communications ne permettent de résoudre les difficultés qui suscitent cet investissement. Elle permet, enfin, de justifier les thèses évolutionnistes de la complexité. Aussi inquiétante ou fascinante que paraisse la vision d'un monde constitué de formes opaques les unes aux autres, certaines indications, peu développées par Niklas Luhmann, laissent penser que les hommes pourraient former un relais éventuel pour les systèmes de communication des limites ou menaces qui se profilent dans l'environnement de la société.

On remarquera, pour conclure, que si cela n'a pas de sens de penser la matérialité de la société, chez cet auteur, ne serait-ce que parce que la société est un phénomène sémantique, cela fait néanmoins sens de s'intéresser à l'ancrage de cette forme. Raisonner de la sorte revient à penser en termes de stabilisation et d'organisation du sens en système de communication, notamment, mais aussi d'introduire le temps et la durée. Selon cette lecture, une communication existe dans la mesure où elle accède à la visibilité. Toutes les communications sociales n'ont pas, par conséquent, le même poids du point de vue de leur impact sur la structuration de la société. Ici, Niklas

Luhmann et Serge Moscovici partagent une sensibilité commune celle de ne pas faire dépendre la massivité d'un phénomène de sa matérialisation. En revanche, chez Serge Moscovici, la consistance d'un tel ancrage est psycho-sociale, elle dépend des attachements et des affects des hommes et non uniquement d'une logique propre de type systémique.

J'en viens enfin à la question de la société écologique, au sens que cette sémantique peut prendre dans le contexte de la radicalisation de la modernité, voire de l'avènement de la post-modernité. Une des constantes qui semblent se confirmer c'est une remise en question des catégories qui valaient jusqu'ici et qui affecte, par conséquent, l'idée de nature et de culture. Il faudrait explorer dans quelle mesure l'idée d'humanité est également affectée par cette transformation. Toujours est-il qu'il est intéressant de voir surgir dans un tel contexte une sémantique qui associe à la fois l'idée de société et de nature. Une "société écologique" est une société qui prend la mesure de deux dimensions, celle de la société et de la nature ou de l'environnement, comme réceptacle de formes de vie qui, comme la société, sont auto-référentielles et doivent néanmoins cohabiter. Alors que la post-modernité rend caduc l'idée d'un état "normal" de la société, de la nature et du monde, la sémantique de la "société écologique" invite à trouver un équilibre entre des réalités fluctuantes.

DISCUSSION

D. Duclos : Peux-tu évoquer comment Luhmann précise ses idées à propos de l'environnement dans son petit livre sur "la communication écologique" ?

F. Rudolf : Pour moi, *La Communication écologique*

permet à Luhmann de clarifier sa théorie du social comme système de communication, de montrer ce qu'il entend par "différenciation fonctionnelle", c'est-à-dire ce qu'il entend par l'émergence de valeurs, appelées codes, tels l'économie, la science, le droit et la morale. Ces codages du réel, notons le, ont tous pour caractéristique d'être duels. Ils s'organisent, par exemple, autour d'"avoir" et "ne pas avoir" pour le système économique ; "vrai" et "faux", "légal" et "illégal", "bien" et "mal", pour les systèmes juridiques ou moraux, etc. La forme de la société qui se déploie au cours du temps est toujours du sens où la communication sémiologique s'organise autour de codes duels.

D'autre part, la stabilisation privilégiée des communications sociales sous forme de sous-systèmes ne signifie pas qu'il n'y ait pas d'autres communications sociales, – ce que Luhmann appelle des "bruits", des productions de sens qui ne se stabilisent pas. En réalité ces bruits sont très importants : l'idée luhmanienne de "résonance" renvoie par exemple au fait que, tout en tant hermétiques les unes aux autres, les communications qui fonctionnent à partir du sens établi –toujours schématique – peuvent se perturber, et du coup s'informer davantage que si c'était des formes ayant d'autres principes d'existence.

Dans *La communication écologique,* Luhmann affirme *qu'il ne pourra pas* exister de système de communication qui va se stabiliser autour de l'environnement. Pour lui, l'environnement ne pourra pas donner lieu à une valeur comme le droit, ou comme l'économie. Pourquoi ? Parce que produire un sens concernant l'environnement consiste à évoquer globalement l'opposition impossible entre "système" et "non-système", et à la mettre au travail, dans un travail infini. Problématiser l'environnement revient à intensifier un travail de description de soi de la société. Du même coup, au lieu de simplifier le monde en construisant des sous-systèmes par opposés gérables, cette préoccupation revient à intensifier et à multiplier les points de vue sur le monde. Elle contribue donc à l'éclatement postmoderne. En somme, l'environnement radicaliserait la vaine recherche d'une transcendance.

G. Gagné : Mais le social a *toujours* déjà intégré l'environnement en tant que système de communication. On ne peut donc pas transcendantaliser, selon Luhmann, l'environnement. Celui-ci reste hors système, donc inconnu et inexistant. Ainsi, tout discours sur l'environnement, pris dans ce sens, est un lieu de confusion, une résonance circulaire.

F. Rudolf : Il y a certes confusion, mais aussi déploiement de la forme, car plus on problématise l'environnement, plus on mondialise les références pour se rendre compte, finalement que la prise de conscience de soi de la société par ce biais, occulte les autres possibles. C'est un paradoxe, où la forme communicationnelle qui essaie de prendre en compte le monde, se saisit soi-même comme monde, et donc comme diversité irréductible !

G. Gagné : J'ai l'impression que lorsque Luhmann affirme que la société se simplifie en créant des systèmes... il simplifie lui-même la société en la réduisant à une différenciation continuelle en sous-systèmes qui sont en relation avec la société à partir d'un critère simple.

La manière dont il aborde la doctrine religieuse est différente : elle parle à chacun des sous-systèmes, mais en tant qu'environnement de l'ensemble des autres sous-systèmes et se veut valable pour tous.

Comment Luhmann situe-t-il la question des communications écologiques par rapport à la question de la dogmatique religieuse ? Ne substantialise-t-il pas l'environnement *a priori* comme non social en refusant de poser la question des communications environnementales dans le langage de la dogmatique religieuse ? N'y a-t-il pas des liens cachés dans sa doctrine entre la question du sous-système de la transcendantalité et celle du sous-système de l'environnement physique ?

F. Rudolf : À ma connaissance, il y a absence, chez Luhmann, de conceptualisation de la place de la technique.

A. Micoud : Cette discussion sur la communication évoque pour moi une sociologie d'ingénieurs des télécom ! Pour ces sociologues-techniciens, spécialistes du hardware, ce serait une punition – pour une société qui veut se penser elle-même dans sa totalité -, que d'être renvoyée par une régression à l'infini, à sa réalité d'être pluriel. Mais est-ce une punition ? C'est certainement, en revanche, l'aveu de la limite d'une vision techniciste de la société comme constituée de "systèmes ".

F. Rudolf : Dans le modèle luhmannien, le social est un espace sémantique ancré dans le support que *nous* constituons. A n'en pas douter, pour Luhmann, nous confluons entre dimensions psychique et matérielle. Que notre sensibilité nous apporte de l'information de l'ordre du physique n'est pas mis en question, mais Luhmann ne s'en préoccupe pas. La dimension physique existe dans la société, mais comme système spécifique, il n'en traite que comme sous-système psychique. Pour tout dire, il évacue le problème.

M. Freitag : Ce que je trouve difficile dans la discussion sur Luhmann, c'est que les termes employés ne sont pas définis par l'auteur. Par exemple, que veut dire chez Luhmann la "dimension sémantique" ? Dès qu'il en parle, elle est renvoyée à des codes de communication qui fonctionnent tout seuls.

Employer le mot "sémantique" lorsqu'on a fait disparaître dans une trappe le sujet synthétique qui se représente quelque chose à travers les concepts, c'est construire un système automatique, effectivement comme un système d'ingénieurs de télécom. Est-ce que les "valeurs" sont des codes ? Pour donner un contenu phénoménal aux termes "objectifs" qu'il utilise, Luhmann prend les résultats de développements existentiels et institutionnels tels qu'ils apparaissent phénoménologiquement dans la conscience commune. Par exemple, on a tous vaguement une idée de ce qu'est "l'amour". Luhmann part de l'amour dont nous avons tous déjà une idée pour le fondre dans un système défini par des codes : mais on ne pourrait jamais reconstruire l'amour à partir de ces codes et selon leurs règles, comme pur "effet de communication et d'information". Si on ne savait pas déjà "intuitivement" ce qu'était l'amour, le système ne pourrait pas nous l'enseigner ni nous le communiquer. Mais il n'y a plus de "lieu ontologique" pour l'intuition chez Luhmann.

On peut dire la même chose pour l'économique, le juridique, etc. Il y a dans la construction luhmanienne une exploitation du sens commun phénoménologique pour définir des dimensions possédant une valeur ontologique consistante et distincte, mais ensuite la mécanique interprétative qu'il plaque là-dessus ne rend plus compte de la spécificité et de la consistance qui est attachée à ces formes particulières de l'expérience humaine que désignent les mots, et qui sont nécessairement attachées à des lieux de synthèse, c'est-à-dire à des sujets réflexifs et à des sociétés existant en des moments historiques particuliers. En sociologie, il faut se pencher sur toutes les formes de représentation synthétique de soi et de la société si l'on parle de la société. De plus, Luhmann joue sur les mots tels que "sens", "information", "code", "valeur", etc. qui ne veulent plus rien dire dans la perspective des systèmes autoréférentiels. On les exploite dans un sens qui est supposé déjà-là, mais en les détournant de leur portée existentielle effective, qu'elle soit individuelle ou collective. La communication sans représentation, ça ne veut rien dire ! On peut admettre qu'il y ait aussi de la communication dans l'eau qui circule à travers les réseaux hydrauliques, entre le ciel et la terre, dans l'air humide du temps...

F. Rudolf : Chez Luhmann, existe quand même la reconnaissance que le social est ancré dans une expérience humaine, psychique. Il affirme seulement qu'il est appartient en lui-même à une autre forme. Le social est notre médium partagé de communication, et on apprend à communiquer, mais parfois on ne peut participer à cette communication si elle est coupée de nos expériences. Malgré le problème de définition des mots, le formalisme que vous reprochez à Luhmann est déjà présent dans les systèmes de conscience. On ne peut ignorer que les sentiments sont déjà pris, même dans leur expression intime, dans des catégories de communication sociale.

R. Ferreri : Cette discussion évoque pour moi des résonances dans le champ psychiatrique. L'école de Palo-Alto soutient que la pathologie mentale peut être abordée par les troubles de la communication. Il y aurait des boites noires dont on ignore pour toujours le contenu. Ce qui intéresse les membres de cette école, c'est d'isoler les troubles de la performance en terme de maladie mentale. C'est une analyse qui peut avoir des effets philosophiques très importants. Un psychiatre peut dire à un schizophrène qu'il a des problèmes de communication, et ce n'est pas très grave. Mais qu'il explique à ceux qui ne sont pas schizophrènes que le schizophrène a des troubles de communication, c'est très grave pour ceux-là, c'est-à-dire pour nous tous. Car, au moment où il croit avoir fait quelque chose d'extraordinaire avec quelqu'un, il est en train d'affirmer à ceux qui parlent vraiment, *qu'ils ne font que communiquer*. Moi, grâce à ça, j'ai guéri le schizophrène, dit-il. Mais, quel dégât dans la culture, si jamais tout le monde se mettait à croire que nous étions tous *vraiment* des relais de fréquences hertziennes !

O. Clain : La théorie de Luhmann présente de l'originalité dans l'histoire de la sociologie, parce qu'elle prétend que *l'homme ne fait pas partie de la société*. Il nous faut prêter attention à cette proposition forte, car la question du rapport entre le singulier et le collectif travaille la théorie sociologique depuis son origine. Jusqu'au début du XXe siècle – où apparaissent la philosophie du langage et la psychanalyse -, on n'arrive tout simplement pas à penser comment s'articulent la conscience collective et la conscience singulière. C'est à ce problème que va – à son tour – s'attaquer Luhmann.

En gros, il affirme que même lorsque nous admettons que l'étant du social s'ancre dans un système psychique, il reste que le problème demeure toujours de la spécificité de ce dernier, et que cette spécificité est ce qui fait lien d'information. Mais en répondant ainsi, Luhmann ne résout le problème philosophique de l'articulation singulier/ collectif qu'en le laissant de côté, puisque l'information est toujours information pour des sujets.

Le seul moyen de penser l'unité des deux pôles, c'est de penser le problème du langage, car il est le lieu où s'articule le singulier et le collectif. On ne peut pas dire que le langage m'appartient vu que c'est parfaitement collectif, mais pourtant toute ma singularité ne pourra jamais s'exprimer qu'à travers des effets de langage. Dès qu'on pense seulement le langage comme un système de communication, on entre dans une théorie de système technique. La force de Luhmann est négative il parvient à nous montrer que si l'on met de côté le vrai problème, alors on peut faire une théorie parfaitement cohérente. Et si on se laisse convaincre dès le point de départ, on est poussé à le suivre jusqu'à la fin.

F. Rudolf : Pour Luhmann, le langage n'est pas spécifiquement social ; c'est un médium qui appartient autant aux systèmes psychiques qu'aux systèmes sociaux. Ce que nous montre Luhmann reste problématique : c'est la tendance des formes du vivant à faire système en elles-mêmes. En ce sens, plus ça communique dans un système, et moins ça communique au dehors, car système et communication sont de même nature. Je crois que reconnaître cela non comme une doctrine du réel, mais comme *quelque chose qui pose problème* peut nous aider à comprendre la résistance du social à prendre en compte l'écologie. N'est-ce pas précisément ce qui nous réunit ici ?

O. Clain : La société est toute entière dans chacune de nos têtes, et en même elle arrive historiquement à s'extérioriser ; c'est donc pourquoi la théorie de Luhmann n'aurait pas été possible il y a 200 ans. Elle est possible parce qu'on vit dans une société qui a tellement automatisé, technicisé et extériorisé les règles de la relation entre les hommes, qu'on peut finir par dire que la société est extérieure à l'homme.

On pourrait dire de Luhmann, en l'interprétant historiquement, qu'il fait une théorie du social *autorisée* par la technocratisation de la société. Au temps des sociétés archaïques, où chaque membre avait intériorisé la structure des normes, c'était radicalement différent. Luhmann nous propose de penser l'espace sémantique en dehors de sa production morale, politique ou psychique, en considérant cette production comme une boîte noire. Il ne peut résoudre le problème éternel de la sociologie qu'en laissant tomber la moitié du problème. Cela pose un problème épistémologique : on prétend résoudre un problème, mais on en occulte la moitié...

C. Vlassopoulos : Lucien Sfez dit que la communication, c'est aussi la non-communication. C'est un réseau d'interaction qui nous dépasse, et on croit communiquer alors qu'il n'y a pas de communication en fait. c'est au-dessus des interactions des individus.

D. Duclos : Luhmann développe une sociologie qui s'intéresse à la nature et prend même ses bases théoriques hors du social, mais il finit par les y intégrer complètement. C'est un naturalisme qui cache un sociologisme de la nature, et au fond, on l'a dit, une sociologie de l'ingénieur, de la maîtrise technique du monde. Lorsqu'il parle de la nature, il reinvente en fait les origines ce qu'il refuse – ensuite – d'étudier. Le social est naturel, la nature est communication de systèmes, le social est système, donc il est communication. Il est un fragment de nature et nous n'avons plus besoin des autres pour comprendre ce qui s'y passe. Le systémisme – proprement "ingénioral" – se refuse ainsi à parler réellement de la nature en ce qu'elle échappe – y compris en l'homme – à son approche préconceptuelle en termes de systèmes. En un sens, Luhmann semble se déléguer lui-même d'une société d'ingénieurs pour nier la nature en la reconstruisant dans des concepts tautologiques. C'est un discours d'élimination de l'écologique dans le sociologique, et du sociologique dans le technologique. Mais le problème c'est que ce n'est pas que le discours de Luhmann : c'est le discours même de la société, et en cela Luhmann a raison ! Il y a un Luhmann symptôme et un Luhmann analyste – critique ? – des discours comme systèmes.

L. Chabason : Ce que tu dis sur l'élimination de l'écologie par la sociologie me rappelle que la première fois que j'ai entendu le mot "écologie" c'était à propos des "paliers en profondeur" chers à Georges Gurvitch. Son premier palier était l'écologie. Il y avait ensuite un processus de complexification au cours duquel les paliers devenaient de moins en moins matériels. À l'époque dominait le déterminisme de l'écosystème, et il y avait rencontre avec la sociologie. Dans les années 60, on parlait aussi beaucoup "d'écologie sociale ".

M. Freitag : Dans l'approche de Moscovici, on voit que la matière est toujours-déjà représentée humainement, socialement et donc historiquement Il présente l'évidence de la phénoménalité radicale de la nature. La nature dont on parle, sur laquelle on travaille, c'est une nature construite symboliquement, et on ne peut pas sortir de là.

Mais il me semble qu'il faudrait faire une distinction supplémentaire. S'en tenir à une éthique phénoménologique de ce qu'on appelle la nature est insuffisant pour aborder les problèmes écologiques contemporains. La modalité de la nature n'existe pas seulement au niveau des représentations. La nature est constituée normativement et pas seulement par des lois universelles. Le monde qui apparaît à la société dans l'écologie n'est pas la nature physico-chimique, c'est la multiplicité des êtres qui existent selon des particularités qui leur sont propres et contingentes, et qui par eux-mêmes font déjà face à leur manière aux lois universelles avec lesquelles ils "jouent" et qu'ils déjouent parfois comme ils peuvent.

Dans cette reconnaissance ontologique de l'auto-nomie des êtres vivants (par exemple), la phénoménalité générale du monde pour nous n'est pas seule en cause ; il émerge nécessairement l'idée d'une hiérarchie ontologique qui n'a plus rien à voir directement avec la représentation que nous nous faisons du monde selon les lois naturelles universelles. La valeur ontologique n'est plus en proportion de la "nécessité", ou encore de la rareté due au hasard, elle s'attache désormais à la fragilité de ce qui s'est frayé son propre cheminement dans le monde et s'est construit soi-même à travers la patience et l'inventivité qui ont orienté ce cheminement. Le monde n'est pas seulement "l'ensemble de l'existant", sous n'importe quelle forme, mais plutôt la totalité des "êtres", et sa valeur ontologique tient précisément dans la particularité non-nécessaire de chacune de ces formes qui l'habitent comme "être-soi" selon son mode d'existence particulier. C'est une ontologie de la valeur qui n'est pas seulement subjective, mais objective.

La nature n'accède pas seulement à l'ordre de la valeur en fonction de notre évaluation et nos usages, mais déjà en elle-même et pour elle-même. Le lion a une valeur pour le lion et la lionne, et il réalise cette valeur lui-même en accomplissant sa vie propre ; nous mêmes sommes alors solidaires de cette valeur du lion "en soi", puisque simplement il existe. Et même si nous nous croyons à un niveau supérieur, nous risquons de disparaître si se trouvent détruits n'importe lesquels des "niveaux inférieurs" dont dépend notre propre contingence. Mais si cela est vrai dans l'ordre de la "dépendance écologique", ça l'est plus profondément encore dans l'ordre de notre expérience existentielle et esthétique du monde, ce monde donné dont la "richesse" fait la valeur même de notre vie.

On peut parler de la valeur d'un "paysage", mais il y a dans le caractère "mondain" de notre expérience existentielle quelque chose d'encore plus profond, plus riche et plus subtile, et qui concerne intégralement le "sens de nos perceptions sensibles", le sens de notre "respiration" et des battements de notre cœur, le sens de notre pensée, le sens de ce qu'est simplement "vivre" dans un rapport avec ce qui existe en soi-même, et cela dépasse infiniment le pur et simple acte d'exister de l'empiricité nue.

POSTFACE

Par KERRY H. WHITESIDE[*]

Ce séminaire étonne par ses idées "avant-coureuses ". On découvre dans ces propos tenus en 1993 l'esquisse de plusieurs des développements les plus importants de l'écologie politique survenues au cours de la décennie suivante. Ainsi Olivier Clain, en se penchant sur *Le principe de responsabilité* de Hans Jonas, devance-t-il la tentative de Jean-Pierre Dupuy de réactualiser le philosophe allemand dans son plaidoyer pour un "catastrophisme éclairé [18]". Cet intérêt pour Jonas est d'autant plus pertinent que celui-ci est souvent traité de maître à penser[19] d'un phénomène politique qui, surtout depuis 1992, occupe le devant de la scène

---

[*] Kerry H. Whiteside est philosophe, professeur de science politique au College Franklin and Marshall, Il a notamment publié : *Merleau – Ponty and the foundation of an Existential Politics*, et *Divided Natures : French Contributions to Political Ecology*, MIT Press, Cambridge, Massachusetts, 2002, où il étudie les apports de Denis de Rougemont, Denis Duclos, René Dumont, Luc Ferry, André Gorz, Félix Guattari, Bruno Latour, Alain Lipietz, Edgar Morin, Serge Moscovici et Michel Serres.

[18] Jean-Pierre Dupuy, *Pour un catastrophisme éclairé*, Seuil, Paris, 2002.

[19] François Ewald, "Le retour du malin génie," in : Olivier Godard, ed., *Le principe de précaution dans la conduite des affaires humaines*, Éditions de la Maison des Sciences de l'Homme 1997, p. 119 ; Dominique Lecourt *Contre la peur*, Hachette, 1990, p. 168 ; Corinne Lepage et François Guéry, *La politique de précaution*, Presses Universitaires de France 2001, pp. 121-138.

environnementaliste. Il s'agit du fameux principe de précaution[20]. Olivier Clain nous rappelle comment Jonas nous a appris à imaginer les effets lointains de nos innovations technologiques et nous à donné des raisons de prendre des précautions dès la prévision d'une catastrophe potentielle. De même que Jonas réclame une nouvelle éthique pour faire face aux menaces inédites devant lesquelles notre puissance technologique place l'humanité, [21] de même le principe de précaution reconnaît la nécessité de créer une catégorie spéciale de risques – ceux provoquant d'éventuels "dommages graves et irréversibles" – qui feront l'objet d'une réglementation particulièrement exigeante.

Incorporé dans de nombreuses conventions internationales, y compris le Traité de Maastricht, le principe de précaution a été repris dans la loi française en 1995, juste un an avant l'arrivée des premiers OGM américains en Europe. Plusieurs associations environnementalistes s'en sont servi en 1998 dans leur appel au Conseil d'État pour contester l'autorisation de la commercialisation du maïs transgénique par le gouvernement de Lionel Jospin. En donnant raison aux plaignants et en faisant référence au principe de précaution dans sa décision, le Conseil d'État a effectivement fait barrage à la ruée vers l'agriculture transgénique discrètement soutenue par l'État français depuis les années soixante-dix. À la suite de cette décision, le gouvernement

---

[20] Dans une de ses formulations les plus connues – (telle celle adoptée à la Conférence de Rio sur l'Environnement et le Développement Durable), ce principe précise que : "En cas de risque de dommages graves ou irréversibles, l'absence de certitude scientifique absolue ne doit pas servir de prétexte pour remettre à plus tard l'adoption de mesures effectives visant à prévenir la dégradation de l'environnement."
[21] Hans Jonas, *Le principe responsabilité : une éthique pour la civilisation technologique*, trad. Jean Greisch, Cerf, Paris, 1997.

français s'est mué en figure de proue d'un groupe d'États-membres de l'Union Européenne qui a imposé un moratoire de fait sur la commercialisation des OGM en Europe à partir de 1998. Or, provoquer sur tout un continent un retard d'environ cinq à dix ans dans la propagation d'une technologie vivement promue par la première puissance économique du monde n'est pas rien.

Pour autant, la percée récente du principe de précaution dans l'opinion publique et dans les milieux politiques prouve-t-elle qu'une nouvelle politique de limites aux risques technologiques – comme Alain Caillé l'appelle de ses vœux – se fait jour ?

Une réponse affirmative ne ferait pas l'unanimité. Certains, à commencer par Jean-Pierre Dupuy, prétendent que le principe de précaution ne répond nullement à la gravité des dangers qui nous guettent. Dupuy rajoute : le principe tel qu'il est appliqué aujourd'hui relève d'une méconnaissance des idées de Jonas. Le principe de précaution renforce l'illusion que nous nous faisons selon laquelle nous pouvons venir à bout des risques technologiques pour peu que nous renforcions quelques mesures de prévention. Le principe de précaution s'inscrit dans une logique de maîtrise des dangers technologiques, dit Dupuy, alors que nous sommes *de facto* impuissants à maîtriser la puissance. [22] Pour les défenseurs du principe de précaution, cette conclusion ressemble à un contresens total. C'est précisément par reconnaissance de l'impossibilité de la maîtrise de tous les effets négatifs de nos technologies, diront-ils, qu'on a enfin ajouté un nouveau principe juridique aux dispositifs réglementaires concernant le risque.

Il n'en reste pas moins que la logique de la maîtrise refait surface dans la plupart des discours sur la précaution. D'abord, on fait tout pour éviter que le principe de

---

[22] Jean Pierre Dupuy, *Pour un catastrophisme éclairé*, p. 50.

précaution soit interprété comme un principe d'abstention. Des incertitudes quant aux risques créés par une technologie ne justifient pas son interdiction, souligne Philippe Kourilsky. Il faut plutôt prendre des précautions et puis mettre en oeuvre un programme de recherches qui permettra de lever les incertitudes.[23]. En plus, on introduit dans le principe de précaution des formules sur la "proportionnalité." Face aux risques "graves et irréversibles," la loi Barnier exige que les mesures prises soient "effectives et proportionnées" ; leur coût doit être "économiquement supportable." Pour Olivier Godard, un développement "raisonnable" du principe de précaution passe par une analyse coûts-avantages de sa mise en application. [24]

Or, de telles idées rangent la précaution dans la boîte à outils de la politique publique classique. Au lieu d'admettre qu'il existe de graves risques face auxquels les prévisions scientifiques restent inadéquates, on suppose que l'instauration d'un programme de recherche réussira un jour ou l'autre à gérer les risques. Au lieu de reconnaître que les calculs économiques sont inappropriés là où on compare des avantages plus ou moins connus avec des destructions potentielles inconnues, on propose une analyse coûts-avantages. On tente de cerner et contrôler les répercussions de phénomènes qui sont redoutés précisément à cause de leur capacité d'échapper à notre contrôle. Loin de nous conseiller d'éviter des risques potentiellement catastrophiques, conclut Dupuy, le principe de précaution sert simplement à nous rassurer tout

---

[23] Philippe Kourilsky, *Du bon usage du principe de précaution*, Éditions Odile Jacob, Paris, 2002, pp. 11, 48, 64.
[24] Olivier Godard, "L'ambivalence de la précaution et la transformation des rapports entre science et décision", in : *Le Principe de précaution dans la conduite des affaires humaines*, Éditions de la Maison des Sciences de l'Homme, Paris, 1997, p. 78 ; François Ewald, Christian Gollier, Nicolas de Sadeleer, *Le principe de précaution*, Presses Universitaires de France, Paris, 2001, p. 35.

en nous permettant de foncer dans un avenir incertain. Pour prendre au sérieux les dangers devant nous, une autre démarche s'impose. Il faut croire que le pire va arriver et, à l'instar de Jonas, utiliser la peur de ce scénario pour nous détourner définitivement de la logique d'une civilisation entièrement consacrée à la production "hétéronome."

À bien des égards, le raisonnement de Dupuy pourrait s'appuyer sur les perspectives critiques déjà esquissées dans ce séminaire. Quel engrenage fatal nous précipite-t-il vers la catastrophe ? Pourquoi, par exemple, sommes-nous incapables de freiner les tendances technologiques et les pratiques économiques qui provoquent des changements climatiques, même sachant que des drames sociaux nous attendent ? Michel Freitag et Gilles Gagné expliquent que la société postmoderne a de plus en plus de mal à gérer son expansion parce qu'elle *autonomise* la technique et l'économie. Les limites "modernes" aux dérives sociales – comme la justice, l'égalité – dépérissent dans la postmodernité au profit d'un pragmatisme qui ne reconnaît ni la valeur de l'autonomie individuelle, ni la tragédie de dégâts écologiques irréparables. De même que Dupuy met l'accent sur une approche éthique pour contrer cette "logique du détour" qui est prête à tout sacrifier pour les bénéfices à venir, Freitag propose de retrouver "la valeur du réel" dans toute sa diversité. Nous devons réapprendre à respecter ce qui est *là*, au lieu de chercher toujours à l'instrumentaliser. Respecter ne veut pas dire administrer. André Micoud nous rappelle que le propre de l'écologie radicale est de se défier de la maîtrise qui détruit les mythes salutaires, tout comme Dupuy accuse "le rêve de la maîtrise" de court-circuiter la production symbolique de la vie active et autonome[25]. Si Denis Duclos déclare sa sympathie pour le discours de Tyche, c'est que lui, comme Dupuy, voit dans l'autonomie un moyen de résister aux

---

[25] Jean-Pierre Dupuy, *op.cit*, p. 28.

tentations périlleuses de la maîtrise. Pour Duclos, "un pacte avec l'inconnu" – un refus de traduire l'incertitude en objet manipulable, une appréciation de ce qui reste au-delà de notre emprise passionnelle – sert à calmer les actes de maîtrise[26].

Donc, par rapport à la politique environnementale actuelle, une des conclusions qu'on pourrait tirer de ce séminaire, comme de l'ouvrage de Dupuy, est la suivante : Plus le principe de précaution fait place à l'expertise pour déterminer les conditions de son application, moins il protège contre les désastres éventuels engendrés par une civilisation technologique en constante et rapide évolution. Le principe de précaution devient une impasse – sinon un piège. C'est la maîtrise elle-même, et non tel ou tel blocage temporaire sur le chemin de la maîtrise, qui doit être contestée.

Je voudrais m'arrêter un instant sur cette ligne de critique et surtout sur la notion de maîtrise qu'elle met en avant. Elle recèle une ambiguïté qu'il convient de confronter avant d'envisager la nature de la non-maîtrise.

Du point de vue politique, la modernité ne peut pas être séparée de la critique de la maîtrise conçue comme asservissement d'un être moral. La politique moderne, c'est le refus de l'affirmation aristotélicienne selon laquelle certains individus manquent des capacités rationnelles nécessaires pour se gouverner, et par conséquent ont besoin de maîtres. La maîtrise, selon Aristote, est censée offrir un complément de rationalité à un être autrement incapable de donner la propre forme à sa vie. Le maître, en revanche, est celui que sait ordonner ses activités et ses passions pour mener une vie vertueuse. Il

---

[26] Denis Duclos, *De la civilité : Comment les sociétés apprivoisent la puissance*, Paris, La Découverte 1993, p. 217.

utilise sa raison pour décider des priorités du foyer et de la cité. Il transfère cette sagesse, sous forme d'ordres, aux êtres inférieurs.

Dans cette optique, l'essence de la maîtrise, que j'appellerais maîtrise formelle, est de soumettre une entité – *peu importe qu'elle soit une chose ou un être humain* – à une volonté qui lui est extérieure et supérieure. La maîtrise formelle s'insère dans une métaphysique où des rapports hiérarchiques se reproduisent à tous les niveaux du cosmos : entre dieux et hommes, entre hommes et femmes et enfants, entre citoyens et barbares, entre raison et désirs, entre hommes et animaux, entre choses animées et choses inanimées. La nature est un échelonnement d'êtres en supérieurs et inférieurs. Cette vision téléologique empêche de faire une nette distinction entre l'usage de l'esclave par le maître et de l'outil par l'artisan. Ses conséquences se résument parfaitement dans la définition aristotélicienne de l'esclave comme un "outil vivant."

D'autre part, la critique moderne de cet amalgame entre la maîtrise d'un être moral et la maîtrise d'une chose est résumée tout aussi parfaitement dans le célèbre dicton de Kant : On droit traiter l'humanité "toujours en même temps comme une fin, et jamais simplement comme un moyen". Une attitude moderne n'admet pas qu'un être humain soit réduit au statut d'un outil. Parler de l'individu comme un être moral, c'est reconnaître en lui la capacité de gérer sa propre vie, de concevoir et de se soumettre volontairement aux règles qui créent un ordre juste entre tous les membres de la communauté. La modernité, dans les théories du droit naturel et du contrat social, postule l'existence de cette capacité moralisante chez tous les individus. Nul n'est le maître naturel d'un autre.

Cependant, si la modernité met au ban la maîtrise formelle, il n'en va pas de même pour la maîtrise matérielle. Dès qu'il s'agit de gérer, non pas un homme, mais une chose, le problème moral de la substitution des volontés ne se pose plus. La maîtrise matérielle, c'est un ensemble de moyens par lequel l'homme infléchit un corps matériel à ses désirs et ses besoins. Pour atteindre ce but, la maîtrise comprend, organise, planifie, ajuste, remédie. Le maître pratiquant un métier dans une corporation au Moyen Age en donne l'exemple. Grâce à son expérience avec le bois et avec ses outils, le maître-menuisier dispose de tous les moyens de travailler le bois pour en faire un objet utile. La maîtrise implique non seulement la capacité de transformer la matière, mais aussi de tenir compte ses qualités inattendues. La matière n'est jamais parfaite ; son travail peut réserver des surprises. Une des qualités essentielles de la maîtrise est donc de savoir anticiper et corriger les effets non-désirés rencontrés ou provoqués lors de la manipulation de la matière. Un vrai maître sait contourner les obstacles et remédier aux défauts sans en provoquer de plus graves. Quand Lucien Chabason évoque le moderne comme l'usage massif de la science et de la technique, il exprime bien l'idée que la modernité se confond inextricablement avec une prise en charge progressive de toute la nature, pour la mettre au service des intérêts humains.

D'une certaine manière, le principe de précaution s'insère parfaitement dans cette lignée moderne du progrès. On ne fait pas appel au principe de précaution par scepticisme vis-à-vis de la maîtrise. On reconnaît simplement que dans certains cas, les incertitudes quant aux dangers rendent la maîtrise matérielle (temporairement) impossible. Dans ces cas, on prend des précautions exceptionnelles.

Pourtant, est-ce qu'on peut réellement justifier ces mesures exceptionnelles sans recourir à une notion pré-moderne, à savoir, la maîtrise formelle ? Hans Jonas lui-même nous oblige à poser cette question. Au premier abord, le penseur allemand semble asseoir sa nouvelle éthique sur une appréciation des dangers liés à l'inefficacité de la maîtrise matérielle face aux situations d'une complexité inédite. Il observe que la nature de l'action humaine a changé ; elle affecte la biosphère toute entière. L'ensemble de conditions écologiques qui assurent le maintien de la vie sur la terre est devenu vulnérable. Voilà pourquoi l'homme doit assumer de nouvelles responsabilités.

Son analyse ne saurait en rester là. À la différence de Kant, Jonas ne s'adresse pas à un esprit déjà acquis à un comportement moral. Jonas avertit un public qui, par rapport au principe de responsabilité, refuse d'assumer son devoir. L'homme moderne ne cesse de consommer de plus en plus de ressources naturelles, quitte à mettre l'avenir de toute l'humanité en danger. La tentation de la maîtrise matérielle est si forte qu'elle peut nous mener vers un suicide collectif. Face à une telle folie, il ne suffit pas de nous faire remarquer les effets éventuels de nos actes. Il faut repenser les concepts de base – l'ontologie – qui nous plonge dans cette folie. Et c'est dans ses réflexions ontologiques que Jonas réhabilite la notion d'une nature finalisée.

La science moderne réduit la nature à un ensemble d'entités en interactions causales, sans intelligence ni but. Cette vision du réel conforte le nihilisme en niant la réalité substantielle de toute valeur[27]. Or, pour éprouver un sentiment de responsabilité vis-à-vis d'un être, il faut reconnaître un lien avec lui, il faut se sentir engagé par son existence. Pour cette raison, Jonas s'efforce de fonder son éthique dans une ontologie que met au jour le lien entre l'homme et la nature. Il prétend que les choses naturelles

---

[27] Hans Jonas, *Le principe responsabilité*, p. 45.

sont toutes orientées vers des équilibres propices au maintien de la vie. L'humanité a une solidarité d'intérêt avec le monde organique ; notre survie en dépend. Il revient à l'humanité de se discipliner pour éviter une catastrophe qui nous condamnerait en même temps que la nature. Jonas n'hésite pas à dire que, puisque nous sommes les produits de la nature, nous devons allégeance à la totalité de ses créations[28]. De ce point de vue, notre conscience morale fait partie des finalités de la nature. Elle est à la fois issue de la nature et garante ultime de sa pérennité. C'est la non-reconnaissance de cette vision éthique qui explique la tranquillité avec laquelle nous empruntons un chemin suicidaire.

Dans ce raisonnement, il n'est plus question simplement de notre incapacité à maîtriser les effets de nos technologies. Il est question d'un manquement plus général à nos responsabilités envers toute la nature. Pourtant, Jonas ne se fait pas d'illusion sur la *probabilité* d'une prise de conscience générale de ces responsabilités et d'une acceptation volontaire d'une "politique du renoncement responsable" qui en découlerait[29]. Jonas s'en remet à un Etat fort pour prendre les mesures nécessaires[30]. La responsabilité de guider la société incombe à ceux qui comprennent la structure de cette nature qui est la source des valeurs. Il est comme si Jonas disait : L'échec de la maîtrise matérielle doit être pallié par un retour à maîtrise formelle. Paradoxalement, la critique de la maîtrise finit par justifier une société où il y aura, de nouveau, des maîtres puissants.

À partir de ces conclusions, de nombreux penseurs écologiques de sensibilité plus libertaire, démocratique, ou

---

[28] Ibid, p. 188.
[29] Ibid, p. 205.
[30] Ibid, pp. 200-205.

simplement libérale, ont prononcé l'anathème sur *Le principe responsabilité*[31]. C'est un mérite supplémentaire de ce séminaire d'exposer à l'avance des idées qui permettent de critiquer les prémisses du raisonnement qui mène vers cet éco-autoritarisme. Là où Jonas fait appel à la peur de l'apocalypse pour nous faire prendre au sérieux les dangers extraordinaires de notre puissance, Mary Douglas rappelle que la peur, au lieu de rester dans le cadre "rationnel" proposé par ses utilisateurs, fait trop souvent office d'outil contre autrui. Et Denis Duclos de nous mettre en garde contre les dérives obsessionnelles de toute rationalité, y compris écologique, qui ignore le potentiel pour la violence et la domination qu'elle recèle.

À propos de la réhabilitation des idées de Jonas par Jean-Pierre Dupuy, il est question de savoir si ce dernier a pris ces avertissements suffisamment en compte. Certes Dupuy propose une critique sans ambages de la maîtrise matérielle. Jamais il ne tente de retourner à la maîtrise formelle. De surcroît, son parti pris pour l'autonomie – pour une mode d'existence humaine qui valorise la vie active, associative, locale, proche des sources de son sens – semble l'éloigner définitivement de tout autoritarisme. La mise en valeur de l'autonomie rapproche Dupuy de la position que Duclos appelle *Tyche*, une perspective qui met l'accent sur le corps vivant et la vie indépendante.

Il y a cependant une différence de taille entre ces deux penseurs. Duclos propose un modèle pluraliste de l'esprit humain et de la nature. Pour lui, la nature est toujours relativisée en fonction de plusieurs grilles de signification. *Tyche* en est une, mais pas la seule. Dupuy, en revanche,

---

[31]Dominique Lecourt, *Contre la peur*, pp. 169-170 ; Luc Ferry; *Le nouvel ordre écologique*, Paris, Grasset, 1992, p. 28, 124, 130 ; Catherine et Raphaël Larrère; *Du bon usage de la nature : Pour une philosophie de l'environnement*, Paris, Aubier 1997, pp. 238-246.

fait l'économie d'une réflexion approfondie sur la nature. Par conséquent, il se permet de vaciller inconsciemment d'une conception de la nature à une autre, toute en présentant ses idées comme si elles étaient issues d'une "raison" pleinement consciente de ses propres prémices.

Regardons de plus près. Dans le discours de Dupuy, la nature revêt plusieurs formes. On peut la déceler sous "l'inévitable" que les stratégies de l'hétéronomie essaient futilement de contourner[32]. La médecine moderne peut différer la mort, dit Dupuy, mais non la prévenir. La mort est inévitable parce qu'elle est naturelle, notre lot inéluctable, inscrite dans la constitution génétique de nos corps. La nature est cet ensemble de phénomènes physiques *prévisibles* en raison de la causalité impérieuse qui les gouverne. Mais la nature, c'est aussi ces phénomènes catastrophiques et partiellement *imprévisibles* que nous provoquons par l'usage inconsidéré de nos technologies surpuissantes. Les incertitudes irréductibles qui entourent les prévisions sur la gravité des effets du réchauffement climatique tiennent à la complexité des processus concernés. Cette nature-là, c'est ce qui existe ou se produit au-delà de la compréhension ou la maîtrise de l'homme. Puis le catastrophiste mentionne les grandes sources du mal dans l'expérience humaine, à savoir, "la nature [la peste et la famine] et l'homme lui-même persécutant son semblable [dans la guerre]." À cet égard, deux remarques sont de mise. D'abord, "la nature", c'est ce qui s'oppose au bien-être humain. Elle ne se définit pas ici principalement par la nécessité de ses processus. Elle n'est pas non plus le cosmos organisé en finalités ni l'écosphère dont l'homme fait partie. Elle a le caractère d'un adversaire qui s'abat sur l'homme, elle prend figure d'un monde extérieur sauvage, dangereux. En plus, on doit relever la dichotomie conventionnelle nature/homme que

---

[32] Dupuy, *Op.cit.*, p. 58.

Dupuy opère dans ce cas. On peut se demander s'il fait exprès de distinguer deux causalités, une sourde et mécanique, l'autre consciente et intentionnelle. "La nature" contraste avec un être par définition non-naturel en raison de ses capacités auto-déterminantes.

Et cette observation soulève une dernière interrogation. Qu'est ce que cette "autonomie" illitchéenne qui fonde un "catastrophisme conforme à *la raison*" et à quelle sorte de nature renvoie-t-elle ? En quoi se différencie-t-elle d'une conception de la raison, tout à fait traditionnelle, comme une faculté qui rend un être apte à se libérer de ses pulsions instinctuelles, de réfléchir sur ses fins, d'ordonner ses activités de façon à ce qu'elles s'accordent entre elles ? Même si la raison dont se réclame Dupuy renonce à la maîtrise matérielle, même si elle valorise la vie immédiate et émotionnelle, elle est *un* centre de réflexion qui, grâce à cette unicité même, est capable de rassembler ses choix en un tout cohérent. Comme la raison derrière la maîtrise traditionnelle, la raison de Dupuy évalue, établit des priorités, hiérarchise les choix pour composer un seul plan d'action. Tout tient ensemble pour mettre l'autonomie en valeur. Voilà l'unicité de cette raison. En plus elle est censée indiquer le chemin que tout être raisonnable prendrait, après réflexion. Il s'agit d'un consensus *imaginaire*. Voilà son idéalité.

Et si on n'était pas d'accord ? Si certains s'obstinaient dans leurs vieilles habitudes hétéronomes, alors même que l'avenir de toute l'humanité était en jeu ? N'y aurait-il pas lieu de suivre Jonas et de recourir à l'usage volontaire de la peur ? Dupuy n'esquive cette question qu'en idéalisant la peur. Il parle d'une peur que nous faisons *à nous-mêmes*, en imaginant la catastrophe potentielle-réelle qui est devant nous. Jamais il ne parle d'une élite qui administrerait cette peur. Mais en cas de désaccord, le problème politique reste entier. Il est à craindre que la solution de Jonas ne reprenne le dessus. Des maîtres auraient à doser la peur pour que les esprits irrationnels se comporte comme s'ils comprenaient leur devoir.

Voici donc la leçon qu'on peut tirer de cette analyse : On ne supprime pas la maîtrise en y opposant directement une critique morale. *Une* critique morale, en proposant un schéma unificateur de valeurs, finit trop facilement par substituer une maîtrise à une autre. Or, la non-maîtrise n'est pas *une* autre perspective. Elle est, à mon sens, une *multiplicité* de perspectives en interaction politique.

Rappelons que la maîtrise se fonde sur un savoir progressivement plus stable et étendu, qui permet de prévoir, ranger, contrôler, systématiser un ensemble de phénomènes, afin de l'asservir aux fins humaines. Elle fait partie d'une longue tradition occidentale qui, comme nous a enseigné Hannah Arendt, conçoit la politique comme un processus de fabrication. On ne peut détourner la logique de la maîtrise de son chemin que si on pense la politique autrement. La politique, c'est une affaire de confrontation, de négociation, et de décision rassemblant un nombre de parties diverses, dont le droit à la participation n'est que partiellement définissable à l'avance. Aux parties qui vont vivre dans un monde commun de décider des objectifs à viser, des critères d'évaluation à appliquer, de la pertinence des preuves à apporter pour attester le bon déroulement du processus de construction. À la place d'un maître qui arrange tout en fonction de son savoir supérieur, il faut se figurer un nombre de bandes différentes, partiellement concurrentes, partiellement solidaires, qui discutent de tout ce qui touche le projet envisagé. Pour reprendre l'image du menuisier : le maître choisit son bois, ses outils, et ses techniques pour réaliser son idée d'une table ; une politique pluraliste, en revanche, problématise chacune de ces décisions. On discute de la nature de l'arbre dont provient le bois : s'agit-il d'une espèce rare ou abondante, en relation étroite avec d'autres espèces, ou relativement indépendante ? Si elle est rare, les uns défendront sa préservation intégrale, d'autres un usage modéré. D'autres encore réclameront peut-être des recherches pour créer un substitut génétiquement modifié, qui déclenchera un débat sur la biodiversité et sur l'artificialisation du vivant. On peut considérer l'arbre sous un angle esthétique et sous un aspect utilitaire. Il peut y avoir des avis contradictoires quant aux implications de la "récolte" forestière pour la qualité du travail humain. Certains contesteront la nécessité de produire du carton dans un monde où l'on fait trop peu d'efforts de recyclage. Et ainsi de suite. Est-il nécessaire de remarquer que ce pluralisme de perspectives sort complètement du cadre de ce qu'on appelle "maîtrise" ? Il n'y a plus de volonté unificatrice pour organiser le tout en vue d'un objectif préconçu.

Pour éviter que ce débat ne débouche sur un désordre totalement paralysant, il faut envisager d'en organiser certaines institutions et pratiques. C'est dans ce cadre que je vois le principe de précaution, ou du moins son développement potentiel. Le principe de précaution n'est pas simplement une règle édictée aux instances réglementaires pour qu'elles prennent en compte l'incertitude des données scientifiques dans tel ou tel domaine. C'est une invitation à créer de nouveaux dispositifs ayant pour but de faire mieux entendre des considérations normatives assourdies par les institutions de représentation et d'évaluation conventionnelles. Dupuy a raison de nous mettre en garde contre les interprétations qui font vite rentrer le principe de précaution dans le schéma des méthodes d'évaluation conventionnelles. Mais son catastrophisme est trop peu conscient de ses propres dérives potentielles pour être accepté tel quel. Mieux vaut chercher une interprétation politique et dialogique du principe de précaution où les perceptions simplificatrices de la peur ne prédominent pas. À leur place, une grande diversité de motivations s'exprime : idéalisme et égoïsme, esthétisme et utilitarisme, peur et espoir, questions culturelles et techniques.

Une interprétation délibérative du principe de précaution fait son chemin dans un nombre croissant d'ouvrages parus ces dernières années.[33] Elle est poussée le plus loin dans *Agir dans un monde incertain* de Michel Callon, Pierre Lascoumes et Yannick Barthe, avec leur concept d'un "forum hybride". Un forum hybride est un regroupement de savants, d'experts en tout genre, de représentants politiques, et de citoyens ordinaires autour d'un problème concret. Callon et ses co-auteurs montrent comment les citoyens ordinaires, souvent membres de nouvelles organisations dans la société civile, ont contribué au repérage de problèmes ignorés par les experts ; comment ils ont contraint ceux-ci à élargir le champ de leurs investigations sur le risque, comment ils ont exposé les différences dans les appréciations scientifiques de tel ou tel danger. Des forums hybrides se sont constitués autour de problèmes aussi divers que l'enfouissement des déchets nucléaires, le traitement des séropositifs, et la culture des organismes génétiquement modifiés (OGM).

Pour le moment, le processus de l'élaboration des forums hybrides ne fait que balbutier. Leur influence reste très restreinte. En ce qui concerne les OGM, par exemple, la controverse a incité le gouvernement à organiser des conférences de citoyens en 1998 et 2002. Mais on ne peut pas affirmer qu'il ait pris leurs conclusions systématiquement en considération. Une vraie politique de

---

[33] Dominique Bourg et Jean-Louis Schlegel, *Parer aux risques de demain : Le principe de précaution*, Paris, Seuil 2001, p. 150 ; Lepage et Guéry, *La politique de précaution*, p. 361.; Bruno Latour, "Prenons garde au principe de précaution," *Le Monde*, 4 janvier 2000 ; Daniel Boy, "Politiques de la science et démocratie scientifique," *Revue Internationale de Politique Comparée* 6 :3 (hiver 1999), pp. 620-621.

précaution aura à concrétiser des pratiques beaucoup plus variées et efficaces. Il faudra envisager une multiplication des instances participatives habilitées à se prononcer sur les risques technologiques. Il faudra formaliser les liens entre ces instances et les autres institutions gouvernementales, aux niveaux nationaux et supranationaux. Puis d'autres défis se présenteront. Comment faire en sorte que les forums hybrides se branchent sur les systèmes autorégulateurs des diverses cultures locales dont parle Mary Douglas, tout en reconnaissant avec Alain Caillé que maints phénomènes environnementaux nous interpellent en tant qu'êtres humains, membres d'une seule espèce ? À quoi ressembleraient concrètement des délibérations démocratiques qui donneraient la parole aux quatre discours sur la nature divisée, évoqués par Denis Duclos ? Autant de pistes de réflexion qui prêtent à penser la précaution comme résultat non d'une nouvelle rationalité unificatrice, mais de multiples processus participatifs. "Osez choisir votre nature," a lancé Serge Moscovici – le parrain, en quelque sorte, de toutes ces idées[34]. On ne saurait mieux définir la tâche d'une écologie politique en rupture avec les prémisses d'une modernité en mal de se déprendre de l'idée de la maîtrise.

---

[34] Serge Moscovici, *De la nature : Pour penser l'écologie* Paris, Éditions Métailié, 2002, p. 217.

Bibliographie

sur le thème "écologie et société" *

Acot Pascal, *Histoire de l'Ecologie*, PUF, Paris 1988.
Aertsen Jan, *Nature and Creature, Thomas Aquinas's Way of Thought*, E.J.Brill, New York, 1988.
Agarwal Anil, Narain Sunita, *Global Warming, a Case of Environmental Colonialism*, Delhi, Centre for Science and Environment, 1991.
Agarwal Anil et al. "Déclaration pour des droits politiques universels, *Ecologie Politique*, n°2, Printemps 1992.
Agulhon Maurice, "Le sang des bêtes", *Romantisme*, n°31 1981.
Alier Martinez Juan, *Ecological Economics, Energy, Economics, Society*, Basil Blackwell, Oxford, 1987.
Alier Martinez Juan, "Après Rio, l'écologisme des Pauvres", *Ecologie Politique* n° 6, Printemps 1993.
Alker Hayward, Haas Peter M. "The Rise of Global Ecopolitics", in : Nazli Choucri, ed., *Global Commons : Environmental Challenges and International Responses*, MIT Press, Cambridge, Mass., 1992.
Allaby Michael. *Dictionary of the Environment*, New York University Press, New York, 1989.

---

* Cette bibliographie donne une idée de l'enveloppe intellectuelle, universitaire, journalistique, administrative et technocratique qui prévalait au moment du séminaire "Limites de la postmodernité et société écologique ". Elle s'arrête donc à la première moitié des années 1990. Depuis, la marée d'ouvrages et d'articles sur le sujet n'a cessé de monter. Mais nous livre-t-elle beaucoup plus qu'une répétition, un bégaiement, une reproduction mécanique de pensées déjà élaborées ? Sans doute s'appuie-t-elle sur des faits toujours nouveaux. Il faudrait, comme dans bien d'autres domaines, un Borgès pour mettre en perspective les contenus de cette bibliothèque infinie, sans cela vouée à une évaluation bureaucratico-informatique des index de citations.

Alphandéry, P, Bitoun, P., Dupont, Yves, *L'équivoque écologique*, La Découverte, Paris, 1991.

Ambacher, Michel, *Les philosophies de la nature*, PUF Que sais-je ?, Paris, 1974.

Anders, Günther, *Die Antiquiertheit des Menschen. Band : über die Seele im Zeitalter der sweiten Industriellen Revolution*, Beck Verlag, München, 1985 (1956).

Anderson, C.H. (1976) : *The Sociology of Survival : Social Problems of Growth*, Dorsey Press, Homewood, Illinois, 1977.

Anderson, William, *Green Man : The Archetype of our Oneness with the Earth*. London, HarperCollins. 1990.

Antoine, Serge, Jean Baptiste de Vilmorin et André Jalna, *Ecrits francophones et environnement*, Editions Entente, Paris, 1991.

Appleton, Jay, T*he Experience of Landscape,* Wiley, London, 1975.

Aristote, *Peri genesis ke fthoras* (de la génération et de la corruption). Clarendon Press, 1922.

Aristote, *Physique,* texte établi par H. Carteron, Les Belles Lettres, Paris, 1926.

Armstrong, David, *What is a Law of Nature*, New York, Cambridge University Press, 1984.

Bach I., Destruction of Croatia's natural heritage, *Ekoloski Glasnik*, 5-6, pp7-10, Zagreb, 1992.

Bacon, Francis, *Le "Valerius Terminus", (De l'interprétation de la nature)*, Méridiens-Klincksieck, Paris, 1996.

Bacon, Francis, *The New Atlantis*, London, 1627. (*La nouvelle Atlantide*, Payot, Paris, 1983)

Badham, R.J., *Theories of Industrial Society,* London, Croom Helm, 1986.

Bacot, P, C. Journès, *Les nouvelles idéologies*, Lyon, PUL, 1982.

Badie, Bertrand et Smouts Marie, *Le Retournement du Monde, Sociologie de la scène internationale*, Presses de la Fondation Nationale des Sciences Politiques et Dalloz, Paris, 1992.

Bahro, Rudolf, *Socialism and Survival,* Heretic Books, London, 1984.

Ballesteros, Carlos, "Ecología y Política en México y América Central ", *Relaciones Internacionales*, Vol 13, México, Facultad de Ciencias Políticas y Sociales, UNAM, Mai-Juin 1991.

Banque mondiale, *Rapport sur le développement dans le monde -Le développement et l'environnement*, Washington, 1992.

Banuri, Tariq, " Quel espoir pour les pays du sud ?" in *Terre, patrimoine commun*, La Découverte-Descartes, Paris, 1992.

Barbier et Markandya, "The Contribution of Environmental and Resource Economics to an Economics of Sustainable Development", *European Economic Review* (34), p. 659-669, 1992.

Barbier, Rémi, *La cité de l'écologie*, mémoire de DEA, Paris, EHESS, Septembre 1992.

Barrow, John, *The Anthropic Cosmological Principle*, New York, Oxford University Press. 1988.

Barry, Don, "The Campaign against the Seal Hunt : Boycotting Canadian Fish". *Atlantic Canada Studies* Conference IX, Memorial University, St. John's, Newfoundland, 1992.

Bates, M., *he Forest and the Sea*, Vintage Book, New York, 1960.

Baumol, William J. and Oates, Wallace E. *The Theory of Environmental Policy*. Cambridge University Press New York, 1988.

Baumol, William J. and Oates, Wallace E., (eds.), *Economics, Environmental Policy and the Quality of Life.* Englewood Cliffs, NJ : Prentice Hall, Inc. 1979.

Beaud, Michel, *L'Économie mondiale dans les année 80*, La Découverte, Paris, 1989.

Beaupré, Carol, *Ontologie du monde de la vie, Lebenswelt*, thèse de l'université Laval, Québec,1983.

Beck, Ulrich, "The Anthropological Shock : Chernobyl and the Contours of the Risk Society", *Berkeley Journal of Sociology*, 32, 1991.

Beck, Ulrich, *Risiko Gesellschaft, Auf dem Weg in eine andere Moderne*, Frankfurt, Suhrkamp, 1986.

Beckerman, Wilfred, "Global Warming and International Action : An Economic Perspective" in Hurrell and Kingsbury, *Studies on Global Warming*, Harvard University Press, Cambridge, 1992.

Behrman, Daniel, *L'homme contre ou avec la Nature*, Unesco, Paris, 1974.

Belsey, A. "Marxism and Environmental Values", in R. Attfield, and D.Kells, (eds) *Conflict and the Environment*, Ian Ramsey Centre, Oxford, 1989.

Benedick, Richard Elliot, *Ozone Diplomacy : New Directions in Safeguarding the Planet.* : Harvard University Press, Cambridge, 1991.

Benedick, Richard Elliot, "Protecting the Ozone Layer : New Directions in Diplomacy." In Jessica Tuchman Mathews, (ed.), *Preserving the Global Environment : The Challenge of Shared Leadership*, pp. 112 – 53, Norton, New York and London, 1991.

Beney, Guy, "La Tentation globalitaire. ", Colloque international de Chantilly, Géopolitique de l'Environnement, Janvier 1993.

Beney, Guy, "La montée des géocrates", in *La Terre Outragée*, Autrement, Paris, 1992.

Bensaïd, Daniel, "Les tourments de la matière", *Ecologie Politique*, N° 7, 1993.

Benton, T, "Biology and Social Theory in the Environmental Debate", paper to ESRC Worshop on Sociology and Global Environmental Change, University of Kent, 27.3.1992.

Benton, T., "Marxism and Natural Limits ", *New Left Review*, Novembre 1989.

Bernard (St), Lettre 72 "Mirum Opus Naturae".

Bernard, Jean-Thomas, Eric Genest-Laplant et Benoit Laplante, Green, "Le coût d'abandonner le projet Grande-Baleine ". *Canadian Public Policy-Analyse de Politiques*, XVIII (2), 1992, pp. 153-165.

Bernardin de Saint Pierre, J., *Voyage à l'île de France*, (1773),, La Découverte, Paris, 1983.

Bernards, Neal (ed.), *The Environmental Crisis : Opposing Viewpoints*, Greenhaven Press, San Diego, 1991.

Berque, Augustin, *Le Sauvage et l'Artifice, Les Japonais devant la Nature*, Gallimard, Paris, 1986.

Berque, Augustin, "Nature, Histoire, Milieu, (l'écoumène comme embrayage du monde où la terre tourne, et du monde où le soleil tourne) ", *Ecologie Politique*, n° 6, Printemps 1993.

Berque, Augustin, *Médiance : de milieux en paysages*, Reclus, Montpellier, 1990.

Bettati, Mario, Kouchner Bernard et al., *Le devoir d'ingérence,* Denoël, Paris, 1987.

Berque, Augustin, "Environnement planétaire et paysage", *Nature, sciences sociétés*, vol 1 n°3 1993., p. 194.

Bhaskar, R., *The possibility of Naturalism*, Hassocks, Harvester, 1989.

Bidet, Jacques, "Y-a-t-il une écologie marxiste ? " *Actuel Marx,* n° 12, 1992.

Birnie, Patricia, "International Environmental Law : Its Adequacy for Present and Future Needs" in : Hurrell Andrew and Benedict Kingsbury (eds), *The International Politics of the Environment : Actors, Interests, and Institutions*, Clarendon Press, Oxford, 1992.

Blacker, Carmen, *Ancient Cosmologies*, Allen & Unwin, Londres, 1975.

Blichfeldt, Georg, "Sacrificing People to Save Whales." *Los Angeles Times*, p. B7, 4 January1993.

Boehmer-Christiansen, Sonja and Skea, Jim, *Acid Politics : Environmental and Energy Policies in Britain and Germany*, Belhaven Press, New York, 1991.

Bodiguel, Maryvonne (ed.), *Produire et préserver l'environnement. Quelles réglementations pour l'agriculture européenne ?* L'Harmattan, Paris, 1993.

Boisdon, Véronique, "L'environnement peut-il s'apprendre ? ", Le Monde, 10 Octobre 1990.

Bonnafé Annie, *Poésie, Nature et Sacré,* Maison de l'Orient, Lyon, 1984.

Bonneau, Maurice, "D'une problématique sociale à une problématisation scientifique : le cas des "pluies acides", *Nature Sciences Sociétés*, 1-3, 1993, pp. 221-228.

Bookchin, Murray *Post-scarcity anarchism*, Ramparts Press, Berkeley, 1971.

Bookchin, Murray, *The Ecology of Freedom*, Cheshire Books, Palo Alto, 1982.

Bookchin, Murray, *Pour une société écologique,* Bourgois, Paris, 1976.

Borrelli, Peter, *Crossroads environmental priorities for the future*, Island Press, Washington DC, 1988.

Bosnjakovic Branko, *Die Rahmenbedingungen fur den Umweltschutz in den Reformlandern Mittel und Osteuropas.* Druckschrift zum Symposium "Umweltschutz in Ostmitteleuropa, wie ? – Abfall und Wirtschaft, Wasser, Luft und Boden", Budapest, 16.-18. September 1992. K. Gutke Verlag, Köln, 1992.

Bosquet, M./ Gorz André, *Ecologie et Politique*, Seuil, Paris, 1978, pp-88-90.

Botkin, Daniel B., *Discordant Harmonies : a new ecology for the twenty-first century*, Oxford Universty Press, New York, 1990.

Bouché, M., *Ecologie opérationnelle assistée par ordinateur,* Paris, Masson, 1990.

Boulding, K. E., "The Economics of the Coming Spaceship Earth", in JARRETT H. (ed)., *Environmental*

Quality in a Growing Economy,, The John Hopkins Press, Baltimore, 1966, p. 3-14.

Boulet, Pierre, *Idée de nature et image de l'homme : deux composantes génératrices de valeurs dans le corpus publicitaire.* Thèse de l'Université Laval, 1981.

Bourg, Dominique, "Droits de l'Homme et Ecologie ", *Esprit*, 1992 pp. 80-94

Bourg, Dominique (ed.), *Les sentiments de la nature*, La Découverte, Paris, 1993.

Bourg, Dominique, "Hans Jonas et l'Ecologie", *La Recherche* n° 256, vol 24, Juillet-Août 1993.

Bourguignat Henri, *Les Vertiges de la finance internationale*, Economica, Paris, 1987.

Boussard Isabelle, *Vichy et la corporation paysanne*, FNSP, Paris, 1980.

Boy, Daniel, Allan-Michaud Dominique, "Ni de droite, ni de gauche : le flou porteur ", *Libération*, 26 Juin 1989.

Boy, Daniel, "Le vote écologiste en 1978 ", *Revue française de science politique*, vol. 31, n° 2, avril 1981.

Boyden, Stephen and Stephen Dovers, "Natural resource consumption and its environmental impacts in the Western World : Impacts of Increasing Per Capita Consumption ", *Ambio*, 21(1) :63-69, 1992.

Bramoulle, G., *La peste Verte*, Les Belles Lettres, Paris, 1991.

Bramwell, Anna, *Ecology in the 20th Century : A History.*: Yale University Press, New Haven, 1989.

Broadbent, Jeffrey, "Testing Theories of the Environmental Crisis, a Case Study of Regional Industrialization in Japan, Paper presented at the ISA "Environment and Society" Research Group, Woudschoten, The Netherlands, 17-21 June 1992.

Broecker, Wallace S., 'Global Warming on Trial' *Natural History* (April 1992), pp. 6-14.

Brosse, Jacques, *L'homme dans les bois*, Stock, Paris, 1976.

Brown, Lester, *L'état de la planète*, Worldwatch Institute, Editions Economica, Paris, 1991.

Brown, M.H., *The Green Peace Story*, Prentice-Hall Canada, Scarborough, 1989.

Brown, Neville, 'Climate Ecology and International Security' *Survival* (Vol. 31 No. 6, 1989), pp. 519-32.

Brundtland, G.H et alii, *Our Common Future*, (rapport) World Commission on Environment and Development, Oxford University Press, 1987.

Buchholz, Rogene A., Marcus, Alfred A. & Post, James E. *Managing Environmental Issues : A Casebook.* New Jersey, Prentice Hal, 992.

Bucholtz, Barbara,"Coase and the Control of Transboundary Pollution : the Sale of Hydroelectricity under the United States-Canada Free Trade Agreement of 1988" *Boston College Environmental Affairs Law Review* 18, 2 : 1990, pp. 279-318.

Bugge, H.G., *pollution Industrielle, problèmes administratifs et juridiques*, PUF, Paris, 1976.

Bull, D., *A Growing Problem. Pesticides and the Third World Poor*, Oxfam, Oxford, 1982.

Burch, WR., *Daydreams and Nightmares, a Sociological Essay on the American Environment.*, Harper and Row, New York, 1971.

Bush, Georges, *Remarks made during announcement of the Clean Air Act Amendments,* Washington D.C., Office of the Press Secretary, White House, 1989.

Buttel, F., W.J. Flinn, "Environmental politics : the structuring of partisan and ideological cleavages in mass environmental attitudes." *Sociological Quarterly, vol.* 17, n°4, 1980, pp.477-490.

Buttel, F.H, "Social Sciences and the Environment : Competing Theories, *Social Sciences Quarterly*, pp. 57-307, 323.

BWG, "Biotechnology's Bitter Harvest : Herbicide Tolerant Crops and the Threat to Sustainable Agriculture.

Biotechnology Working Group."; Environmental Defense Fund, New York, 1990.

Cairncross, Frances, *Costing the Earth*, London, Economist Books ltd, 1991.

Cadoret Anne, (ed.), *Protection de la nature : histoire et idéologie*, l'Harmattan, Paris, 1985.

Calame-Griaule, G., "L'homme-hyène dans les traditions soudanaises", *L'Homme*, 1961, n°1, pp. 89-119.

Cahiers du CNFPT, Environnement et collectivités territoriales", n° 38, avril 1993, Paris.

Cahiers de Global Change, "Les réactions à l'appel de Heidelberg", n° 1, Décembre 1992, Paris, pp. 24-39.

Caldwell, Lynton K.. *Environment : A Challenge to Modern Society.* Garden City, NY :Doubleday, 1971.

Caldwell, Lynton K., "International Environmental Politics : America's Response to Global Imperatives." In Norman J. Vig and Michael E. Kraft, (eds.), *Environmental Policy in the 1990s : Toward a New Agenda.*: Congressional Quarterly Press, Washington, D.C., 1990.

Caldwell, Lynton K., *International Environmental Policy : Emergence and Dimensions,* Duke University Press, Durham, 1990.

Caldwell, Lynton K., *La terre en danger : pour une protection internationale de la biosphère*, Paris, Les Editions internationales, 1973.

Callenbach, Ernest, *Ecotopia*, Bantam Books, New York, 1990.

Callicott, J.B. "In Defense of the Land Ethic", *Essays in Phenomenal Philosophy*, SUNY, 1989.

Callicott, J.B., "Non Anthropocentric Value Theory and Environmental Ethics ", *American Philosophical Quarterly*, 21, Octobre 1984 : 299-309.

Callicott, J.B., "La nature est morte, vive la nature ", *Ecologie Politique*, n° 7, 1993

Cameron J.R. "Do Future Generations Matters ?" in : Dower Nigel, *Ethics and Environmental responsibility*, Averbury Series in Philosophy, Vermont, 1989.

Camilleri Joseph, et Falk Jim, "Ecologie et crise de la souveraineté nationale", *Ecologie Politique*, N°8, Automne 1993.

Camilleri Joseph, Falk Jim, *The end of Sovereignty ? The Politics of a Shrinking and Fragmenting World*, Elgar, Aldershot, 1991.

Campion-Vincent Véronique, *Des Fauves dans nos campagnes, Légendes, rumeurs et apparitions*, Imago, 1992.

Cans Chantal, "l'ingérence verte : assistance ou intervention ", *Les cahiers du futur*, Août 1992.

Cans Roger, *Tous verts, la surenchère écologique*, Calmann-Lévy, Paris, 1992.

Capra, Fritjof. Spretnak, Cynthia. *Green Politics*. E.P. Dutton, Inc., New York, 1984.

Carfantan Jean-Yves, *Le grand désordre du monde*, Seuil, Paris, 1993.

Carroll John E. (ed.), *International Environmental Diplomacy*, Cambridge University Press, Cambridge 1988).

Carson Rachel, *Silent Spring*, Houghton-Mifflin, Boston, 1962.

Carson Rachel., *he Sea around Us, Signet Book*, New America Library, New York,1960.

Carter, Barry E. and Trimble, Phillip R., *International Law*, Little Brown and Company, Boston, 1991.

Catton Jr. W.R. Overshoot, *The Ecological Basis of Revolutionnary Change*, U. of. Illinois Press, Chicago, 1980.

Catton W.R et R.E. Dunlap, "Environmental Sociology : A New Paradigm ", *The American Sociologist*, Vol 13, Feb 1980, pp 41-49.

Chamboredon J.C., "Les usages urbains de l'espace rural : du moyen de production au lieu de récréation", *Revue Française de Sociologie*, XXI – pp. 44 à 56, 1980.
Chamboredon Jean Claude, "La naturalisation de la campagne : une autre manière de cultiver les "simples" ? in *La protection de la Nature, Histoire et idéologie de l'environnement*, L'Harmattan, Paris, 1985. pp. 138-151.
Chance, N.A. *The Eskimos of North Alaska*, Holt, Rinehart, and Winston, New York, 1966.
Changeux J.P., "Les Neurones de la Raison", *La recherche* N° 244, Juin 1992, vol 23, pp 705-713.
Charbonneau Bernard "Le mépris chrétien de la nature", *Le Sauvage*, n° 29, Mai 1976.
Charbonneau Bernard, *Le feu vert : autocritique du mouvement écologique* Karthala, Paris, 1980.
Charbonneau Bernard, L'environnement et la nature, in L'homme moderne et son image de la nature, Neuchâtel, 1974.
Chase, Alston, *Playing God in Yellowstone : The Destruction of America's First National Park*, Harcourt Brace/Jovanovich, San Diego, 1987.
Cherki Eddy, "A propos des mouvements de défense de l'environnement", *Annales de la recherche urbaine*, n°3, avril 1979, pp 72-100.
Chesneaux Jean, "Entre Nature et Modernité", *La Quinzaine Littéraire*, 16 Octobre 1992.
Chisholm Anne, *Philosophers of the Earth : conversations with Ecologists*, Sidgwick and Jackson, Londres, 1972.
Christian Clifford G. "Ethical Theory in a global setting.", n : Cooper Thomas W. (ed.), *Communication Ethics and Global Change*, Longman Inc., White Plains, NY, 1990.
Clark S.R., *The Moral Status of Animals*. Oxford University Press, 1977. – The Rights of Wild Things", *Inquiry* 22, Eté 1979 : 171-187. Gaïa and the Forms of Life", In R. Elliot and A. Gare (eds.), *Environmental Philosophy : a Collection of Readings*, University Park, Pennsylvania State University Press, 1983.

Clark, Stephen.R, *The Moral Status of Animals*. Oxford University Press, 1977.

Clark, Robin, ed. Sextant 1 : More Than Enough ? : An Optimistic Assessment of World Energy. Paris : Unesco Press. 1982.

Clark, Stephen R., "The Rights of Wild Things ", *Inquiry* 22, Eté 1979, 171-187.

Cleveland Harlan, *The Global commons : Policy for the Planet*, The Aspen Institute and Universty Press of America, London, 1990.

Club of Rome, "The first global revolution ", Rome, 1991.

Club de Rome, *Halte à la croissance ? Rapport sur les limites de la croissance*, Fayard, Paris, 1972.

Coase, R.H., "The Problem of Social Cost", *Journal of Law and Economics*, Octobre 1960.

Coase, R.H., "The Problem of Social Cost ". *Journal of Law and Economics,* 3, 1960.

Cockburn Alexander, Ridgeway J., *Political Ecology, Quadrangle books, New York, 1979.*

Cohen, Peter, *Creating a Viable Culture*, Strondsberg Pennsylvania, 1987.

Comisión de Desarrollo y Medio Ambiente de América Latina y el Caribe, *Nuestra Propia Agenda*, BID y PNUD, 1990.

Commoner, Barry, *The Closing Circle. Nature, Man and Technology*, 1971. Trad. fr, *L'Encerclement*, Paris, Seuil, 1972.

Commoner, Barry, *Quelle Terre laisserons-nous à nos enfants ?* Seuil, Paris, 1969.

Commoner, Barry, *Making Peace with the Planet*, Pantheon Books, New York, 1990.

Commoner, Barry, *Science and Survival,* a Viking Compass Book, New York, 1966.

Commoner, Barry," Nuclear Politics", in : Cockburn Alexander, Ridgeway J. (eds.), *Political Ecology., Quadrangle books, New York, 1979.*

Conan, Michel,. "Découverte et invention du Yellowstone, esquisse de la création d'une culture visuelle aux Etats Unis au 19ème siècle", *in Protection de la nature*, L'Harmattan, Paris, 1985, pp. 175-192.

Conca, Ken, "Peace Studies and the Multiple Meanings of the Global Environment" (paper presented at the 33rd Annual Convention of the International Studies Association, Atlanta, 4 April 1992.

Condillac, *Traité des Animaux*, Vrin, 1981 (réd 1796).

Condominas, G., *Nous avons mangé la forêt*, Paris, 1957.

Conti, Laura, *Qu'est-ce que l'Ecologie ? : Capital, Travail et Environnement*, Maspéro, Paris, 1978.

Contopoulos, G., Kotsakis Dimitrios, Cosmology, *la structure et l'évolution de l'univers*, Springer Verlag, Berlin, 1987.

Convention on the Control of Transboundary Movements of Hazardous Wastes and Their Disposal, signed at Basle, Switzerland, March 27, 1989.

Cooper, D., Vellvé R., Hobbelink Henk (eds.), *Growing Diversity, Genetic Resources and Local Food Security*, Intermediate Technology Publications, Londres, 1992.

Cooper, Thomas W. (ed.), *Communication Ethics and Global Change*, Longman Inc., White Plains, NY, 1990.

Cornes, Richard and Sandler, Todd. *The Theory of Externalities, Public Goods, and Club Goods*, Cambridge University Press, New York, 1986.

Costanza, R., Norton B, Hasell B, *Ecosystem Helath : New Goals for Environmental Management*, Islad Press, Washington D.C., 1992.

Couchaux, Denis, *Habitats nomades*, Alternative et Parallèle, Paris, 1980.

Cousteau, Jean Yves. *La mer blessée*, Flammarion, Paris, 1987.

Crager, Wesley, *Problèmes moraux en environnement*, Macgrawhill, New York, 1990.

Crook, J.H., *Social behaviour in Birds and Mammals*, Londres, 1970.

Crossroads, Environmental priorities for the Future, Island Press, Washington DC, 1988

Culianu, J.P. "From Gnosticism to the Dangers of Technology : an Interview of Hans Jonas", in J.Culianu (ed.), *Gosticismo e pensiero moderno*, Roma, 1985.

Czechoslovak Academy of Sciences and the Federal Committee for the Environment : National Report of the Czech and Slovak Federal Republic. United Nations Conference on Environment and Development, Brazil, June 1992.

Dagognet, François, *Nature* Vrin, Paris, 1990.

Dahl, Jürgen, La Ultima Illusion, *Debats*, 35-36, Mars 1991.

Dalby Simon, "Modernity, Ecology and the Dilemmas of Security" (communication au "33rd Annual Convention of the International Studies Association ", Atlanta, 4 April 1992). "'Security, Modernity, Ecology : The Dilemmas of Post-Cold War Security Discourse' *Alternatives*, Vol. 17, No. 1, 1992.

Daly, H.E, Cobb. Jr., *For the Common Good, Redirecting the Economy toward Community, The Environment, and Sustainable Future*, Beacon, London, 1989.

Daly, H.E. Criterios Operativos par el Desarrollo Sostenible, *Debats* n°35-36, 1991, March June, pp 38-41.

Daly, H.E., *Steady-State Economics*, W.H. Freeman, San Francisco, 1977

Damien, Michel, *L'animal, l'homme et Dieu*, Editions du Cerf, Paris, 1978.

Darling,, Juanita.. "Report Sees U.S. Trade Pact as Mexican Pollution Threat." *Los Angeles Times*, 17 July 1992.

Darling, F Fraser, John P. Milton, *Future environments of North America*, Garden City, Natural History Press, New York, 1966.

Dart, E., *Development of Biotechnology in a Large Company*. : ICI External Relations Department, London, 1988.

Dasmann R.F., *he Destruction of California*, Collier Books, London 1970.

Dawkins, Richard. *The Selfish Gene*, Oxford University Press, New York, 1989.

De Miller, Roland, *Nature, Mon amour, Ecologie et Spiritualité*, Debard, Paris, 1979.

De Waal, F. B., *La Politique du Chimpanzé*, Le Rocher, 1987

De Waal, F.B., "La réconciliation chez les primates ", *la Recherche* n° 210, Mai 1989.

DeCanio, Stephen J., "Technological Cooperation to Avert Global Warming : Economic Growth, Carbon Pricing and Energy Efficiency ", Teaching Seminar Institute on Global Conflict and Cooperation, 16 November 1991.

Deitert, R, *Quanto e' verde l'Europa* (Manusjript, GFK, Europanel), Octobre 1990.

Deléage, Jean Paul, *Histoire de l'Ecologie, une science de l'Homme et de la Nature*, La Découverte, Paris, 1991.

Deporcq, D., G. Soulié, "Le retour à la terre", in P. Bacot et C. Journès, *Les nouvelles idéologies*, Lyon, PUL, 1982, pp 99-110.

DeRidder, Kim, (ed.) *Acid Rain and Friendly Neighbors : The Policy Dispute Between Canada and the United States.* Durham : Duke University Press, 1988.

Descola, Philippe, *La nature domestique, symbolisme et praxis de l'écologie des Ashuar*, Editions des Sciences de l'Homme, Paris, 1986.

Détienne, Marcel et Vernant Jean Pierre, *les ruses de l'Intelligence, la Métis des Grecs*, Flammarion, Paris, 1974.

Deudney, Daniel, "The Case Against Linking Environmental Degradation and National Security ", *Millennium* (Vol. 19, No. 3, Winter 1990), pp. 461ff.

Deudney, Daniel, "Environmental Security : Muddled Thinking ", *Bulletin of The Atomic Scientists*, April 1991, pp. 22-28.

DeVall, Bill, and George Sessions, "Character and Culture", in *Deep Ecology*, Peregrine Smith Books, Salt Lake City, 1985.

Devroy, Ann and Michael Weisskopf, "Bush Overrules EPA to Ease Clean Air Regulations for Industry." Los Angeles Times, 18 May 1985.

Dialectique n° 31, "La pensée-écologie", hiver 1981.

Dickens, Peter, *Society and Nature*, Hemel Hempstead, Harvester, 1992.

Diderot, Denis, *résentation de R.Cumberland, in : R. Cumberland, Traité philosophique des lois naturelles* (1727), Amsterdam, Zacharie Chatelain, 1745.

Diener, Ingolf, Supp Eckrad, *Ils vivent autrement*, Stock, Paris, 1982.

Disch, Robert (ed.) *The Ecological Conscience*, Prentice Hall, Englewood Cliffs, NJ, 1970.

Dixon, Thomas F. Homer, "On the Threshold : Environmental Changes as Causes of Acute Conflict ", *International Security,* 16(2) :76-116, Fall 1991.

Dobzhansky, Th, "Cultural Direction of Human Evolution ", *Human Biology*, 1963, n°35, pp. 311-316.

Dollfus Olivier, "Le Système-Monde", in Roger Brunet et Olivier, Dollfus (eds.), *Mondes nouveaux*, Hachelle/Reclus, 1990, p. 513-524.

Dorst, Jean., *Avant que nature ne meure*, Delachaux et Niestlé, Lausanne, 1965.

Dorst, Jean, *La nature dénaturée*, Paris, 1970.

Douglas, Mary, *De la souillure*, Maspéro, Paris, 1969.

Douglas, Mary, A. Wildavsky, *Risk and Culture, an Essay on the Selection of Technical and Environmental Dangers*, University of California Press, Berkeley,1983.

Douglas, Mary, "A quelles conditions un ascétisme environnementaliste peut-il réussir ?", in Dominique Bourg (ed.) : *La nature en politique ou l'enjeu philosophique de l'écologie*, L'Harmattan, Paris, pp. 96-120.

Douw, J., "Poor People as Environmental Hazards", *Social Policy,* Juin 1979.

Dower, Nigel, *Ethics and Environmental Responsibility,* Averbury Series in Philosophy, Vermont, 1989.

Downs, Anthony, "Up and down with ecology : The issue-attention cycle", *The Public Interest,* XXVIII :3 -50, 1972.

Doyle, J., "Who will gain from biotechnology ", in Gendel et al. (eds.), *Agricultural Bioethics : Implications of Agricultural Biotechnology,* Iowa State University, Ames, 1990, pp. 177-93.

Dreux, P., *Précis d'Ecologie,* PUF, Paris, 1980.

Driver, H.E., *Indians of North America,* University of Chicago Press, Chicago, 1961.

Droit de l'Environnement, Précis Dalloz, Paris, 1990.

Drouin, Jean Marie, *La naissance du concept d'écosystème,* Thèse de troisième cycle, Université de Paris I, 1984.

Drouin, J.M., *Réinventer la nature, l'écologie et son histoire,* Desclée de Brouwer, Paris 1991.

Drucker, Peter F., *The New Realities,* : Mandarin, London, p. 110-111, 1990.

Drucker, Peter F., Indians of the NorthWest Coast. New York, 1955 :

Dubos, René, *L'Homme et l'adaptation au milieu,* Payot, Paris, 1973.

Duchacek, Ivo D., Latouche Daniel and Garth Stevenson, (eds.) *Perforated Sovereignties and International Relations,* Greenwood Press, New York 1988.

Duclos, Denis, "Risque pour l'environnement ou pour la culture ? ", *Communications,* Octobre 1993.

Duclos, Denis, "Cultures, nature et risques technologiques : Le risque comme analyseur des mécanismes de civilisation selon Mary Douglas", Revue *Déviance et société,* Printemps 1994.

Duclo,s Denis, "Du nouveau sur le front Nature-Culture", *Société,* n° 9, Montréal, Hiver 1992.

Duclos, Denis, "Entre La Sorbonne, Mickey et les "Verts" : l'enjeu culturel de l'écologie." *Terminal,* Novembre 1992.

Duclos, Denis, "La Nature : principale contradiction culturelle du capitalisme", *Actuel- Marx,* Sept-Oct. 1992.

Duclos, Denis, "Les risques Planétaires : de la technologie polluante à l'écologie", *Terminal,* Février 1992.

Duclos, Denis, "No Risk Except for Culture", *Presentation for the ISA Environment and Society Research Committee Conference,* Woudschoten, The Netherlands, 17-21June 1992.

Duclos, Denis, "Risques technologiques et catastrophes industrielles", "l'effet Tchernobyl", in *L'Etat des sciences et des techniques,* La Découverte, Paris,1991.

Duclos, Denis, *L'environnement comme nouvelle prohibition de l'inceste,* SORISTEC-CNRS, 35 pp., 1991.

Duclos, Denis, "Civilité, Risque technologique, Nature : de nouveaux objets pour la sociologie ", intervention au Séminaire "Social Order and Civilizing Process", organisé par le ESRC et le Secteur SHS du CNRS à Cumberland Lodge, *Windsor, 3-5 Septembre 1990*

Duclos, Denis, et alii., Recherche sur les impacts socio-économiques de l'industrialisation de Singrauli"., EDF-CNRS, 1991.

Duclos, Denis, In *L'Etat de l'Environnement* (La Découverte, 1993.) : -" Le monde scientifique et l'environnement : pris entre la recherche hasardeuse et le diagnostic sur les nuisances." – "Basculement à l'égard de la science : de la confiance à l'angoisse" – "De la futurologie au New Age : le rêve du mariage d'amour entre technologie et nature." – "L'Hypothèse Gaïa : meilleure perception des interactions complexes de la biosphère..ou nouvelle religion ? " – "La grande presse et la montée des préoccupations environnementales." – "La tentation de la fuite en avant technologique." – " Ozone, pluies Acides, Effet de Serre : de l'alerte à la controverse."

Duclos, Denis, *Industrial Relations and the Environment : the French Case*, enlarged Report to the European Foundation, 5-6 Novembre 1991, – Dublin-Brussels. (100 p. + diag., bibliog.)

Duclos, Denis, *L'Etat américain et la régulation de l'environnement*, 1970-1980, rapport CSU, Paris, 1981, 170 pp.

Duclos, Denis,"L'expertise du risque : ou la science saisie par la raison d'Etat", *Revue Autrement*, Janvier 1992.

Duclos Denis,"L'environnement dans la culture française", *Les Cahiers Français*, La Documentation Française, Mars-Avril 1991.

Duclos, Denis,"Les déplacements de la menace", in "Menaces du Sud : images et réalité", *Cultures et conflits*, N° 2, Juillet 1991, pp.163 -177.

Duclos Denis,"Modernité et contrôle des menaces", (Chap. 13) in *Sortie de Siècle* (J.P.Durand, F.X Merrien ed.) Paris, Vigot, 1991, pp. 353-382.

Duclos, Denis, J. Smadja, "Culture and the Environment in France." *Environmental Management*, vol 9, N° 2. pp 134-140, 1985.

Duclos, Denis, *Les industriels et les risques pour l'environnement,* Editions l'Harmattan, Paris, 1991, Paris, 250 pp.+ bibl.)

Duclos, Denis, "Unemployment or Pollution ? : Attitudes of the French Working Class to Environmental Issues,", *International Journal of Urban and Regional Research*, vol 5, n°1, 1981.

Duflos, C., "Les Français et l'Environnement", *Consommation et Modes de vie*, CREDOC, N°45, 31 Janvier 1990.

Dumont, René, *A vous de choisir : L'écologie ou la mort,* Pauvert, Paris, 1974.

Dumont, René, in J.P. Ribes (ed.), *Pourquoi les écologistes font-ils de la politique*? entretiens avec B. Lalonde, S. Moscovici, R. Dumont, Seuil, aris, 1978.

Dumont, René, *L'utopie ou la mort,* Seuil, Paris, 1975.

Dumont, René, "Une nouvelle frontière, l'écologie." In : *La paix des grands, l'espoir des Pauvres*, Paris, La Découverte/Le Monde, 42-53.

Dunlap, Riley, D.Morrison, "Elitism, Equity and Environmentalism," *ASA proceedings*, New York, 1980.

Dunlap, Riley et W. R Catton," Environmental Sociology, a New Paradigm", *The American Sociologist*, 1978, vol 13, pp. 41-49.

Dunlap, Riley, *DDT, Scientists and Public Policy*, Princeton Press, Princeton, 1982.

Duplessy, J-C, Morel P. *Gros temps sur la planète*, O.Jacob, Paris, 1990.

Dupont, Yvres, (avec P. Alphandery, et P. Bitoun) *L'équivoque écologique*, Editions La Découverte, Paris, 1991.

Dupuy, Jean-Pierre, & Robert Jean, *La trahison de l'opulence*, PUF, Paris, 1976.

Dupuy ,Jean-Pierre, *Ordres et Désordres, Enquête sur un nouveau paradigme,*. Seuil, Paris, 1982.

Dupuy, René-Jean (ed.) *The Future of the International Law of the Environment*. Workshop, The Hague, 12-14 November 1984, Martinus Nijhoff Publishers, Dordrecht, 1985.

Dupuy, Jean Pierre (ed.) *L'auto-organisation : de la physique au politique*, Colloque de Cerisy, Seuil, Paris, 1989.

Durand, Michelle, Harff Yvette, *La qualité de la vie, mouvement écologiste, mouvement ouvrier*, Mouton, Paris/La Haye, 1976.

Dye, Lee, "Expert Find No Quick Fix for Atmosphere ". *Los Angeles Times*, 10 December 1991.

ECAS (Euro-Citizen Action Service), Le Citoyen Europeen, *Report on European Citizens Audit on Biotechnology,* Bruxelles, 1992.

Eder, Klaus, "Communication écologique et culture environnementaliste", in : D.Bourg (ed.), *La nature en politique ou l'enjeu philosophique de l'écologie*. Paris, L'Harmattan, Paris, 1989, pp.121-37.

Eder, Klaus, Die Vergesellschaftung der Natur, Studien zur sozialen Evolution der praktischen Vernunft, Suhrkamp, Frankfurt am Main, 1989.

Eder, Klaus, "The cultural code of modernity, and the problem of nature : a critique of the naturalistic notion of progress". In Alexander J. & Sztompka P. (eds.), *Rethinking Progress : Movements, Forces and Ideas at the end of the Twentieth Century*, pp. 67-87), Unwin-Hyman, London/New York, 1991.

Edholm, F. "The Unnatural Family, in A.Whitelegg et al. (eds), *The Changing Experience of Women*, Martin Robertson, Oxford, 1982.

Egerton, Fran N., "A Bibliographical Guide to the History of General Ecology and Population Ecology", *History of Science*, 15, 1977, 189-215.

Eggertsson, Thráinn. *Economic Behavior and Institutions*, Cambridge University Press, New York, 1990.

Ehrard, Jean, *L'idée de Nature, en France, à l'aube des lumières*, Flammarion- SEVPEN, Paris, 1963.

Ehrenfeld, David W., *Conserving Life on Earth*, N.Y. Oxford University Press, New York, 1982.

Ehrlich, Paul et Anne, "Long Term Biological Consequence of Nuclear War ", *Science*, n°4630, 1983, pp.1293-1300.

Ehrlich, Paul et Anne, *Population, ressources, environnement*, Fayard, Paris, 1972.

Ehrlich, Paul et Anne, *Ecoscience : Population, Resources, Environment,* W.H. Freeman, San Francisco 1977.

Ehrlich Paul et Anne. *The Population Explosion*, Simon & Schuster, New York 1990.

Ehrlich, Paul et Anne. & Ehrlich, Anne. *Healing the Planet.* Reading, MA : Addison Wesley. 1991.

Eizner, Nicole, *Prolégomènes à l'étude des représentations sociales de l'environnement*, Groupe de Recherches Sociologiques, CNRS, Paris, 1991.
Ekins, Paul, *The Gaïa Atlas of Green Economics,* Anchor Books, New York, 1992.
Eliade, Mircéa, *le mythe de l'éternel retour,* archétypes et répétition, Gallimard, Paris, 1969.
Elkington, J. Burke T. *The Green Capitalists*, Gollancz, 1987.
Elliot, R. and A. Gare (eds.), *Environmental Philosophy : a collection of readings*, University Park, Pennsylvania State University Press, 1983.
Ellul, Jacques. *The Technological Society,* Vintage Books, New York,1964.
Engel, J. Ronald and Joan Gibb Engel, *Ethics of Environment and Development : Global Challenge and International Response*, University of Arizona Press, Tucson, 1990.
Engels, F., *Dialectique de la Nature*, (MEGA, 1935) Editions sociales, Paris, 1968.
Entreprise et progrès, *L'entreprise et l'Environnement,* Janvier 1990.
Environmental Action, *Earth day, the beginning,* Arnold press/Times Books, New York,1970.
Environmental Protection Agency, Office of the Administrator, Science Advisory Board, *The science Advisory Board : Making a difference*, Director's report Fiscal Year 1988, issued march 1989.
EPA/SEDUE. 1992. Integrated Environmental Plan for the Mexican-U.S. Border Area (First Stage, 1992-1994).
Enzenberger H.M., "Critique of Political Ecology", *New Left Review,* n°84, Mars-Avril 1974.
Erhard, Lugvig, *Deutsche Wirtschaftspolitik*, Dusseldorf, Econ-Verlag, 1962 ; trad. fr. *Une Politique de l'abondance*, Paris, Laffont, 1963.
Esposito, J.C., *Vanishing Air,* Grossman, ew York, 1970.

European Community Deskbook. *The Environmental Law Reporter*. Environmental Law Institute, Washington, D.C., 1992.

Fabiani, Jean-Louis, "Un exemple de construction savante du risque forestier : les forêts péri-urbaines", Colloque international de recherche : *Evaluer et maîtriser les risques*, Chantilly, Janvier 1986.

Fabiani, Jean-Louis, "Science des écosystèmes et protection de la nature ", in *Protection de la Nature*, L'Harmattan, Paris,1985.

Fabra, Paul, "L'économie informelle", *le Monde*, 8 mai 1990.

Faivre, A., *Lumière et cosmos : courants occultes de la philosophie de la nature*, Albin Michel, Paris, 1981.

Falque, M., "Environnement et contrôle social de l'espace," *Futuribles,* 18, nov décembre 1978, pp. 713-732.

Faucheux, Sylvie. et J.F. Noël, *Les menaces globales sur l'environnement*, La Découverte, Repères, Paris 1990.

Faye, J.P., "Vers une philosophie du vivant humain" in : *Vers un Anti-Destin, patrimoine génétique et droits de l'humainité*, sous la direction de Françius Gros et de Gérard Huber, Editions Odile Jacob, Paris, 1992.

Feinberg, Joël, "The rights of Animals and Unborn Generations", in Rights, Justice, and The Bounds of Liberty, Princeton University Press, 1980, pp 159-184.

Feltz, B, Lambert D. *Human Being versus Nature*, Université de Namur, 1991.

Ferry, L., *Le nouvel ordre écologique, L'arbre, l'animal et l'homme*, Grasset, Paris, 1992.

Fischhoff, Baruch, Sarah Lichtenstein and Paul Slovic, "Approaches to Acceptable Risk : A Critical Guide ", (Prepared for Oak Ridge National Laboratory and the US Nuclear Regulatory Commission), 1980.

Fisher, Duncan & Clare Davis (eds.), *Civil Society and the Environment in Central and Eastern Europe,* Ecological Studies Institute, London/Alexander Juras Institut fur

Europaische Umweltpolitik, Bonn/ Eko-Center, Belgrade, May 1992.

Fleming, Donald, "Roots of the New Conversation Movement", *Perspectives in American History*, 6, pp.7-91, 1972.

Fontanet, J., *Le social et le vivant*, Plon, Paris, 1977.

Fontanges Bernard, " Au colloque de St Raphaël, Le Pen : nous sommes des écologiens", *Présent*, n°2442, 4-5 nov 1991.

Fortin, Robin, *La nature dans la cosmologie aristotélicienne*, Thèse de l'université Laval, Québec, 1987.

Fournier, Pierre, *Y'en a plus pour longtemps,* (textes choisis par R. de Miller), Editions du Square, Paris, 1975.

Fox, Michael, *The New Eden : for People, Animals & Nature*, Lotus Press, Santa Fé, 1989.

Fox, Stephen, *The American Conservation Movement, John Muir and his Legacy,* University of Wisconsin Press, Madison, 1985.

Fox, R,. "In the Beginning, Aspects of Hominid Behavioural Evolution ", *Man*, 1967, 2, p. 417.

Francis, E.K., *Interethnic Relations : An Essay in Sociological Theory.* Elsevier, *New* York, 1976.

Franco, Tânia, "Industrial work and the environment : the experience of the Camaçari industrial complex" in G. Martine (ed.), *Population and Environment : Brazilian Dilemmas,* ABEP/Editora Unicamp, EPD 1992.

François, M., L'état civil en Afrique, STATECO n°52-53, INSEE, 1988.

Fratianni, Michele and Pattison, John.. International Institutions and the Market for Information : Roland Vaubel and Thomas D. Willet eds. The Political Economy of Global Interdependence, Westview Press, Boulder, 1991, pp. 100-124.

Frazer, James.G., *The Worship of Nature*, Macmillan, 1924, (réimpression AMS Press, New York,1976).

Freitag, Michel, "la nature de la technique et le problème normatif.", *Société*, n°4, Raison et technique, pp. 7-94, Hiver 1989.

Friederichs, Karl, "Vom gegenstand der Ökologie". *Studium Generale*, 10, 112-44, 1957.

Friedheim, Robert L., Negotiating the New Ocean Regime. : University of South Carolina Press, Columbia, S.C., 1992.

Friedheim, Robert L. and Tsuneo Akaha, "Antarctic Resources and International Law : Japan, the United States, and the future of Antarctica." *Ecology Law Quarterly*, 16(1) 1989, pp 119-54.

Friedman, James M. and Michael S. McMahon. *The Silent Alliance : Canadian Support for Acid Rain Controls in the United States and the Campaign for Additional Electricity Exports*, Regnery Gateway, Chicago, 1984.

Fritsch, Philippe, *L'Activité Sociale Normative, Esquisses sociologiques sur la production sociale de normes*, CNRS Editions, Paris, 1992.

Fromageau, J, in *L'écologie et la loi*, sous la direction d'A. Kiss, L'Harmattan, 1989

Fromm Erich, *The Sane Society*, Fawcett Premier Book, New York, 1967.

Fudenberg, Drew, Tirole Jean, *Game Theory*. Cambridge, MIT University Press, 1991.

Gadamer H.G., *Philosophical hermeneutics*, Berkeley, UCLA PRess, 1976.

Gaddis, John Lewis, *Strategies of Containment*, Oxford University Press, Oxford, 1982.

Gaïa Peace Atlas : Survival into the Third Millennium. Foreword by Javier Perez de Cuellar, Secretary General to the United Nations. Dr. Frank Barnaby, General Editor, Doubleday, New York, 1988.

Galbraith, John K, *The Affluent Society*, Houghton Mifflin, Boston, 1958 ; (trad. fr. 1961. *L'Ere de l'opulence*, Calmann-Lévy, Paris.)

Gallo, Alain, Oge F. (sous la direction de), *Homme, Animal, Société,* Tome I : "Biologie et Animal", Tome II, " Droit et Animal", Presses de l'IEP de Toulouse, 1988.

Galtung, Johann, "The Green Movement : a Socio-Historical Explanation", *International Sociology,* 1, March, 1986, pp. 75-90.

Gamson, W.A., Modigliani A., "Media Discourse and Public Opinion on Nuclear Power : a constructionist Approach.", *American Journal of Sociology*, 95, 1989, pp 1-38.

Garaudy, R., *L'appel aux vivants*, Paris, Seuil, 1979.

Gardner, R. N., Saburo Okita, B.J. Udink, "A Turning Point in North-South Economic Relations", *Triangle Paper n° 3, The Trilateral Commisssion*, New York, June 1974.

Garraud, Philippe, "Politique électro-nucléaire et mobilisation : la tentative de constitution d'un enjeu ", *Revue Française de Science Politique*, vol. 29, n°3, pp. 448-474, Juin 1989.

GATT, International Trade 1990-1991, Génève 1992 ;

Gauchet Marcel, "Sous l'amour de la nature, la haine des hommes ", *Le Débat,* N° spécial 10e anniversaire, mai-août 1990.

Geertz, Clifford, *Savoir local, savoir global, les lieux du savoir*, PUF, Paris, 1983.

Gentelle, Pierre, *Chine, comment vivre son milieu,* in Bourg, Dominique (sous la direction de), *Les sentiments de la nature*, La Découverte, Paris, 1993.

Georgescu-Roegen, Nicholas, *Demain la décroissance. Entropie, écologie, économie*, Lausanne et Paris, Ed. Pierre-Marcel Favre, 1979. (*The Antropy Law and and the Economic Process*, Harvard University Press, 1971)

Georgescu-Roegen, N., "Selecciones de Mitos de la Economia y de la Energia ", in : Daly H.E. (comp) : *Economia, Ecologia, Etica, Ensayos hacia una economia en estado estacionario*, Fondo de Cultura Economica Mexico, 1970, pp 73-93.

Giarini, Orio et Loubergue Henri, *La civilisation technicienne à la dérive : Essais sur les rendements décroissants de la technologie*, Dunod, Paris, 1979.
Gibbons, J.H., "Science and environmental risk," *Proceedings of a workshop at the Brookings institution*, Washington D.C., 28 février 1983.
GIBiP (1989) Towards a Sustainable Future. The Hague : Green Industry Biotechnology Platform/Switzerland : International Association of Plant Breeders.
Goddard, J.C., *La nature*, (sous la direction de), Vrin, Paris, 1990.
Godlovitch, S., H, R. Godlovitch (eds), "Animals, Men and Morals, an Enquiry" into *The Maltreatment of Non-Humans*, Taplinger Publishing co., New York, 1972.
Goergen, Philippe, "Enragés et lycanthropes : les animalités contagieuses", in Campion-Vincent Véronique (ed), *Des Fauves dans nos campagnes, Légendes, rumeurs et apparitions*, Imago, 1992.
Goldemberg, Reddy, *Energy for a sustainable world*, J. Wiley, New York,1988.
Goldfarb, Theodore, *Taking Sides : Clashing Views on Controversial Environmental Issues,* The Dushkin Publishing Group, Inc. Connecticut, 1991.
Goldfinger, Charles, *La Géofinance*, Seuil, Paris, 1986.
Goldsmith, Edward, et. al, eds. A Blueprint for Survival. Boston : Houghton Mifflin & Co. 1972.
Goldsmith, Edward, *Le défi du XXIe e siècle,* Editions du Rocher, Paris, 1992.
Goodland, R., Daly H. E. & alii (eds.), *Environmentally sustainable economic development : Building on Brundtland.* Paris, UNESCO, 1991.
Goodman, Robert M. (1989) 'Biotechnology and sustainable agriculture : policy alternatives ", in J.F. MacDonald, ed., *Biotechnology and Sustainable Agriculture : Policy Alternatives*, National Agricultural Biotechnology Council, Ithaca, 1989, pp.48–57.
Goody, *The Human Impact,* Blackwell, 1993.

Gore, Al., *Earth in the Balance : Ecology and the Human Spirit*. Boston : Houghton Mifflin Company. 1992.

Gorz, André, *Adieux au Prolétariat,* Le Seuil, Paris, 1981.

Gorz André, *L'écologie Politique, entre expertocratie et autolimitation*, Actuel Marx, n°12, 1993.

Gorz, André, *Capitalisme, Ecologie, Socialisme,* Galilée, 1992.

Gorz, André, Robin Jacques, "Pour l'emploi, autrement", Rebonds, *Libération*, Jeudi 24 Février 1994.

Gould, F. 'Genetic engineering, integrated pest management and the evolution of pests', in J. Hodgson and A.M. Sugden (eds.), Planned Release of Genetically Engineered Organisms (TREE/Tibtech), Cambridge : Elsevier, S15-18, 1988.

Granados, R., "Biological control : making it work ", paper presented at NABC conference on 'Agricultural Biotechnology at the Crossroads', Sacramento, June. Boyce Thompson Institute, Cornell University, Ithaca, 1991.

Griffin, S., *The Global Negotiator.* Harper Business, 1990.

Griffin, S. *Woman and nature : the Roaring inside Her.* New York, Harper and Row, 1980.

Grinevald, J., " L'effet de serre de la biosphère : de la révolution thermo-industrielle à l'écologie globale ", in *Stratégie énergétique, Biosphère et Société*, Genève, n° 1, 1990.

Grinevald, J., "A propos de la naissance de l'écologie", *La bibliothèque naturaliste,* 10, 1990, p. 5-10.

Grinevald, J., "Développement de la crise planétaire et catastrophisme de l'âge nucléaire : repérages bibliographiques", 1945-1984, Institut universitaire d'études du développement, *Itinéraires, Notes et Travaux*, n° 26, 205 p., Genève, 1985.

Grinevald, J. "Nature, Environnement ou Biosphère ? ", in *La Nature en politique, ou l'enjeu philosophique de l'écologie*, D.Bourg (ed.) L'Harmattan, Paris, 1993.

Grinevald, J. "On a holistic concept for deep and global ecology : the Biosphere", *Fundamenta Scientiae*, 8, 1987, pp. 197- 26.

Grossman Gene and Krueger, Alan B., "Environmental Impacts of NAFTA", discussion paper #158. Woodrow Wilson School, Princeton, 1991.

Grove, Richard, Science coloniale et naissance de l'écologie, Ecologie Politique, N°2, 1992, 81-97.

Grundmann, R., *Marxism and Ecology*, Oxford University Press, Oxford,1991.

Guattari, Félix, *Les trois écologies*, Galilée, Paris, 1991.

Guattari ,Félix, *Chaosmose*, Galilée, Paris, 1992.

Guéry, François, Alain Roger, *Maîtres et protecteurs de la nature,* Editions Champvallon, Paris,1991.

Guéry, François, "Une philosophie de la nature aujourd'hui", *Encyclopédie philosophique universelle, I, L'univers philosophique*, PUF, Paris, 1989

Guha, Ramachandra, "Lewis Mumford, un écologiste nord-américain oublié." *Ecologie politique*, 3-4, Automne 1992.

Guha, Ramachandra, "Radical American Environmentalism and Wilderness Preservation : a third World Critique ", *Environmental Ethics*, 1989.

Guille-Escuret, Georges, *Les sociétés et leurs natures*, Armand Colin, Paris, 1989.

Guinsburg, Thomas N. 1982. The Pursuit of Isolationism in the US Senate from Versailles to Pearl Harbor. New York :Garland.

Gusfield J., "Symbolic Aspects of Societal Risks : Food and Drink as Sources," Colloque international de recherche : *Evaluer et maîtriser les risques*, Chantilly, janvier 1986.

Haar, Michel, *Le chant de la terre : Heidegger et les assises de l'histoire de l'être*, l'Herne, Paris, 1987.

Haas, Peter M., "Policy Responses to Stratospheric Ozone Depletion ", *Global Environmental Change* (Vol. 1 No. 3, June 1991, p. 224

Haas, Peter M., *Saving the Mediterranean*, Columbia University Press, New York, 1990.
Haas, Peter M. "Banning Chlorofluorocarbons : Epistemic Community Efforts to Protect Stratospheric Ozone." *International Organization*, 46, 187-224, 1992.
Haas, Peter M. b. Introduction, Epistemic Communities and International Policy Coordination. *International Organization*, 46, 1-36, 1992.
Haas, Peter M., Robert O. Keohane, and Marc A. Levy, "The Effectiveness of International Environmental Institutions : Introduction and Analytical Framework." Conference on International Environmental Institutions. Harvard University, December 1991.
Haeckel, Ernst *Generelle Morphologie der Organismen*, Reimer, Berlin, 1866, t I et II.
Haeckel, Ernst, *Histoire de la création naturelle, ou doctrine scientifique de l'évolution*, Costes, Paris, 1922.
Hall D.O., G. Barnard, P. Moss, *Biomass for Energy in the Developing Countries*, Pergamon Press, 1982.
Hammock, B. and Soderlund, D. "Chemical strategies for resistance management" in : National Research Council, *Pesticide Resistance : Strategies and Tactics for Management*, Washington, DC : National Academy Press, 1986, pp. 11-29.
Handl, Günther, "National Uses of Transboundary Air Resources : The International Entitlement Reconsidered." *National Resources Journal* 26 : 405-467, 1986.
Hannerz, Ulf, *Explorer la ville, Elements d'anthropologie urbaine*, Minuit, Paris, 1983.
Hanson Philip P. (ed), *Environmental Ethics : Philosophical and Policy Perspectives*, Institute for the Humanities / Burnaby, Simon Fraser University, British Columbia, 1986.
Hardesty, D.L. *Ecological Anthropology*, New York, Wiley, 1977.
Hardin, Garret. "The Tragedy of the Commons ", *Science*. vol. 162., 13 December 1968.

Hardoy, J.E., D. Satterthwaithe, Urban Change in the third world, Habitat international, vol.10 n°3, 1986.
Hargrove, E.C., *Foundations of Environmental Ethics*, Prentice Hall Englewood Cliffs, NY, 1989.
Harper Peter, *Radical technology*, Wildwood House, 1975.
Harris, D.R, "Traditional Systems of Plant Food Production and the Origins of Agriculture in West Africa", in Harlan, J.R, De Wet J.M.J, et
Hatem, F. "Le concept de développement soutenable", *Economie Prospective Internationale*, n° 44, 1990, pp. 101-117.
Haudricourt, A.G., "Domestication des animaux, culture des plantes et traitement d'autrui", *L'Homme*, II, 1962, pp. 40-50.
Haudricourt, A.G., "Nature et culture dans la civilisation de l'igname : l'origine de clones et des clans", *L'Homme*, IV, 1964, pp 93-104.
Haudricourt, A.G., *La technologie science humaine : recherches d'histoire et d'ethnologie des techniques*, Maison des sciences de l'homme, Paris, 1987
Havel, Vaclav. "Paradise Lost". *The New York Review*. April 9, 1992.
Hays Samuel P., *Beauty, Health and Permanence, Environmental Politics in the United States*, 1955-1985, Cambridge University Press, New York, 1987.
Hell Bertrand ; *Faits et dits de chasse dans la France de l'Est*, MSH, Coll Ethnologie de la France, Paris, 1985.
Henderson Hazel, *Paradigms in Progress : Life beyond Economics*. UCLA 1991.
Henderson, L.J, *L'ordre de la nature*, Alcan, Paris, 1924
Hermitte Marie-Angèle, "Le diagnostic pré- implantatoire, Problèmes de société", *Contraception, fertilité, sexualité*, 1990, vol.18, n°7-8, pp. 576-578.
Hermitte, Marie-Angèle, *L'homme, la nature et le droit*, (en coll. avec B.Edelman), C.Bourgois, 1988
Hermitte, Marie-Angèle, intervention au séminaire SORISTEC, avril 1992.

Hervieu, Bertrand, Léger, Danielle, *Des comunautés pour les temps difficiles : néo-ruraux ou nouveaux moines*, Le Centurion, Paris, 1983.

Hervieu, Bertrand, Léger Danielle, *Le retour à la nature ; au fond dela forêt, l'Etat*, Le Seuil, Paris, 1979.

Hettwer, Roderich, "Ethical factors in environmental negotiation", Michigan Institute of Technology *Environmental Impact Assesment Review*, n° 42., 1992.

Hiss, Tony, *Experience of Place*, Alfred A. Knopf, New York, 1990.

Heywood, Andrew. *Political Ideologies, An Introduction.* New York, St. Martins Press, 1992.

Hite, James C., et. al., *The Economics of Environmental Quality. Domestic Affairs*, Study 5, Washington, DC : American Enterprise Institute for Public Policy Research. September 1972.

Hobbelink, H. *Biotechnology and the Future of World Agriculture*. Zed, London, 1991.

Hobbes T., *Droit Naturel et Politique*, Ed. L'Hermès, Lyon, 1977

Hoel, Michael. "Efficient International Agreements for Reducing Emissions of CO_2 ",. *The Energy Journal* 12, 2 : 93-107, 1990.

Hoel, Michael, "Carbon Taxes : An International Tax or Harmonized Domestic Taxes ?" *working paper*. Center for International Climate and Energy Research-Oslo, 1991.

Hoel, Michael, "Tradeable Emission Quotas for CO_2 : Quotas on Use of Carbon or on Production of Carbon ?" working paper. Center for International Climate and Energy Research-Oslo, 1992.

Hofstede, Geert, *Culture's Consequences*, Sage Publications, Beverly Hills, 1980.

Homer-Dixon, Thomas F., "On the Threshold : Environmental Changes as Causes of Acute Conflict" *International Security* (Vol. 16, No. 2, 1991), pp. 76-116.

Hösle, Vittorio, *Philosophie der ökologischen Krise,* Beck, München, 1991.
Hottois, Gilbert, *Evaluer la technique,* J.Vrin, Paris 1988.
Hourcade, Jean Claude., G. Mégie et J.Theys : "Politiques énergétiques et risques climatiques", *Futuribles* n° 134, Septembre 1989.
Hueting, R. *New Scarcity and Economic Growth,* North Holland, Amsterdam, 1980.
Hughes, J. Donald, "The Sacred Universe", *American Indian Ecology,* Texas Western Press, En Paso, 1983.
Hughes, J. Donald, Les Grecs, l'Orient, et le Devoir écologique, *Ecologie Politique,* N° 8, Automne 1993.
Huglo, Ch, Lepage-Jessua, C. "Les droits de l'homme à l'environnement doivent être proclamés d'urgence", Pour les droits de l'homme : histoire(s), image(s) et parole(s), ARTIS, 1989, pp. 336-340.
Huisman, Bruno, Ribes J.P., *Les Philosophes et la Nature,* Paris, 1984.
Hume C.W., *The Status of Animals in the Christian Religion,* Londres, Universities Federation for Animal Welfares, 1957.
Hume, David, *Treatise on Human Nature,* Londres, 1758, (*Traité de la nature humaine,* Aubier, 1980).
Hurrell, Andrew and Benedict Kingsbury (eds), *The International Politics of the Environment : Actors, Interests, and Institutions,* Clarendon Press, Oxford, 1992.
Illich, Ivan, *La Convivialité,* Point/seuil, Paris, 1975.
Irving, P., "Bilan du NAPAP", Symposium sur le dépérissement forestier, Grenoble, 18-19 mai 1987.
IUCN, The World Conservation Union, UNEP, WWF, *Caring for the Earth, a Strategy for Sustainable Living,* IUCN, UNEP, WWF, Gland, 1991
Jacobson Harold, "Social and economic dimensions of Agenda 21 : a perspective ", Paper presented at the annual meeting of the Brazilian Society for the Progress of Science, July 14, 1992, São Paulo, (mimeo).

Jacquard, Albert, *l'Héritage de la liberté : de l'animalité à l'humanité,* Seuil, Paris, 1991

Jaurès, Jean, *De la réalité du monde sensible*, Paris, Alcan, 1891.

Jahn, Thomas, et Peter Wehling, *Ökologie von Rechts. Nationalismus und Umweltschultz bei der Neuen Rechten und den Republikanern",* Frankfurt am Main, Campus, 1990.

Jänicke, Martin, Conditions for Environmental Policy Success, an International Comparison, *The Environmentalist,* 12 : 1,1991, pp. 47-58.

Jeudy, Henri Pierre., *La Peur et les Médias, Essai sur la Virulence*, PUF, Paris, 1979.

Jeudy, Henri Pierre, "Les artifices de la nature", texte inédit présenté lors de la Conférence Internationale : *Fonctions sociales de la nature*, Chantilly, les Fontaines, 9-12 Mars 1993.

Jeudy, H.P. *Logiques de transmission*, Patrimoines en folie, Maison des Sciences de l'Homme, Paris, 1990.

Jimenez-Burillo, Florencio, "Psicologia Ambiental", *Psicologia social,* UNED, Madrid, 1981.

Jodelet, Denise, Scipion Carole, *Gouverner ou composer avec l'environnement, Etude des représentations sociales des problèmes environnementaux dans l'administration centrale française*, EHESS-SRETIE, Ministère de l'environnement, Paris, Septembre 1992.

Jollivet, Marcel, "Ecosystèmes et systèmes sociaux ", (Séminaire de 1983), Université de Paris X-Nanterre.

Jollivet, Marcel, "La prise en compte de la société dans les recherches sur l'environnement", CNRS, *Environnement,* lettre n° 4, Décembre 1991.

Jonas, H, (*Das Prinzip Verantwortung),* *Le principe Responsabilité, une éthique pour la civilisation technologique*, Editions le Cerf, Paris, 1990.

Kalaora, Bernard (et R. Larrère) *Etat des lieux, le sociologue et la nature, Economie et sociologie rurales,* INRA Rungis, 1986.

Kalaora, Bernard, *Le musée vert ou le tourisme en forêt,* Anthropos, Paris, 1981.

Kalaora, Bernard, A.Savoye, "La protection des régions de Montagne au XIXème siècle : forestiers sociaux contre forestiers étatistes." pp. 6-23 in : *Protection de la nature, histoire et idéologie*, L'Harmattan, Paris,1985.

Kalaora, Bernard, "Pollution sans frontière", in Guéry F. et A. Roger (eds.) *Maitres et protecteurs de la nature*, Champvallon, Paris, 1991.

Kant, Emmanuel, *Histoire générale de la nature et du ciel* (1755), Vrin 1984.

Kant,. E. *Opus postumum : passage des principes de la science de la nature à la physique*, PUF, Paris, 1986.

Kaplan, David, "The Superorganic : Science or Metaphysics ?", *American Anthropologist*, Vol. 67, 1965, pp. 958-76.

Kapp, William, *Social Costs, Economic Development, and Environmental Disruption*, University Press of America, Lanham, Londres, 1979.

Kehoe, A.B, *North American Indians : A Comprehensive Account.*, Prentice Hall., Englewood Cliffs, 1981.

Kelly, Mary E. et Kamp, Dick, "Mexico-U.S. Free Trade Negotiations and the Environment : Exploring the Issues." Mimeo. Texas Center for Policy Studies, Austin Texas et Border Ecology Project, Naco Arizona, 1991.

Keohane, Robert O. Peter Haas, and Marc Levy, (eds.), *Institutions for the Earth : Sources of Effective International Environmental Protection*, MIT Press, Cambridge, 1993.

King, A., Schneider B., *Questions de Survie : la révolution mondiale a commencé,*, Calmann-Lévy, Paris, 1991.

Kiss, A. (ed.), *L'Ecologie et la Loi*, L'Harmattan, Paris, 1989.

Kiss, A. *Droit international de l'environnement*, Pédone, Paris, 1989.

Kleinman, D.L. and Kloppenburg, J. "Aiming for the discursive high ground : Monsanto and the biotechnology controversy ", *Sociological Forum*, autumn 1991.

Kloppenburg, J. *First the Seed : The Political Economy of Plant Biotechnology*, Cambridge University Press, Cambridge, 1988.

Kloppenburg, J., "Alternative agriculture and the new biotechnologies ", *Science as Culture* 13, 482-506. London : Free Association Books/ Guilford Publishers New York, 1991.

Kox L.M., "Internalisation des externalités liées à l'environnement dans les accords internationaux des matières premières ", *Problèmes économiques*, n° 2258, décembre 1991.

Krimsky, S. *Biotechnics and Society : The Rise of Industrial Genetics*, Praeger, London,1991.

Kroeber A. *The Nature of Culture*, Chicago Press University, Chicago, 1952.

Kullmann, Christian, "Schmutzige Geschfte' ", in *Capital* 11/1991, pp 139-143

L'Etat de l'Environnement dans le monde, Paris, La Découverte, 1993.

Kvistad, Gregg O., "Between State and Society : Green Political Ideology in the Mid 1980's" ", *West European Politics*, vol 10, n°2, pp. 211-228, April 1987

Dumouchel, Paul (dir.), *Violence et vérité : Autour de René Girard* (colloque de Cerizy), Paris, Grasset, 1985.

Largeault, J. *Systèmes de la nature*, Vrin, Paris, 1985.

Lascoumes Pierre, *Administrer les Pollutions et Nuisances*, Ministère de l'Environnement, Paris, 1983.

Lascoumes, Pierre, *Le droit négocié en matière de protection de l'environnement, Contrats et programmes de branche et d'entreprise*, Paris Piren-CNRS, 1990.

Lascoumes, Pierre, "La formalisation juridique du risque industriel" en matière de protection de l'environnement", *Sociologie du Travail*, n° 3/89, p. 315.

Lascoumes, Pierre, L'éco-pouvoir, environnements et politiques, La Découverte, Paris, 1992.
Lash, J., Gillman, K,. *A Season of Spoils*, Pantheon Books, New York, 1984.
Latour, Bruno, *Science in Action*, Harvard University Press, Cambridge,1987.
Latour, Bruno, *Nous n'avons jamais été modernes*, La Découverte, Paris, 1991.
Latour, Bruno, "Le chercheur aussi est un négociateur rusé : sciences et technologies, des produits sociaux." *Economie et Humanisme*, N° 262, 1981.
Latour, Bruno, *La vie de Laboratoire, la production des faits scientifiques*, La Découverte, Paris, 1988.
Latour, Bruno, *Aramis*, La Découverte, Paris, 1992.
Latour, Bruno, "Arrachement ou attachement à la nature", *Ecologie Politique*, Mars 1993.
Laubier, S. Maestrini, "l'algue envahissante de la mer du nord ", *La Recherche*, n°202, sept 1988.
Lavoie, J.G., *Bref aperçu de la conservation de la nature au cours de l'aventure humaine.* Ministère de l'Environnement du Québec, 1984.
Lavoux, Thierry, *1993 et l'environnement,* Ministère de l'environnement, groupe de prospective, IPEE, 1990.
Lavoux, Thierry, "L'après-Maastricht, l'environnement à l'épreuve de la subsidiarité, *Ecologie Politique*, n°3-4, Automne 1992.
Lavoux, Thierry, "Les quatre Europes de l'environnement", *Les Cahiers Français*, 1991.
Lawrence, Robert H., "New applications of biotechnology in the food industry ", in *Biotechnology and the Food Supply*, Washington, DC, National Academy Press, 1988, pp. 19-45.
Le Court, Marc, "Loups, Sorciers et drogues, *Bulletin du Mauss*, 14, Juin 1985, pp 87-118, 15 septembre 1985, pp. 123-152.
Leach, G., "Residential Energy in the Third World", *Energy*, 1988, 13, pp 4 -65.

Leblanc, Charles, Blader Suszan (eds.) *Chinese Ideas about Nature and Society*, University Press, Hong Kong, 1987.
Lebreton, Philippe, *L'ex-croissance*, Denoël, Paris, 1978.
Leconte de Floris, Daniel, T. Grillet, "Les Natures du Verts", in *Environnement, une grande cause mais moi d'abord*, Autrement Editions, Paris,1981.
Lee, R.B.et I. Devore, *Man The Hunter*, Aldine, New York, 1968.
Leff, Enrique, Ecologia y Capital, UNAM, Mexico, 1986.
Legault, Maurice, *Le rapport à la nature dans une perspective développementale*. Thèse Laval Québec 1989.
Legay, Jean Marie, *Qui a peur de la science ?*, Editions Sociales, Paris, 1981.
Leiss, William, *The domination of Nature*, G.Braziller, New York, 1972.
Lenoble, Robert, *Esquisse d'une Histoire de l'idée de Nature*, Albin Michel, 1969.
Leopold, Aldo, *A Sand County Almanac, ans Sketches Here and There*, New York, Oxford University Press, 1949.
Leroi-Gourhan, A., *Le geste et la parole*, Paris, 1964.
Leroi-Gourhan, A., *Milieux et techniques*, Albin Michel, Paris, (1943), 1973.
Lévêque, François, Matthieu Glachant, "La gestion mondiale des ressources vivantes ", *La Recherche* n° 239, Janvier 1992.
Lévy, Jean-Claude, "L'écologie, la cité, et l'empire", *Ecologie Politique*, n°7, été 1993.
Levidow, L., "Biotechnology at the amber crossing", Project Appraisal, December, pp 234-38, Guilford, Surrey : Beech Tree Publisher, 1991.
Levidow, L., "The Gulf massacre as paranoid rationality", in T. Druckrey and G. Bender, eds, *Ideologies of Technology*, Beech Tree Publisher, Guilford, 1993.
Levidow, L. and Tait, J., "The Greening of biotechnology : GMOs as environment-friendly products",

Science and Public Policy, October 1991, pp. 271-80, Beech Tree Publisher, Guilford.

Levin, Aida, *Protecting The Human Environment : Procedures and Principles for Preventing and Resolving International Controversies*, UNITAR, New York, 1977.

Levy, Marc, "The Greening of the United Kingdom : An Assessment of Competing Explanations", manuscript. Annual Meeting of the American Political Science Association, 29 August-1 September1991.

Levy, Marc, "European Acid Rain : The Power of Toteboard Diplomacy", In : Institutions for the Earth : Sources of Effective International Environmental Protection, Peter Haas, Robert O.Keohane, and Marc Levy, eds., MIT Press, Cambridge, 1993

Lieutaghi, Pierre, *L'environnement végétal, Flore, Végétation et civilisation*, Delachaux et Niestlé, Neuchâtel, 1972.

Lindauer, M., *Experimental Behavioral Ecology and Sociobiology*, Sinauer Associates, inc., Sunderland. 1985.

Lindsey, K., "Crop improvement through biotechnology", *Agro-Industry Hi-Tech* July/August 1991, pp. 9-16.

Linguistics and Evolutionary Theory, Three essays (A.Schleicher,1869, E. Haeckel, 1867, W.Bleek, 1867. Benjamin Publishing Company, Londres, 1983.

Lipietz, Alain, *Vert Espérance*, La Découverte, Paris, 1993.

Litfin, Karen T., "Power, Knowledge and Ozone Politics : Epistemic Cooperation or Ecological Cooptation ?" Manuscript, 1991.

Litfin, Karen T., "Knowledge and Interpretation", Workshop on International Environmental Cooperation. UCLA Center for International Relations, May 1992.

Livingston, M.L., "Transboundary Environmental Degradation : Market Failure, Power, and Instrumental Justice", *Journal of Economic Issues* 23, 1, pp. 79-91, 1989.

Locke, J. *Essai sur le gouvernement civil*, Amsterdam, 1691, Chap. I, p. I.

Locke, J., Morale et Loi naturelle, Vrin, Paris, 1990

Lorenz, Konrad, "The enmity between Generations, and its Probable Ethological Cause, *The Psychoanalytic Review*, 1970, n° 57, p. 365.

Lorenz, Konrad, *Sauver l'espoir*, Stock, Paris, 1990.

Lorenz, Konrad, *Trois essais sur le comportement animal et humain*, Le Seuil, Paris, 1970.

Loske, Reinhard & Fritz Vorholz, "Blauer Planet im roten Bereich", *Die Zeit* 1. Mai 1992, pp. 35- 39.

Lovejoy, A. O, *The Great Chain of Beings*, Harvard University Press, Harvard, 1936.

Lovejoy, A. O., *Essays in the History of Ideas*, Capricorn Books New York, 1960.

Lovelock, J. E., *Gaia : A New Look at Life on Earth*, Oxford University Press Oxford, 1987.

Lovelock, J. E., *The Ages of Gaia : A Biography of Our Living Earth*: Oxford University Press, Oxford, 1988.

Lovelock, James, *Gaia, the Practical Science of Planetary Medicine*, Gaïa Books limited, London, 1991.

Lovelock, J. E. *Les âges de Gaïa*, Laffont, Paris, 1990.

Lovelock, J. E., *La terre est un être vivant : pourquoi il faut sauver la terre,* Laffont Paris, 1992.

Lovins, Amory, *Stratégies énergétiques planétaires*, Bourgois, Paris, 1975.

Lucrèce, *De rerum natura*, traduit par A. Ernout, Les Belles Lettres, Paris, 1924.

Luhmann, Niklas, *Ein Mechanismus der reduktion sozialer Komplexität*, Erweiterte, Aufl. Stuttgart, 1973.

Luhmann, Niklas, *Soziale Systeme. Grundriss einer allgemeinen Théorie*, Suhrkamp, Frankfurt am Main, 1984.

Luhmann, Niklas, *Ökologische Kommunikation. Kann die moderne Gesellschaft sich auf ökologische Gefährdungen einstellen ?* Westdeutscher Verlag, Braunschweig, 1990.

Luhmann, Niklas, "La troisième question. Le droit, l'histoire du droit et le recours au paradoxe", *Le Débat,* mars-avril 1993, n° 74, Gallimard, p. 94-106.

Luhmann, Niklas, "La société face à l'environnement, une intégration est-elle possible ? " in Bourg Dominique (ed.), *La Nature en politique*, L'Harmattan, Paris, 1993.

MacDonald, J.F., (ed.), *Agricultural Biotechnology at the Crossroads : Biological, Social and Institutional Concerns.* National Agricultural Biotechnology Council, Ithaca, 1991.

MacKibben, B., *The End of Nature,* Random House, New York, 1989.

Macneill, Jim, "Strategies for Sustainable Development", in *Managing Planet Earth : Readings from Scientific American*, ed. by Scientific American, W.H. Freeman, New York, 1990.

MacNeill, Jim, Pieter Winsemius and Taizo Yakushiji, *Beyond Interdependence.* Oxford University Press, New York, 1991.

Mamamoud, Charles, *Cuire le monde, Rite et pensée dans l'Inde ancienne*, La Découverte, Paris, 1989.

Malgat, JM. *La reconversion naturiste*, Paris, 1962.

Mancke, Richard, *The Failure of US Energy Policy,* Columbia University Press, New York, 1974.

Mander, Jerry, *In the Absence of the Sacred : the Failure of Technology and the Survival of the Indian Nations*, Sierra Club Books, San Francisco, 1991.

Margalef, R. *Perspectives on Ecological Theory,* University Press, Chicago, 1968.

Marié, Michel, *Les terres et les Mots*, Klincksieck, Paris, 1991.

Marié, Michel, Viard Jean, *La campagne inventée,* Actes Sud, 1977.

Martin, J.M., "L'intensité énergétique de l'activité économique dans les pays industrialisés", *Economies et Sociétés, Cahiers de l'ISMEA,* avril 1988.

Martin Gilles J., "Environnement : nouveau droit ou non-droit ?", In Bourg Dominique (ed.), *La Nature en politique,* L'Harmattan, Paris, 1993.

Martin, Gilles J. "Rapport introductif", in : *Le dommage écologique en Droit interne et comparé,* Economica, Paris, 1992.

Martine, G. and J.A. de Carvalho, "Impacts of spatial patterns of development and population redistribution on the demographic transition", Paper prepared for the U.N. Expert Group on Population Growth and Demographic Structure, Paris, November, 1992.

Martine, George, *""The inherent conflicts of the environmental question : Brazil and the Earth Charter",* Working Paper No. 8, SPN Institute, Brasilia, 1992.

Martinez, Joan, Schlüpman, Klaus, *La Ecologia y la Economia,* EFE, Mexico, 1991.

Massarrat, Mohssem : "Golfkrieg. Universität Osnabrück, Ag Sozialkonomie und Kultur der Dritten Welt", Arbeitspapier 05, 1991.

Mathews, Jessica T., "Redefining Security ", *Foreign Affairs,* Vol. 68, No., 1989, pp. 162-77.

Mathews, Jessica Tuchman, ed., *Preserving the Global Environment : The Challenge of Shared Leadership,* W.W. Norton, New York and London, 1992.

Mathieu, N. (dir.), *Du rural à l'environnement, la question de la nature aujourd'hui,* l'Harmattan, Paris, 1989.

Matsui, Takafumi, "Earth's stability will survive", *The Japan Times* 11.8.1992.

Mattéi, Jean François, *L'ordre du monde : Platon, Nieztche, Heidegger,* PUF, Paris,1989.

Mc Harg, F., *Design with nature,* Natural History Press, New York, 1969.

McCarthy, John D. ,Mayer N. Zald, "Resource mobilization and social movements : A partial theory", *American Journal of Sociology,* Vol. 82, 1972, pp. 1212-1241.

McCaughey, W., "Insect resistance in the biological insecticide Bt" ', *Science* 12 July 1985, pp. 193-95.

McCormick, John, *The Global Environmental Movement*, Belhaven Press, Londres, 1989.

McCormick, John, *Acid Earth :The Global Threat of Acid Pollution*, Earthscan, Londres, 1989.

McCormick, John, *Reclaiming Paradise : The Global Environmental Movement*, Indiana University Press, Bloomington, 1989.

McGinnis, Michael and Elinor Ostrom, "Institutional Analysis and Global Climate Change : Design Principles for Robust International Regimes", manuscript. Workshop in Political Theory and Policy Analysis, 1992.

McIntosh, R. *The Background of Ecology*, Cambridge, Cambridge University Press, 1985.

McNeely, J. et alii, *Conserving the World's Biological Diversity*, IUCN, WRI, CI, WWWF-US, World Bank, Gland, (suisse) et Washington D.C., 1990.

Meade, J.E., The Theory of Economic Externalities : The Control of Environmental Pollution and Similar Social Costs. Leiden : Sijhoff, 1973.

Meadows, Donnella M. (et alii), *The Limits to Growth*, SUNY Press, New York, 1972.

Meadows, Dennis L. et al. *The Limits to Growth. A report for the Club of Rome's Project on the predicament of mankind*, New American Library, New York, 1972.

Meadows, Dennis L. : 'Revolution in den Köpfen', *Die Zeit* 5. Juni 1992, p. 29.

Meddeb, Abdelwahab, "Le sentiment de la nature en Islam", in : Bourg Dominique (sous la direction de), *Les sentiments de la nature*, La Découverte, Paris, 1993.

Meggars, Betty J., "Environmental Limitation on the Development of Culture", *American Anthropologist*, Vol 56, 1954, pp. 801-23.

Meisler Stanley, "Negotiators OK Treaty to Curb Global Warming", *Los Angeles Times*, 10 May 1992.

Mellon, M., "Biotechnology and the environmental vision", in: J.F. MacDonald, (ed.), *Agricultural Biotechnology at the Crossroads : Biological, Social and Institutional Concerns.* National Agricultural Biotechnology Council, Ithaca, 1991, pp.66-70.

Memorandum of Intent Concerning Transboundary Air Pollution, 5 August 1980.

Merchant, C., T*he Death of Nature,* Harper et Row, San Francisco, 1980.

Michel, Louis. "The Cultures of Science". Lecture given at Smith College, 20 October 1992 ; and interview with the author, Tyngsboro, 31 October 1992.

Micoud, André. "La production sociale de normes en matière d'environnement", in Fritsch, Philippe, *L'Activité Sociale Normative, Esquisses sociologiques sur la production sociale de normes,* CNRS Editions, Paris, 1992.

Micoud, André. *Le changement du rapport social à l'espace-nature, pratiques et représentations*, Thèse de 3ème cycle, Université Lyon II, Décembre 1979.

Midgley, Mary, *Beast and Man, The Roots of Human Nature*, Harvester Press, Hassocks, 1979.

Miller, C.A., *Jefferson and Nature.* Johns Hopkins University Press, Baltimore, 1988.

Miller, Perry, "Jonathan Edwards' Sociology of the Great Awakening", *New England Quarterly, n° 21,* 1948, pp. 50-77.

Miller, Perry, *Errand Into the Wilderness,* Cambridge University Press, Cambridge, 1956.

Müller, Norbert : *Civilization Dynamics* I (Fundamentals of a Model-Orientated Description) & II (Nine Simulation Models). Aldershot, Avebury, 2 vols., 1989 & 1991.

Müller, Norbert, *Three limits of environmental sociology.* Universität Osnabrück, FB Sozialwissenschaften, 1991.

Mol, A.P.J, Spaargaren G. "Environment, Modernity and the Risk-society, the apocalyptic horizon of environmental reform". (Paper presented at the Symposium "Current

developments in Environmental Sociology"), *Woudschoten*, The Netherlands, June 17-21 1992.
Molotch, Harvey, "The City as a Growth Machine", *American Journal of Sociology*, 82 (2), 1975, 309-32
Moltke, K. V, "Free Trade and Mutual Tariffs ", *Ecodecision*, Numéro 6-Juin 1992.
Moltke, Konrad (von), *Debt for Nature : An Overview*, document. World Wildlife Fund, 1990.
Moltmann, Jürgen, *Dieu dans la création, traité écologique de la création*, Paris, Cerf, 1988.
Monde (Le), "Mobilisation pour l'environnement", *Dosssiers et documents* n° 178, Juin 1990
Montgomery, S., "Codes and combat in biomedical discourse", *Science as Culture* 12, 1991, 341-90.
Morelly, *Code de la Nature*, 1755, R. Clavreuil, Paris,1950.
Morin, Edgar et Anne Brigitte Kern-*Terre-Patrie*, Le Seuil, Paris, 1993.
Morin, Edgar, *La méthode*, T. III *La connaissance de la connaissance*, Livre I *Anthropologie de la connaissance*, Seuil, Paris, 1986 ; et *Science avec conscience*, Fayard, Paris, 1982.
Morin, Edgar, *Le paradigme perdu : la nature humaine*, Paris, Seuil, 1973.
Morin, Edgar (entretiens avec)-*Ecologie, politique de la pensée complexe*. Projets 226/1991
Morin, Edgar, "Pour une nouvelle conscience planétaire", *Le Monde diplomatique*, Octobre 1989.
Morin, Edgar, "La Pensée écologisée", *Le Monde Diplomatique*, Octobre 1989.
Morin, Edgar et Brigitte Kern, *Terre-Patrie*, Le Seuil, Paris, 1993.
Mormont, Marc, Mougenot Catherine, *Sciences sociales et environnement. Approches et conceptualisations*, Fondation Universitaire Luxembourgeoise, Arlon, 1992.
Moscovici, Serge, *Essai sur l'histoire humaine de la nature*, Flammarion, Paris, 1977

Moscovici, Serge, *La société contre nature*, Paris, UGE, 10/18, 1972.
Moscovici, Serge, *Hommes domestiques et hommes sauvages*, C. Bourgois, Paris, 1979.
Moscovici, Serge, *Pourquoi les écologistes font-ils de la politique ?* Entretiens avec Jean-Paul Ribes, Le Seuil, Paris,1978.
Moscovici, Serge, *La Machine à faire des dieux, Sociologie et Psychologie*, Fayard, Paris, 1977.
Mumford, Lewis, *The Culture of Cities*, Harcourt, Brace and co, New York, 1938.
Mumford, Lewis, *The Condition of Man*, Harcourt and Brace, Jovanovich, New York, 1973.
Mumford, Lewis, "The Morals of Extermination", *Atlantic Monthly*, Octobre 1959.
Mumford, Lewis, *le Mythe de la Machine*, Fayard, Paris (1967) 1974.
Mumford, Lewis, *Technique et civilisation*, Seuil, Paris, 1976.
Mumme, Stephen P. et Sanchez Roberto A., "New Directions in Mexican Environmental Policy" *Environmental Management*, vol. 16, num. 4, pp. 465-474, New York, 1992.
"Politics of the Global Environment". *Journal of International Affairs*. Vol.44/No. 2., Hiver 1991.
Myers, Norman, "Environment and Security", *Foreign Policy*, No. 74, 1989, pp 23-41.
Naess, Arne, "The shallow and the Deep, Long Range Ecology Movement, A Summary", *Inquiry*, 1973, n° 16, pp. 95-100.
Naess, Arne. *Ecology, Community, and Lifestyle*. David Rothenburg, editor and translator, Cambridge University Press. New York, 1989.
Naha, E., *Horrors, from Screeen to Scream*, Flare Editions, Avon Books, New York,,1975.
Narveson, J., "Against Animal Rights", in Hanson ed Hanson, P.P., *Environmental Ethics, Philosophical and*

Policy Perspectives, Institute for the Humanities, Fraser, British Columbia, 1986.

Nash, Roderick Frazier, *Wilderness and theAmerican Mind*, Yale University Press, New Haven, Londres, (1967) 1982.

Nash, Roderick Frazier, *The Rights of Nature : A History of Environmental Ethics*, The University of Wisconsin Press, Madison, 1989.

National Wildlife Federation, "Environmental Concerns Related to a United States-Mexico-Canada Free Trade Agreement", Mimeo, National Wildlife Federation, Washington DC, 1990.

Neher, Philip A., *Natural Resource Economics : Conservation and Exploitation*, Cambridge University Press, New York, 1990.

Nelson, Joyce, "Culture and agriculture : the ultimate simulacrum", *Border/Lines Spring*, pp. 34-38, Bethune College, North York,. 1989.

NGO *Treaty on Militarism, the Environment and Development*, Rio de Janeiro, 1992.

Nicholson, Max, *Environmental Revolution*, Hodder & Stoughton, Londres, 1970 (trad française : *la révolution de l'environnement*, Gallimard, Paris, 1973.).

Nicolino, Fabrice, *Le tour de France d'un Ecologiste* ; Seuil, Paris, 1993.

Nicolis, G. et Ilya Prigogine, *A la rencontre du Complexe*, PUF, Paris, 1992.

Nisbet, E.G., *Leaving Eden : To Protect and Manage the Earth.*: Cambridge University Press, New York,1991.

North, Douglass C., *Institutions, Institutional Change and Economic Performance,* Cambridge University Press, New York, 1990.

North, Douglass C. 1. "Towards a Theory of Institutional Change", *Quarterly Review of Economics and Business* 37, 4, pp. 3-11,1991.

Nougarède, O., R.Larrère, "La restauration des terrains de montagne de 1882 à 1913, L'Aigoual et sa légende", in : *Protection de la nature*, pp. 21-40.

Novello Mario, *Cosmos et contexte*, Paris, Masson, 1987.

Nowicki, Maciej, *Ministry of Environmental Protection, Natural Resources and Forestry : Environment in Poland, Issues and Solutions*, Warsaw, 1992.

Nynault, Jean (de), *De la lycantropie, transformation et extase des sorciers*, (édition critique, augmentée d'études sur les lycanthropes et les loups-garous, 1615, Editions Frénésie, Paris, 1990.

O.Connor, J., "Un développement soutenable du capitalisme est-il possible ?", *Ecologie Politique*, n° 1 Hiver 1992.

O'Connor, J., Introduction, *Capitalism, Nature, Socialism*, n° 1, 1988.

O'Connor, J, "Is Sustainable Capitalism Possible ?" in Conference Papers, CES/CNS Pamphlet 1, Santa Cruz, 1991, pp. 11-15.

O'Kealey, Daniel, *Revisioning Environmental Ethics*, State University Press of New York, Albany, 1990.

Odum, Eugene P., "The Strategy of Ecosystem Development", *Science*, 1964, 262-270.

Odum, Eugene P., *Fundamentals of Ecology*, W.B. Saunders, Philadelphia, 1953.

Odum, Eugene P., *Ecologie*, Les éditions HRW, Montréal, 1976.

Odum, H.T, et G. Pillet. "Energy, Ecology and Economics", *Ambio* 2, 1973, pp 220-227.

Odum, H.T., *Environment, Power and Society*, Wiley, 1971.

Oelschlaeger, Max, *The Idea of Wilderness : From Prehistory to the Age of Ecology*, Yale University Press New Haven and London, 1991.

Offray de la Mettrie, J., *Les animaux plus que machines*, La Haye, 1751.

Olive, G., La publication des comptes nationaux en Afrique, STATECO n°48, INSEE, 1987.

O'Neill, R.V., De Angelis D.L., Wade J.B., Allen T.F., *A Hierarchical Concept of Ecosystems*, Princeton University Press, Princeton, 1986.

Onimus, J. *Essais sur l'environnement*, PUF, Paris, 1990.

Ophuls, William. *Ecology and the Politics of Scarcity.* San Francisco, W.H. Freeman and Company, 1977.

Opielka, Michaël (dir), *Die Ökosoziale Frage,* Fischer Alternativ, Francfort-sur-le-Main, 1985.

Orians, Gordon H. "An Ecological and Evolutionnary Approach to Landscape Aesthetics", pp. 3-5, in E.C. Penning-Rowsell and D. Lowenthal Eds., *Landscape Meanings and Values,* Allen and Unwin, London, 1986.

O'Riordan, Timothy, *Environmentalism*, Pion, Londres, 1976.

Ortman, David E., "On a Comprehensive North American Trade Agreement", Testimony on Behalf of Friends of The Earth, National Wildlife Federation, and The Texas Center for Policy Studies before the Subcomittee of Trade, U.S., House of Representatives, 1991.

Osborn, Fairfield, *La planète au pillage*, Payot, Paris, 1949

Ostrom, Elinor, Roy Gardner and James Walker, "Covenants With and Without a Sword : Self-Governance is Possible ", *American political Science Review* 86, 2, 1992, pp 404-417.

Ost, François, Adriaens Alain, "Les lois des hommes et les lois de la nature", *Ecologie politique*, N°8 Automne 1993.

Oxford Review of Economic Policy, Vol.7, No.4, Hiver 1991, pp. 106-136.

Paczian, Werner, Ökologie als Machtspiel-kolonialismus', in Wiener, 6/1992 : 28-32.

Paehlke, Robert C. *Environmentalism and the Future of Progressive Politics*, Yale University Press, New Haven, 1989.

Parant, A., Les perspectives démographiques mondiales ; *Futuribles*, n°141, mars 1990.

Partridge, E (ed.), *Responsibilities to Future Generations, Environmental Ethics.* Prometheus Books, Buffalo, 1981.

Pasolini, P.P., *Escritos Corsarios,* Planeta, Barcelona, 1993.

Passet, René, "Les approches économiques de l'environnement", *Cahiers Français*, Environnement et gestion de la planète, *Documentation Française* n° 250, 1991.

Passet, René, *L'économique et le vivant,* Payot, Paris,1983.

Passet, René, Régulation marchande au temps des pollutions globales, *Actuel Marx*, 1991.

Passmore, J., *Man's responsibility for Nature*, Duckworth, Londres, 1974.

Pearce, D., Barde J.P, (eds), *Valuing The Environment*, Earthcan, London, 1993.

Pellerin, André, *Analyse critique du concept dela nature,* Le griffon d'Argile, Québec, 1988.

Pellerin P., *Lettres ouvertes aux assassins de la nature,* Stock, Paris, 1972.

Pelletier, Denis, "Le réenchantement du monde : les Chrétiens et l'écologie", *Ecologie Politique*, n° 3-4, Automne 1992, p 61-78.

Pelletier, Denis, "Carrel et les Ecologiens", *Economie Politique*, n° 2, 1992, pp. 11-17.

Pellicer, André, *Etude sémantique et historique du mot latin,* PUF, Paris, 1966.

Pepper, David, *The Roots of Modern Environmentalism*, Groom Helm, Londres, 1984.

Percebois, J., *Economie de l'énergie*, Economica, Paris, 1989.

Perroux, François, *La Coexistence pacifique*, PUF, Paris, 1958, p. 238.

Perstunski, Edith, "L'éternel retour des philosophies de la nature", *Ecologie Politique*, 3-4, 1992, p 41.

Petersen, R. ""The Pan-Eskimo Movement", in David Damas (ed.), *Handbook of North American Indians 5. Arctic,* Smithsonian Institution, Washington D.C, 1984.

Peterson, M.J., "Whalers, cetologists, environmentalists, and the international management of whaling" *International Organization* (Winter) 46(1), pp. 147–86, 1992.

Petrella, Ricardo, *la mondialisation de la technologie et de l'économie*, Futuribles, septembre 1989.

Pillet G et T. Murota, (eds) *Environmental Economics*, Leimgerber Genève, 1987.

Pillet G. et H.T. Odum, "Energy, externality and the economy of Switzerland", *Swiss Journal of Economics and Statistics*, 1984, pp. 409 – 435.

Pillet, G. et H.T. Odum, *Energie, écologie, économie,* Georg Genève, 1987.

Pimentel, D., "Down on the farm : genetic engineering meets ecology", *Technology Review*, January : 24–30, 1977.

Pimentel, D. and Levitan, R., 'Pesticides : amounts applied and amounts reaching pests', BioScience February 1986, 86-91.

Pirage, Dennis, "Environmental Security and Social Evolution" *International Studies Notes.* Vol. 16, No. 1, Hiver 1991.

Pistorius, Robin, "Tactical Issue-Linkages in the Control on Plant Genetic Resources." Paper presented for the Conference on "The Study of Regimes in International Relations : State of the Art and Perspectives," Tubingen, July 14-18, 1991.

Plavsic, Franjo, "Chemically caused War Damage to the Environment", *Ekoloski Glasnik* 5-6, pp 71-79, Zagreb, 1992

PNUD -Programme des Nations-Unies sur le développement, *Rapport mondial sur le développement humain 1992*, Economica, Paris 1992.

PNUD, Desarrollo Humano, Tercer Mundo Editores, Bogotá, 1991
Pois, Robert A., *La religion de la nature et le National-Socialisme*, Cerf, Paris, 1993.
Polanyi, Karl, *The Great Transformation : The Political and Economic Origins of our Time*. Beacon, Boston, 1944.
Polunin, Nicholas (ed.), *The Environmental Future*, Macmillan, Londres, 1972. (*La Grande transformation*, Gallimard, Paris, 1983.)
Pomian, Krzysztof, "Le déterminisme, histoire d'une problématique", in Krzyszstof Pomian (ed.), *La querelle du déterminisme, Philosophie de la science d'aujourd'hui*, Paris, Gallimard, 1990.
Pontusson, Jonas, "Introduction : Organization and Political-Economic Perspectives on Union Politics", in : *Bargaining for Change : Union Politics in North America and Europe*, Miriam Golden and Jonas Pontusson, eds., pp. 1-44. Cornell University Press, Ithaca, 1992.
Porter, Gareth and Janet Welsh Brown, *Global Environmental Politics,* Westview Press, Boulder, 1991.
Pons Philippe, "Japon, un attachement sélectif à la nature", in : Bourg Dominique (dir.), *Les sentiments de la nature*, La Découverte, Paris, 1993.
Posey, Daryl, "Indigeneous Management of Tropical Forest Ecosystems : the Case of the Kayapos Indians of the Brazilian Amazon", *Agroforestry Systems*, 3, 2 1985, pp. 139-158.
Prieur, Michel, "Les déchets radioactifs, une loi de circonstance pour un problème de société, *Revue Juridique de l'Environnement*, N° 1, 1992, p 19
Prigogine, I., et I. Stengers, la *Nouvelle Alliance*, Gallimard, Paris, 1979, p 422.
Przyluski, Jean, "Les confréries de loups garous dans les sociétés indo-européennes", *Revue de l'histoire des religions*, CXXI, 1940, pp. 128-145.
Quérol, Daniel, *Recursos Geneticos, nuestro tésoro olvidado*, Industrial gràfica, Lima, 1987.

Radcliffe-Brown, A.R., *Structure and Function in Primitive Society*, Glencoe, 1952.
Raffin, J.P., Ricou G., "Le lien entre les scientifiques et les associations", in :*Protection de la Nature, Histoire et idéologie de l'environnement*, L'Harmattan, Paris, 1985.
Raffinot, M., Statistiques, prévisions et politiques économiques, Ministère de la Coopération, 1988.
Ramachandra, Guha, Mahdav Gadgil, *The Fissured Land, An Ecological History of India*, Oxford.U.P,. Delhi, 1992.
Ramade, F., *Les catastrophes écologiques*, McGraw-Hill, Paris, 1987, pp. 210-235.
Rambler, M.B., Margulis L., Fetser R, (eds.) *Global Ecology : Towards a Science of the Biosphere,* Academic Press, Boston, 1989.
Raphael, D.D., *Problems of Political Philosophy*, : MacMillan Education Ltd., London, 1990.
Rapp, Friedrich, "Contraintes objectives et jugements de valeur", in : D. Bourg (ed.) *La Nature en politique*, L'Harmattan, Paris, 1993, pp. 36-48.
Rappoport R.A., *Pigs for the Ancestors : ritual in the Ecology of a New Guinea People*, Yale University Press, New Haven, 1984.
Raskoff, R., "Les variations du niveau des mers", *La Recherche,* N° 191, Septembre 1987.
Raumolin, Jussi, "L'Homme et la destruction des ressources naturelles, la Raubwirtschaft au tournant du siècle", *Annales ESC,* 39, 1984, pp 798-819.
Raumolin, Jussi, "German Forest and French Garden, Conflict in Environmental Policy in the Core Area of the European Union", *Janus Not*, Helsinki, 1994, pp. 36-51.
Raymond-Gouillou, M. "A la recherche du futur, La prise en compte du long terme par le droit de l'environnement", *Revue d'Etudes Juridiques*, 1-1992, pp 5-17.
Recherches, "Tant qu'il y aura des Arbres : *pratiques et politiques de nature,* 1870-1960", n° 45, Septembre 1981.
Redclift, M. *Development and the Environmental Crisis. Red or Green Alternatives*, Methuen, London, 1984.

Reeves, H., *Malicorne : réflexions d'un observateur de la nature,* Seuil, Paris, 1990.
Regan, T. P. Singer eds, *Animal Rights and Human Obligations,* Redclift, Prenticewood, 1971.
Reichelt, B.,"Der sterbende Wald in Südwestdeutschland und Ostfrankreich." *BUND information* n° 29, 1983.
Reinheimer, Dagmar, "Profession : éco-conseiller", *Dernières Nouvelles d'Alsace,* Strasbourg, 26 Octobre 1988.
Rémond-Gouilloud, Martine, *Du droit de détruire, Essai sur le droit de l'environnement,* PUF, Paris, 1989.
Renard, Jean Bruno, "Loups et félins dans le cinéma fantastique", in Campion-Vincent, Véronique, *Des Fauves dans nos campagnes, Légendes, rumeurs et apparitions,* Imago, Paris, 1992.
Renner, Michael, "Global Security", in : Lester R. Brown, et al, *State of the World 1989 A Worldwatch Institute Report on Progress Toward a Sustainable Society,* Norton, New York, 1989.
Renner, Michael, *National Security : The Economic and Environmental Dimensions* (Worldwatch Institute Paper No. 89, Washington D.C, 1989.
Repetto, Robert, "Environmental Oroductivity, and why it is so Important", *Challenge,* Sept-oct 1990, pp 33-38
Rich, Bruce, The Emperor's New Clothes : The World Bank and Environmental Reform' *World Policy Journal* (Vol. 7, No. 2, Spring 1990), pp. 307-329.
Richard, P., *Indigeneous Agricultural Revolutions, Ecology and Food Production in West Africa,* Hutchinson, Londres, 1984.
Ricoeur, Paul, *Le temps de la responsabilité,* entretiens sur l'éthique rassemblés par Frédéric Lenoir, Fayard, Paris, 1990.
Ricoeur, Paul, *L'éthique, le politique, l'écologie,* Entretien, *Ecologie Politique,* n° 7, été 1993.
Riechmann, Jorge, "Les dimensions psychiques de la crise écologique", *Ecologie politique* n n°8, Automne 1993.

Riechmann, Jorge, "Taxes et impôts verts : un outil de politique écologique", *Ecologie politique* n° 3-4, Automne 1992.

Rifkin, Jeremy, *Biosphere Politics : A Cultural Odyssey from the Middle Ages to the New Age.* Harper San Francisco, 1992.

Robbie, M.N., R.Routley, *Environmental philosophy*, RSSS, Australian National University, Camberra, 1980.

Robins, K. and Levidow, L., "The eye of the storm", *Screen*, autumn 1991, pp. 324-28.

Rocheleau, D, "Gender, Ecology, and the Science of Survival : stories and lessons from Kenya", *Agriculture and Human Values*, Hiver-Printemps 1991, p. 156-165.

Rodgers, William H. Jr., *Handbook on Environmental Law*, West Publishing Co., St. Paul, 1977.

Rolston, H.III, "Are values in Nature objective or objective ?", Elliot R. and A. Gare (eds), *Environmental Philosophy : a collection of readings*, University Park, Pennsylvania State University Press, 1983.

Romania Government (of) *-Decision-Concerning the Import Regime for Wastes and Residues of any Kind as well as other Hazardous Materials for the Population Health and for the Environment*, June 20, 1992.

Romanian and Bulgarian Report on Environment Situation and Perspectives in Giurgiu-Russe Area, Unpublished joint report by the Romanian-Bulgarian mixed expert group on problems regarding air pollution in the Giurgiu-Russe area, December 1991

Romey, G., *Le test de l'Arche de Noé*, Paris, 1977.

Romi, Raphaël, "Science et droit de l'environnement, la quadrature du cercle", *L'actualité juridique, Droit Administratif,* 1991.

Roqueplo, Philippe, *Pluies acides, menaces pour l'Europe,* Economica, Paris, 1988.

Rosenbaum, Walter. Environmental Politics and Policy. 2nd ed. Washington, DC : Congressional Quarterly, 1991.

Rosenberg, Emily S. 1982. Spreading the American Dream : American Economic and Cultural Expansion, 1890-1945. New York :Hill and Wang.
Rosset, Clément, *La Philosophie tragique*, Quadriges, PUF, Paris 1960-1990.
Rosset, Clément, *L'anti-Nature*, éléments pour une philosophie tragique. PUF, Paris, 1973.
Roszak, Th. *Où finit le désert* ? Stock, Paris, 1973
Rougerie, Gabriel, *Géographie de la biosphère*, Armand Colin, Paris, 1988.
Rowlands, Ian H, "The Security Challenges of Global Environmental Change" *Washington Quarterly* (Vol. 14, No. 1, Hiver 1991), pp. 99-114.
Rowlands, Ian H., "Issues in World Politics", in N.J. Rengger and John Baylis (eds), *Dilemmas of World Politics : International Issues in a Changing World*, Oxford University Press, Oxford, 1992, p. 299.
Rubinstein, Ariel, "The Choice of Conjectures in a Bargaining Game with Incomplete Information. Game Theoretic Models of Bargaining", Alvin Roth, ed., Cambridge University Press, Cambridge, 1985.
Rudolf, Florence, "le paradigme système-environnement dans la sociologie de Niklas Luhmann, ou comment traiter de la nature sans en parler, Actes du colloque international CNRS, SORISTEC, "Les fonctions sociales de la Nature", 1990.
Rudolf, Florence, *L'environnement, une construction sociale*, Thèse de doctorat, Université des sciences humaines de Strasbourg, Décembre 1993.
Ruffié, Jacques, *Traité du vivant*, Paris, Fayard, 1982.
Ruffolo, Giorgio, "Les conditions d'un développement soutenable", *Ecologie Politique*, 3/4, 1992, p. 27.
Ruyer, Raymond, *La gnose de Princeton, des savants à la recherche d'une religion*, Paris, Fayard, 1974.
Ryle, M., *Ecology and Socialism*, Radius, London, 1988.
Sachs, I., "Comment concilier écologie et prospérité", *Le Monde diplomatique*, déc. 1991.

Sachs, Ignacy, *Stratégies de l'écodéveloppement*, Editions Ouvrières, Paris, 1980.
SAGB, *Community Policy for Biotechnology : Priorities and Actions.* Senior Advisory Group on Biotechnology, Bruxelles,1990.
Sagoff, M., "On making nature safe for biotechnology ", in L. Ginzburg, eds., *Assessing Ecological Risks of Biotechnology*, Heineman, Stoneham, Butterworth, 1991, pp. 341-65.
Sahlins, Marshall, *Age de pierre, âge d'abondance, l'économie des sociétés primitives*, Gallimard, Paris, 1976.
Sahlins, Marshall, *Au coeur des sociétés, raison utilitaire et raison culturelle,* Gallimard, Paris, 1980.
Sahlins, Marshall, *Critique de la sociobiologie, Aspects anthropologiques*, Gallimard, Paris, 1980.
Sainteny, Guillaume *Les Verts*, PUF, Paris, 1991.
Sainteny, Guillaume, "L'écologisme en Allemagne et en France", *Ecologie Politique*, n° 6, Paris, 1993, pp. 15-28.
Saint Marc, P., *Socialisation de la nature, progrès ou déclin de l'homme*, Stock, Paris, 1971.
Satelle, D., *Biotechnology in Perspective. Hobsons,* Cambridge,1988.
Schachter, Oscar, *International Law in Theory and Practice.* Martinus Nijhoff, Boston, 1991.
Schachter, Oscar. "The Emergence of International Environmental Law", *Journal of International Affairs.* Vol.44/No.2. Hiver 1991.
Schmidt, Alfred, *Le concept de nature chez Marx*, Francfort, 1962.
Schnaiberg, A., *Environment : From Surplus to Scarcity,* Oxford University Press, New York, 1980.
Schneider Stephen, *The Primordial Bond : Exploring Connection between Man and Nature through the Humanities and Sciences*, Plenum Press, New York, 1981.
Schoenbaum, Thomas J. and Rosenberg, Ronald H. *Environmental Policy Law : Problems, Cases and Readings*, The Foundation Press, New York, 1991.

Schoorl, D. and Holt, J.E., "Cultural change in agricultural research organizations: an urgent need", *Agricultural Systems*, 1990, 32, 159-73.

Schrader-Frechette, K., *Science Policy, Ethics and Economic Methodology*, Reidel, Dordrecht, 1985.

Schroeder, William L., "Progress toward Canadian-U.S. Acid Rain Control", in: *Nine Case Studies in International Environmental Negotiation*, Lawrence E. Susskind, Esther Siskind and J. William Breslin, (eds.) MIT Harvard Public Disputes Program, 1990.

Schumacher, E.F., *Good Work*, Le Seuil, Paris, 1980.

Schumacher, E.F., *Small is Beautiful*, Le Seuil, Paris, 1978.

Schwemmler, Werner, *Symbiogenesis : a macromechanism of evolution ; progress towards a unified theory of evolution based on studies in cell biology*, W de Gruyter, New York, 1989.

Searle, H., *L'environnement non-humain*, Gallimard, Paris, 1976.

Sears, Paul B., "Climate and Civilization", in Harlow Shapley, (ed.) *Climatic Change*, Harvard University Press, Cambridge, 1953.

Sears, Paul B., "Ecology, a subversive subject", *Bio Science*, 14, pp. 11-13, 1964.

Sebenius, James K., *Negotiating the Law of the Sea*, Harvard University, Cambridge Press, 1984.

Sergent, B., "L'Or et la Mauvaise Femme", L'Homme, Janvier-Mars 1990, N°113. pp. 13-43.

Serres, M., *Le contrat Naturel*, Bourin, Paris, 1990.

Serres, M. *La naissance de la physique dans le texte de Lucrèce : fleuves et turbulences*, Editions de Minuit, Paris, 1977.

Serres, M. *Statues*, François Bourin, Paris, 1987.

Shabecoff, Philip, "Security Shift to Ecology Seen. World Environment is Source of Conflict, Nunn warns", International Herald Tribune from 30 June/1 July 1990.

Shafer, Byron E.. *Is America Different ? : A New Look at American Exceptionalism.* Clarendon Press, Oxford, 1991.
Shaw, Daniel, "After Tchernobyl, The Ethics of Risk Taking", in Dower Nigel (ed*), Ethics and Environmental responsibility,* Averbury Series in Philosophy, Vermont, 1989.
Sheldrake, R., *The Rebirth Of Nature,* Century, London, 1990.
Shepard, Paul, McKinley Daniel, eds, *The Subversive Science, : Essays toward an Ecology of Man,* Houghton Mifflin, Boston, 1969
Sherrington, C., *Man and His Nature,* Cambridge University Press, 1951.
Sikora & Barry (eds.), *Obligations to Future,* Temple University Press, Philadelphia, 1978.
Silber, Laura : "Battle to avert Croat dam disaster", *Financial Times,* January 30/31, 1993
Simon, Herbert, "Rationality as Process and as Product of Thought." *American Economic Review Papers and Proceeding, s*1978, 68 : 3.
Simonis, E. "La modernizacion ecologica de la sociedad industrial, *Revista Internacional de ciencias sociales* 121, Sept 1989, p. 380
Simons, I.G., *Environmental History, Changing the Face of the Earth,* Blackwell, London, 1992.
Singer, P., "Not for Humans only : the place of Non humans in environmental issues" ; in K.E. Good paster and K.M. Sayre (eds) *Ethics and problems of the 21th Century,*
Smith, Paul and Kiki Warr, *Global Environmental Issues,* Open University, London, 1991.
Snow, David A. et alii.,"Frame alignment processes, micromobilization, and movement participation", *American Sociological Review,,* Vol. 51, pp. 464-481, 1986.
Société, n°4, "Raison et technique −1. la nature de la technique et le problème normatif", Montréal, Hiver 1989.

Son, Gi-Woong, *Umweltmilitarismus, Sozio-Militarismus und ko-Militarismus*. Münster, Lit-Verlag, 1992.

Sontheimer, Michael, "Die Erde ist voll", *Die Zeit* 21.12.1990, pp. 15-17.

Sorenson, Theodore C., "Rethinking National Security" *Foreign Affairs* (Vol. 69, No. 3 (1990), pp. 1-18.

Sorre, Max, *Rencontres de la Géographie et de la Sociologie,*. (chap 4. sur l'écologie et la "sociologie végétale"), Marcel Rivière, Paris, 1957.

Soulé, Michael E. *The science of scarcity and diversity*, Sunderland, Sinauer Associates, 1986.

Spector, Malcolm and John I. Kitsuse, *Constructing Social Problems. Hawthorne*, Walter de Gruyter, New York, 1987

Spencer, H, *Les base de la morale évolutionniste,* Germer Baillère et cie, Paris, 1880.

Spengler, Oswald, *L'homme et la technique*, (1931),Paris, 1988).

Spratnik, Cynthia, The Spritual Dimension of Green Politics. Santa Fe : Bear and Co., 1986.

Stahl, I. *Bargaining Theory.* Stockholm : Economics Research Institute, Stockholm School of Economics, 1972.

Stammer, Larry B. and Judy Pasternak, "Mexico's Pollution Clean Up Tied to Trade Pact", *Los Angeles Times*, 27 February 1992.

Stein, Arthur. The Politics of Linkage. *World Politics* 32 : pp. 62-81,1980.

Stevens, Peter S., *Patterns in Nature*, Little Brown, Boston, 1974 (*Les formes dans la nature*, Le Seuil, Paris, 1978.)

Stevenson, Glenn G., *Common Property Economics : A general theory and land use applications,* Cambridge University Press, 1991.

Stewart, J.H., *Theory of Culture Change, the methodology of Multilinear Evolution*, University of Illinois Press, Urbana, 1955.

Stone, Christopher D., "What Should a Climate Change Convetion Aim For ? Insuring Against Global Warming." (Manuscript), University of Southern California,1992.

Stout, Harry S., "Religion, Communications, and the Ideological Origins of the American Revolution", *William and Mary Quarterly*, 34(4), 1977, pp. 519-41.

Stove, C.D., *Should Trees have standing ? Toward legal Rights for Natural Objects*, William Kaufman, Los Altos, 1984.

Sugden, Robert, "Reciprocity : the Supply of Public Goods through Voluntary Contributions", *The Economic Journal,* 1984, 94, pp 772-787.

Sumi, Kazuo, "The 'Whale War' between Japan and the United States : Problems and Prospects", Paper prepared for the International Symposium on Whaling Problems, Washington D.C., 23 April 1988.

Summers Lawrence, Chief Economist of the World Bank, "Internal memo on the economic advantages of poor countries' storing toxic wastes", December 1991.

Sweezy P. Magdoff H., "Socialism and Ecology", *Monthly Review,* 41 (4) 1989.

Sylvan Richard "A Critique of Deep Ecology", *Radical Philosophy* (Vol. 40, Summer 1985), pp. 2-12.

Széll, György (ed.), *Labour Relations in Transition in Eastern Europe*, De Gruyter, Berlin/New York, 1992.

Széll, György (Ed.), *Rüstungskonversion und Alternativproduktion.* Hamburg & Berlin(West), Argument-Verlag, 1987 (Argument Sonderband 118).

Széll, György, 'Democracy, Technology, Social and Natural Environment', Proceedings of the International Conference Man and Work at the Threshold of the Third Millenium, Bratislava 30.1.-1.2.1990, Bratislava, Videopress, 1990, pp. 437-445.

Széll, György : "Environment", in G. Széll (ed.), *Concise Encyclopedia of Participation and Co-Management.* Berlin/New York, de Gruyter, 1992.

Széll, György : "Friedenswissenschaft und Konversionsforschung angesichts des Endes des Ost-West-Konflikts", in E. Fehrmann & F. Neumann (eds.), *Gorbatschow und die Folgen. Am Ende eines Zeitalters,* Hamburg, VSA, 1992, pp. 113-123.
Széll, György : "Möglichkeiten partizipatorischer Konversion auf der Basis der Mitbestimmung', in B.J. Huck & L. Kllner (eds.), *Abrstung und Konversion. Politische Voraussetzungen und wirtschaftliche Folgen in der Bundesrepublik.* Frankfurt/New York, Campus, 1990. pp. 491-510.
Széll, György : "*Osteuropaische Oppositionsbewegungen-westliche Friedensbewegung. Gemeinsame*", in Selbstverwaltung # 2/3, Nov. 1984 : 13-15.
Széll, György : "Rüstungskonversion als Friedensstrategie`, in W. Aschmoneit & M. Daxner (eds.), *Krieg und Frieden.* Osnabrücker Vorlesungen 1983/84. Osnabrück, Universitat Osnabrück, 1984, pp. 166-194.
Széll, György : "Rüstungskonversion und Mitbestimmung", in : K. Battke U.A. (eds.), *Frieden gestalten nach dem Kalten Krieg. Neue Projekte der Friedenswissenschaft,* Informationsstelle Wissenschaft und Frieden e.V., Bonn, 1991, pp. 98-111.
Széll, György, "The environmental crisis at the turn of the millenium", *Revue Internationale de Sociologie* 1/1992, pp. 173-199.
Széll, György, "Militarkonversion in Niedersachsen". Universitat Osnabrück, FB Sozialwissenschaften, Projektantrag an das Niederschsische MWK, 1992.
Tabah, Léon, "Population Prospects with Special Reference to the Environment", CICRED, 1992, (mimeo).
Tabashnik, B. et al., "Field development of resistance to Bacillus thuringiensis in diamondback moth (Lepidoptera : Plutellidae)", *Journal of Economic. Entomology* 83 (5), 1990, p.1671-76.
Taverne, D., *The Case for Biotechnology,* Prima, London, 1990.

Terrasson, François, *La peur de la nature*, Sang de la terre, Paris, 1990.

Tesler, L. G., "A Theory of Self-enforcing Agreements", *Journal of Business* 53, 1 1980, pp. 27-44.

Testard, A., *Les Chasseurs-cueilleurs ou l'origine des inégalités*, Société d'Ethnographie, Paris, 1982.

Théodorides, *Histoire de la rage*, Fondation Mérieux, Lyon, 1985.

Theys, Jacques, "L'environnement et les ressources au XXIe siècle", *Futuribles*, Nov-1987, p. 3-24.

Theys, Jacques, "Environnement, le retour de la planification", *Annales des Mines*, Juillet-Août 1992., p 68.

Theys, Jacques, "Le Savant, le Technicien et le Politique", in D. Bourg,(ed.), *La nature en politique,* L'Harmattan, Paris, 1993, pp. 49-65.

Thévenot, L "L'économie des conventions", *Revue économique*, Vol.40, N°2, Mars 1989.)

Thomas, Keith in introduction to C.C.W. Taylor (ed) *Ethics and the Environment* (proceedings of a conference held at Corpus Christi College, Oxford 20-21 Sept. 1991.

Thomas, Keith, *Dans le jardin de la nature, l'évolution des sensibilités en Angleterre de 1600 à 1800,* NRF, Gallimard, 1983.

Thomas, W.L., *Man's Role in Changing the Face of the Earth*, Chigao University Press, Chicago, 1956.

Thompson, Jon : "East Europe's Dark Dawn", *National Geographic Magazine*, June 1991, pp. 36-69.

Thompson M. R. Ellis, A. Wildavsky, *Cultural Theory*, Political Cultures Series, Westview Press, Boulder, 1990.

Thoreau, H.D. *Walden, ou la vie dans les bois*, Aubier, Paris, 1967.

Tobin, Richard J., "Environment, Population, and Development in the Third World", in : Norman J. Vig and Michael E, Kraft, eds., *Environmental Policy in the 1990s : Toward a New Agenda,* Congressional Quarterly Press, Washington D.C., 1990.

Tocanne, Bernard, *L'idée de nature en France dans la seconde motié du XVIIIème siècle*, Klincksieck, Paris, 1978.
Todd, John and Todd, Nancy Jack. *Tomorrow is Our Permanent Address : The Search for an Ecological Science of Design as Embodied in the Bioshelter.* New York : Harper & Row, Publishers. 1980.
Toledo, V.M, La sociedad rural : los campesinos y la cuestion ecologica, *Ecologia Politica*, N°1, 1991
Torres, Haroldo-"*Emergence of Dirty Industries and Industries Which Intensively Demand Natural Resources in the Brazilian Scenario*", Working Paper No. 9, SPN Institute, Brasilia, Brazil, 1992. (portuguese)
Tsebelis, George, *Nested Games : Rational Choice in Comparative Politics,* University of California Press, Berkeley, 1990.
Tort, Patrick, *La pensée hiérarchique*, Aubier, Paris, 1983
Tort, Patrick, Spencer et le système des sciences, introduction à *Autobiographie : naissance de l'évolutionnisme libéral,* de H. Spencer, PUF, Paris, pp V-XLVII.
Touraine, Alain (et coll.) *La Prophétie anti-nucléaire*, Le Seuil, Paris, 1980.
Turner, Ralph, "The Public Perception of" Protest", *American Sociological Review*, XXXIV, 1969, pp. 815-831.
Ullman, Richard H., "Redefining Security", *International Security*, Vol. 8, No. 1, Summer 1983, pp. 129-53.
Ulmann, Jacques, *La nature et l'Education,* Paris, Vrin, 1964.
United Nations Conference on the Human Environment. "Declaration". Stockholm from 5 to 16 June 1972.
UNFPA-*Population and Environment : The Challenges Ahead,* UNFPA, New York, 1991.
United States International Trade Commission (USITC). International Agreements to Protect the Environment and Wildlife : Report to the Committee on Finance, United

States Senate, on Investigation No. 332-287 Under Section 332 of the Tariff Act of 1930. USITC Publication 2351, January 1991.

Untermaïer, J., "Le Droit de l'Environnement, Réflexions pour un premier bilan", *Année de l'Environnement*, vol I, PUF, 1981, pp. 24 et s.

Vallee, F.G., Derek G. Smith and Joseph D. Cooper. "Contemporary Canadian Inuit" *Handbook of North American Indians*, 5. Arctic. (David Damas, ed). Smithsonian Institution, Washington D.C., 1984.

Vallin, Georges, "Nature intégrale et nature mutilée", *Revue Philosophique de la France et de l'Etranger*, 1974, 1, pp. 77-100, 1974.

Van Bergeijk, Peter A.G., "International Trade and Environmental Challenge", Journal of World Trade, vol. 25, num.6, décembre 1991.

Van Parijs, Philippe, *Qu'est ce qu'une société juste ?* Seuil, Paris, 1991.

Van Parijs, Philippe et Jean Michel Chaumont, *Les limites de l'inéluctable, penser la liberté au seuil du troisième millénaire*, De Boeck Université, Bruxelles, 1991.

Van Parijs, Philippe et F De Roose, *La pensée écologiste, essai d'inventaire à l'usage de c'eux qui la pratiquent comme de ceux qui la craignent.*, Université De Boeck, Bruxelles, 1989.

Van Rie, J., "Insect control with transgenic plants : resistance proof ", *Tibtech* 9, 1991, pp. 177-179.

Vauclair Jacques, *L'intelligence de l'animal*, Seuil, Paris, 1992.

Veen Hans-Joachim, "From Student movementto Ecopax : the West Germany Greens", *Washington Quarterly*, 10, 1, Winter 1987, pp. 29-39.

Veljanovski, C. 1982. The Coase Theorem and the Economic Theory of Markets and Law. Kyklos 35 : 53-74.

Verts (les) *Les Verts et l'Economie*, Gentilly, 1992.

Verts (les) au Parlement européen : *introduction à l'écotaxe*, Bruxelles, 1991.

Vernadsky, Vladimir, *La Biosphère*, Alcan, Paris, 1929 ;

Vernadsky, Vladimir, "L'autotrophie de l'humanité", *Revue Générale des sciences*, n°36, 1925, pp. 495-502.

Viard, Jean, "Protestante la nature ?", pp 161-174, in *Histoire de l'idéologie de l'environnement*, L'Harmattan, Paris, 1985.

Viard, Jean, *Le tiers-espace, Essai sur la nature*, Méridiens Klincksieck, Paris, 1990.

Viel, Jeanne-Marie, *L'agriculture biologique en France*, Thèse de IIIème cycle, IEDES, Paris I, 1982.

Viola, Eduardo, "*Notes on the recent dynamics of international politics in relation to global environmental problems,*" Paper prepared for the Earth Charter Task Force of the Environmental Secretariat, Government of Brazil, Brasilia, 1992 (Portuguese, mimeo)

Vogel, C., "Helping, Cooperation, and Altruism in Primate Societies ",. pp. 375-389. in Hölldobler, Lindauer M., *Experimental Behavioral Ecology and Sociobiology*, Sinauer Associates, inc., Sunderland. 1985.

Vogel, David, "Environmental Policy in Europe and Japan." In Norman J. Vig and Michael E. Kraft, eds, *Environmental Policy in the 1990s : Toward a New Agenda.* Washington, D.C. :Congressional Quarterly Press.

Waechter, Antoine, *Dessine-moi une planète, L'écologie maintenant ou jamais*, Albin Michel, Paris, 1990.

Wachtel, P.L. *Miseria de la Opulencia*, Fondo de la cultura economica, Mexico, 1989

Wagner, Roy, "Scientific and Indigenous Papuan Conceptualizations of the Innate : a Semiotic Critique of the Ecological Perspective". *Subsistance and Survival, Rural Ecology in the Pacific*, T. P Bayliss-Smith ed., Academic Press, 1977.

Walgate, R., *Miracle or Menace ? Biotechnology and the Third World.* Panos, London, 1990.

Walter, Rrançois, *Les Suisses et l'environnement. Une histoire du rapport à la nature du 18e siècle à nos jours.* Zoé, Genève, 1993.

Warren, A.M. "The Rights of the Non Human World", in Elliot R. and A. Gare eds, *Environmental Philosophy : a Collection of Readings,* University Park, Pennsylvania State University Press, 1983.

Watsuji, Tetsudo, *Fûdo (Milieux), Ningengakuteki kôsatsu,* Twanami, Tokyo, 1935.

Weiner D., *Models of Nature : Ecology, Conservation and Cultural Revolution in Soviet Russia,* Indianapolis, Indiana University Press, 1988.

Weizsäcker (von) E.U, Jesinghaus J. *Ecological Tax Reform, Policy Proposal for Sustainable Development,* London, ZED Books, 1992.

White, L.A., "Energy and the Evolution of Culture", *American Anthropologist,* 1943, n°45, pp. 335-356

White, Lynn *The Historical Roots of Our Ecological Crisis,* Science, 155, n° 3767, 1203-1207

Wildavsky Aaron. and Dake K, "Theories of Risk Perception : Who Fears What and Why ? ", 1991

Williams, Mary B. "Discounting versus Maximum Sustainable Yield", in *Obligations to Future,* Sikora & Barry eds, Temple University Press, Philadelphie, 1978.

Williamson, Oliver E. Transaction-Cost Economics : The Governance of Contractual Relations. *The Journal of Law and Economics* : 233-261.1979.

Williamson, Oliver E. *The Economic Institutions of Capitalism.* The Free Press, New York, 1985.

Wilson, E. O. ed., Biodiversity, National Academy Press, Washington D. C., 1988.

Winter, G., *Entreprise et Environnement, une synergie nouvelle,* analyse et guide en 28 modules-pilotes avec un exemple concret du système de gestion écologique intégrée (le modèle Winter), McGraw-Hill, Paris, 1989.

Wolfers, Arnold, *Discord and Collaboration,* Baltimore, MD, Johns Hopkins Press, 1962, pp. 3-24

World Bank (1992) Development and the Environment. Washington, D.C.

World Commission on Environment and Development (Gro Harlem Brundtland, Chairman), *Our Common Futur,* Oxford University Press, Oxford, 1987, pp. 290-304.

Worster D., *Nature's economy : the Roots of Ecology*, Sierra Club Books, San Francisco, 1977, (traduction française : *Les pionniers de l'écologie*, Paris, le Sang de la Terre, 1992.) Worster Donald, "Transformation of The Earth : toward an Agroecological Perspective in History", *Journal of American History*, 76, 4, 1990.

Wyne-Edwards V.C. "Animal dispersion in Relation to Social Behaviour", New York, 1962.

Yarbrough, Beth V. and Yarbrough, Robert M. 1990. International Institutions and the new Economics of Organization. *International Organization* 44, 2 : 235-259.

Yarbrough, Beth V. and Yarbrough, Robert M. *Cooperation and Governance in International Trade : the Strategic Organizational Approach.* Princeton, Princeton University Press, 1992.

Young, J. *Post Environmentalism*, Bellhaven, London, 1990.

Young, Oran, Paul Stern and Daniel Druckman (eds.), *Global Environmental Change : Understanding the Human Dimensions*, National Academy Press, Washington, DC, 1992.

Young, John, *Sustaining the Earth,* Harvard University Press, Cambridge, 1990.

Young, Oran R., *International Cooperation : Building Regimes for Natural Resources and the Environment.*, Cornell University Press, Ithaca, 1990.

Yoxen, Edward, *The Gene Business : Who Should Control Biotechnology*: Free Association Books, London, 1986.

Zelena Akcija Zagreb (Green Action Zagreb), *Obzori opstanka, ratna razaranja okoline u Hrvatskoj* (Horizons of existence, military destruction of the environment in Croatia), Zagreb, 1992.

TABLE DES MATIERES

I. LE MOUVEMENT DE LA QUESTION ECOLOGIQUE ENTRE 1993 ET 2006

PAR DENIS DUCLOS   7

II. ÉTHIQUE DE LA RESPONSABILITE ET CULTURE DE LA LIMITE : REFLEXION CRITIQUE SUR LA PENSEE DE HANS JONAS

PAR OLIVIER CLAIN   15

III. THEORIE CULTURELLE ET SOCIETE ECOLOGIQUE

PAR MARY DOUGLAS   39

IV. LIMITES, CERTES. MAIS QUELS CRITERES DE LIMITATION ?

PAR ALAIN CAILLÉ   61

V. LA POSTMODERNITE COMME QUESTION POUR L'ENVIRONNEMENT

PAR LUCIEN CHABASON   87

VI. LA PROBLEMATIQUE ECOLOGIQUE DANS LA PERSPECTIVE D'UNE SOCIOLOGIE CRITIQUE DE LA POSTMODERNITE

PAR MICHEL FREITAG   97

VII. L'UNITE D'UN SYSTEME DE L'ENVIRONNEMENT : SON CARACTERE INEDIT DANS LA NATURE ET DANS LA CULTURE

PAR GILLES GAGNÉ   135

VIII. BREVE ILLUSTRATION DU CONCEPT DE *POSTMODERNITE*

PAR MICHEL FREITAG ET GILLES GAGNÉ   151

IX. ÉCOLOGIE ET LI-MYTHES DE LA POSTMODERNITE : ECOLOGIE ET REMYTHOLOGISATION DE LA VIE

PAR ANDRÉ MICOUD   157

X. L'ELABORATION D'UNE SOCIETE ECOLOGIQUE : UNITE ENTRE MODERNITE ET POSTMODERNITE ?

PAR FLORENCE RUDOLF   177

POSTFACE PAR KERRY H. WHITESIDE   195

BIBLIOGRAPHIE SUR LE THEME "ECOLOGIE ET SOCIETE"   213

628531 - Novembre 2015
Achevé d'imprimer par